KB095947

최배근 대한민국 대전환 100년의 조건

최배근 대한민국 대전환 100년의 조건

최배근 지음

디지털 생태계와 포스트 코로나 시대를 위한 새로운 사회계약과 기본권에 대하여

월요일의꿈

몰려오는 '새로운 처음'형 쓰나미와
디지털문명 사회로의 대전환

인류 사회는 빈번하게 발생하고 있는 '새로운 처음'형 충격에 속수무책이다. 지금까지 살면서 경험해보지 못한 '새로운 처음'형 충격은 갈수록 빈번해지고 있고, 피해 규모도 증가하고 있다. 인류 사회가 '새로운 처음'형 충격에 제대로 대응하지 못하는 이유는 두 가지다. 하나는 지금까지 인류 사회가 축적한 지식, 지혜, 경험 등으로 예측할 수 없기 때문이다. 글로벌 금융위기가 그것에 해당한다. 이러한 충격이 발생한 것은 과거의 지혜와 경험, 지식체계 등이 변화한 현실을 설명하는 데 있어서 더는 유효하지 않기 때문이다. 그리고 이는 산업문명이나 근대 패러다임의 종언을 의미한다. 또 하나는 예측할 수 있어도 적어도 단기간 내에 대응책을 마련할 수 없는 경우다. 예를 들어, 코로나19 재난을 겪은 인류 사회는 새로운 바이러스가 몰려올 가능성에 동의한다. 그러나 단기간 내 생태계의 균형 회복을 만들 수 없다 보니 출현한 바이러스에 대한 백신이나 치료제 개발 등으로 대응할 수밖에 없다. 또한, 기후변화 문제가 야기할 새로운 금융위기를 의미하는 '그린 스완'의 발발 가능성은 많은 사람이 동의한다. 그래서 각국 중앙은행은 이에 대한 대책을 마련할 것을 촉구한다. 그러나 기후변화 문제에서 비롯하는 리스크에 대응하려면 생태계 균형을 복원해야 하는데 적어도 단기간 내 해결이 불가능한 상황에서 리스크가 발발했을 때 뒷수습을 하는 방식밖에 없다. 게다가 당분간 기후변화 재난의 강도는 강해질 수밖에 없기에 이전의 경험에 바탕을 둔 대처 방식도 큰 효과를 보기 어렵다.

대한민국의 '새로운 처음'형 충격은 무엇인가? 미래가 보이지 않는다는 점이다. 그리고 대한민국의 생존을 위협할 쓰나미가 몰려온다는 점이다. 대한민국의 시스템 위기라 할 수 있는 제조업 위기가 한 세대 동안 진행하면서 산업 생태계가 활력을 잃어가고 있다. 그러나 새로운 경제 생태계로의 전환은 20년째 실마리를 찾지 못하고 있다. 많은 청년이 대한민국을 떠나고 싶어하는 이유다. 낡은 산업 생태계와 결부된 사회질서와 제도, 그와 연관된 기득권의 해체는 그동안 경제 민주화, 사람 사는 세상, 공정 경제 등으로 추진됐다. 그러나 완수되지 못했던 이유는 그와 함께 추진한 미래성장동력 만들기나 혁신성장 등이 이루어지지 못했기 때문이다. 즉 낡은 집의 해체와 새 집의 건설은 별개의 문제가 아닌데 새 집이 준비되지 않다 보니 낡은 집의 해체가 중단된다. 양자가 분리된 것이 아니라 서로 연결된 것이라는 점을 이해해야만 가능하다. 즉 낡은 집의 해체와 새 집 건설을 연결하는 매개체가 바로 새

집에 대한 '청사진'이다. 새로운 집을 지을 수 있는 '청사진'에는 새로운 건설 방식과 새 집에 들어가 살 사람, 삶의 양식 등이 담겨야 한다. 농업시대의 가옥과 산업시대의 가옥이 다르고, 그 집에 들어가 사는 사람이 다르고, 삶의 양식 등이 다른 것과 같은 이치이다.

대한민국이 맞닥뜨리고 있는 '새로운 처음'형 충격을 해결하려면 인공지능(AI)과의 공존, 자연 생태계의 균형 복원, 남북 간 연결과 통합 문제를 풀어야만 한다. 첫째, IT 및 인터넷 혁명에서 시작해 데이터 혁명으로 진행되는 기술 혁명들이 수반하는 산업계의 지각변동은 단순한 기술변화와 그와 관련된 산업의 출현을 넘어 사회, 정치, 경제 질서의 재구성을 요구하고 있다. 쉽게 얘기해 AI가 인간과 공존한다는 것은 데이터경제의 도래를 의미하듯이 데이터를 활용하여 일자리와 소득 등 새로운 가치를 창출할 수 있는 사회로의 대전환을 의미한다. 가치창출 방식의 '혁명적' 변화는 인간형의 변화, 기업 등 경제조직의 변화, 고용 관계의 변화, 분배시스템의 변화 등 디지털-플랫폼 산업이라는 새로운 산업의 등장을 넘어 교육, 사회, 문화, 정치, 경제 등 총체적 변화를 수반한다. 그리고 중심주의 세계관의 산업문명 사회에서 호혜주의 세계관의 디지털문명 사회로의 전환을 의미한다. 경제 생태계의 재구성은 청년과 대한민국의 미래가 달린, 즉 우리 사회의 사활이 걸린 문제다.

둘째, 기후변화 문제가 일상화된 상황에서 기후위기를 시스템 위기로 부르듯이 기후변화 문제는 신재생에너지 기술과 산업 육성만으로 해결할 수 있는 문제가 아니다. 기후변화 문제는 궁극적으로 자연 생태계의 균형 회복을 요구한다. 자연 생태계의 균형 회복은 인간과 자연 간의 공존을 요구하고, 인간과 자연 간 공존은 사실 모두의 공존을 의미한다. 불평등에 기초한 산업문명의 전환을 요구한다. 즉 기후위기는 인간 삶 전체의 위기다. 그런데 온실가스 감축 등 기후변화 문제의 대응에서 대한민국은 후진국이다. 온실가스 배출이 크고 에너지 다소비적인 제조업이 기업의 중심 사업이기 때문이다. 이처럼 제조업 중심의 대한민국 산업 생태계는 일자리와 성장, 기후변화 문제에서 이중고를 겪고 있다. 즉 디지털문명 사회로의 전환은 기후변화 문제에 대한 최선의 해법인 것이다. 실제로 디지털경제 생태계의 호혜주의 세계관은 인간과 인간, 인간과 자연 등 모두의 공존을 요구하는 기후변화 문제의 해법이라는 점에서 두 가지 '새로운 처음'형 충격은 사실상 하나다.

셋째, 남북을 연결하고 통합해야 하는 문제는 선택의 문제가 아니다. 대한민국이 생존하기 위해, 동북아와 국제 사회가 평화롭기 위해 남북은 반드시 연결되고 통합되어야만 합니다. 냉전도 경험하지 못했고 이산가족 등과 같은 민족의 한에 대해 공감하지 못하고, 북한체제에 대해 거부감을 느끼는 젊은층의 다수가 통일을 원치 않는다고 한다. 아니 통일이나 북한에 관해 관심이 없다고 한다. 젊은층의 무관심은 (다수의 서민이 외환위기나 금융위기 도래 가능성 등에 대한 정보 부족으로 대비하지 못한 것처럼) 미·중 갈등에서 대한민국이 생존을 위협받을 수 있다는 사실을 충분히 인지하지 못해서일 수 있다. 젊은층이 미·중 갈등 구도에서 남북이 독립변수가 아닌 종속변수로 남아 있는 한 한반도는 언제든 '신냉전'의 소모품이 될 수 있다는 사실을 인식하면 무관심은 약화될 것이다. 또한, 많은 젊은층은 통일을 추진하더라도 (통일 후 갈등이 지속하고 심각한 후유증을 유발하지 않기 위해서는) 서로가 원하지 않는 방식으로 하는 것에 반대한다. 매우 합리적인 사고다. 결혼을 혼자 사는 것보다 서로가 더 행복해질 수 있다는 확신이 있을 때 하듯이, 남북이 통합될 경우 분단 상태보다 더 나아져야 하고 통합을 계기로 남과 북이 발전적으로 진화할 수 있어야 통일은 의미가 있다. 문제는 남북이 연결되고 통합해야 하는 시간이 많지 않다는 점이다. 미·중 간 패권 경쟁을 중심으로 한 신냉전은 2020년대 전반부에 극에 달할 것이기 때문이다. 미·중 간 격차 축소와 더불어 세계 경제력의 다원화가 가속화되고 있기 때문이다. 세계은행에 따르면 구매력으로 평가한 GDP 기준 중국은 2013년에 이미 미국을 추월했고, 인도는 2008년에 일본을 추월했다. 2018년 기준 절대 GDP로는 중국은 미국의 약 68%에 불과하지만, 구매력 기준 GDP로는 미국보다 25%나 크다. 그리고 2028년에는 절대 GDP 기준으로도 중국이 미국을 앞설 것으로 전망되고 있다. 이는 기존의 2033년보다 5년이 당겨진 시간이다. 미국 관점에서 중국의 추격을 제압하려면 미국이 우위에 있는 기술과 화폐(달러), 군사력 등을 사용할 수밖에 없다. 미·중 갈등이 격화할수록 대한민국은 양국으로부터 선택을 강요받을 것이다. 그러나 우리는 어느 한쪽을 무조건 지지하기 어렵다. 대한민국은 국제 사회가 공감할 수 있는 기준과 가치를 제시하고, 무엇보다 남북 갈등이 신냉전의 도구로 사용되는 것을 차단해야만 한다. 미국은 중국을 제압하기 위해 동원할 기술과 달러, 군사력 등을 한국에 대해서도 사용할 가능성이 있다. '신냉전 리스크'를 피하면서 동시에 위기를 기회로 전환시켜야 하는 것이 대한민국과 대한민국에서 살아갈 청년층의 숙명이다. 이 문제를 해결하려면 대한민국만의 힘을 가져야 한다. 그런데 미·중보다 전통적 하드파워를 더 많이 확보하는 것은 비현실적이다. 스스로 방어할 수 있는 정도의 하드파워(예: 군사력과 달러와 제조 기술 등) 확보는 필요하겠지만, 미·중이 갖지 못하는 소프트파워, 특히 다른 국가나 공동체로부터 공감을 얻을 수 있는 문화나 민주주의 역량을 확보해야 한다. 구체적으로는 디지털경제 생태계에서의 경쟁력인, '좋은 아이디어'가 넘치게 하는 '사회적 자본'에서 우위를 차지하는 것이 필요하다. 이 과제는 경제 생태계의 전환이 필수인 대한민국과 청년의 미래와도 관련이 있다. 게다가 '협력-공유-자율성-연대-호혜주의'를 핵심 특성으로 하는 디지털경제 생태계를 중심으로 하는 '대안 경제체제'는 (민주주의와 가치의 차이 때문에 분단된) 남과 북의 통합에 중요한 실마리를 제공할 것이다.

요약하면 산업문명 시대의 패권주의가 가져올 신냉전을 극복하는 동시에 기회로 활용하려면 남북 간 단결은 전제조건이고, 이를 위해 남북이 합의(통합)할 수 있는 대안 체제 마련이 필요하고, 이는 대한민국이 재구성해야 할 경제 생태계와 새로운 문명사회의 청사진과 맞물려 있다. 남북의 연결과 통합은 코리아의 비상과 인류 세계의 공동 번영의 기회를 제공하지만, 분단과 분열의 지속은 코리아의 생존을 위협한다는 점에서 대안의 경제 생태계를 만드는 것은 민족의 숙명이다.

이처럼 대한민국이 맞닥뜨리고 있는 세 가지 '새로운 처음'형 충격은 사실상 같은 충격의 또 다른 모습이다. 따라서 디지털경제 생태계와 디지털문명 사회로의 전환이야말로 청년과 대한민국의 미래를 결정할 핵심 과제라 하겠다. 그리고 새로운 경제 생태계와 새로운 문명은 사회의 재구성을 의미한다는 점에서 산업시대와는 다른 '새로운 사회계약'을 필요로 하고, 새로운 사회가 요구하는 기본권의 재구성이야말로 대한민국 대전환을 위한 100년의 설계가 될 것이다. 구체적으로 이는 문재인 정부가 추진한 공정경제와 혁신성장을 화학적으로 결합시켜 "기회는 평등하고 과정은 공정하고 결과는 정의"로운 대한민국을 완성하는 길이다. 무릇 공정성은 시대를 초월한 사회 운영의 기본원리인 반면, 단지 그 공정성을 'AI 시대의 공정성'으로 업그레이드함을 의미한다. 사회가 공정하게 운영되려면 기회의 평등은 절대적이고, 기회의 평등이 바로 새로운 기본권의 내용이 될 것이다. 즉 공정성이 정의로운 사회와 활력이 넘치는 경제, 즉 혁신성장을 만든다는 점에서 공정성장이 될 것이다. 이런 점에서 공정성장은 공정경제와 혁신성장을 화학적으로 결합하는 개념이다.

그렇다면 공정성을 통한 혁신성장을 만들어내는 데 필요한 기본권은 무엇이 되어야 하는가? 이를 이해하려면 디지털경제 생태계에서 가치창출의 핵심 자원은 데이터이고, 데이터에 가치를 불어넣는 것이 아이디어라는 점에 주목해야 한다. 즉 디지털경제 생태계에서는 데이터를 활용하여 새로운 가치(사업모델)를 찾아내고 이를 구현하는 것이 핵심이다. 이러한 역량을 갖춘 사람이 육성되어야 한다. 산업사회의 경제 생태계에서는 노동에게 물적 자본의 보조 역할을 요구했기에 산업사회의 전형적인 인간인, (노동력을 팔아야 생계조건을 확보할 수 있는) 임금노동자에게는 자율성이나 창의성 등은 중요하지 않았다. 그러나 디지털경제 생태계에서 사람은 새로운 것을 찾아내고 다른 사람과 연결하여 협력을 통해 문제를 해결하는 역량이 필요하다. 즉 농업사회 인간형과 산업사회 인간형이 다르듯이, 디지털문명 사회의 인간형은 '공감하는 인간' 혹은 '자율적 인간'을 요구한다는 점에서 인간을 만드는 교육의 혁명적 변화가 요구된다. 그리고 누구나가 데이터를 활용할 수 있는 환경이 제공되어야 한다. 이를 위해서는 데이터의 활성화와 더불어 누구나 데이터에 접근할 수 있는 데이터 개방성 문제를 해결해야 한다. 셋째, 좋은 아이디어는 노동시간보다 자유시간에서 나오기에 노동시간을 축소해야 하고 그에 따른 임금소득 감소 문제를 해결해야 한다(기본소득 도입). 넷째, 새로운 시도를 할 기회를 주기 위해 금융(자원) 이용의 문턱을 낮추어야 한다(기본대출 도입). 마지막으로 AI 시대의 고용 불안정을 해소하기 위해 시장이 수용하지 못하는 잉여 노동력을 사회서비스 등 사회적으로 가치가 있는 활동에 활용하는 고용시스템의 개편이 필요하다(국가고용보장제 도입). 새로운 기본권들은 복지가 아니라 대한민국의 대전환에 필요한 사회적 투자로 인식해야만 한다. 사회적으로 의미가 있는, 새로운 시도가 활성화되지 않는 한 대한민국과 청년의 미래는 기대할 수 없기 때문이다.

목차

서문　몰려오는 '새로운 처음'형 쓰나미와 디지털문명 사회로의 대전환　　**4**

1장　21세기 vs. 20세기, 패러다임의 대충돌　　15

21세기, '새로운 처음'의 시대　　16
AI 세대 vs. GE 시대의 교육　　39
기후위기 vs. 계몽주의　　49
코로나19 vs. 개인주의 문화　　55
포스트 미국 세대 vs. 분단체제　　64
지체 시대의 고통 vs. 문명 전환의 불가피성　　82

2장　거대한 분기점　　87

산업문명의 종언과 시스템의 궤도 이탈　　88
미래 착취와 저성장-저금리의 함정　　103
불확실성의 일상화, 포스트 산업사회　　109
연결 세계와 디지털경제 생태계의 부상　　118
포스트 코로나 경제 생태계로의 이행　　125
고용과 분배 패러다임의 위기　　130

**3장   대한민국, 익숙한 것들과
결별해야 할 시간**   137

한국식 산업화 모델, 사망선고를 받다   138

격차 사회와 불공정의 구조화   145

이중 위기, 청년이 한국의 미래인 이유   151

**4장   대한민국 대전환,
그 100년의 조건들**   171

디지털 생태계와 새로운 사회계약   178

디지털 생태계와 새로운 인간형, 그리고 교육 혁명   188

디지털 생태계와 새로운 기본권들   199

K방역이 밝혀준 K경제의 가능성   227

**5장   K평화, 대한민국 대전환의
마지막 조건**   249

주   259

1장

21세기 vs. 20세기, 패러다임의 대충돌

21세기,
'새로운 처음'의 시대

21세기를 살아가는 우리는 21세기를 제대로 맞이하고 있는가? 21세기를 살아가면서 많은 사람은 여전히 20세기 사고에서 벗어나지 못하고 있다. 겨울이 지나 봄이 왔는데 겨울옷을 입고 살아가려면 얼마나 힘들까? 문제는 시대의 변화를 좇아가지 못하면 불편함에서 그치지 않고 낭패를 겪을 수도 있다는 점이다. 그런데 새로운 변화에 개인적으로 대응할 수 있는 것도 있지만, 개인이 할 수 없고 사회가 변해야 할 것이 있다. 예를 들어, 많은 사람은 기후변화의 문제를 심각하게 생각하고, 개인의 삶의 방식을 바꾸려고 노력한다. 그렇지만 또 많은 사람은 기후변화 문제를 심각하게 생각하더라도 개인 차원에서 크게 노력하지 않는다. 게다가 기후변화 문제에 대한 대응은 개인 간 편차에서 그치지 않는다. 경제발전 단계에서 차이가 있는 국가 간 대응의 편차도 크다. 물론, 경제적으로 선진국이라고 해서 기후변화 문제에 다 적극적으로 대응하는 것은 아니다. 이러한 편차의 이유는 우리가 살아가는 시대가 패러다임*이 바뀌는 '시대 교체기'이기 때문이다. 한 시대가 막을 내리고, 새로운 시대가 도래하는 시대 교체기에는 세상의 변화를 해석하는 관점의 차이가 발생할 수밖에 없고, 많은 갈등을 수반하기도 한다. '시대'는 많은 것을 포함하기 때문이다. 먹고사는 문제와 관련한 핵심 산업이 달라지고, 현실과 법·제도 간 괴리 문제가 증가하며 기득권 논란이 커지고, 기성세대와 신세대 사이에 다양한 갈등도 발생한다.

결론부터 말하면 21세기는 20세기와 전혀 다른 시대다. 몇 가지 사례를 보자. 미국에서 제조업의 쇠퇴가 티핑 포인트(tipping point, 임계점)를 맞이한다. 완만하게 진행하던 제조업 종사자의 감소가 갑자기 빨라진다. 또한, 세계에서 대학경쟁력이 가장 크다는 미국에서 대학교육의 효과성이 급격히 하락한다. 즉 대학에서 습득한 인지량이 대졸자가 수행하는 직무에 크게 도움이 되지 못한다. 미국 유수 기업들이 더는 대학 졸업장을 요구하지 않을 정도로 대학은 버림받고 있다. 이러한 변화와 더불어 2000년 이후 '대사건' 혹은 '새로운 처음'이 빈번하게 발생한다.

첫째, 역사상 가장 충격적인 테러로 기록된 2001년 9·11 테러는 사망자만 약 3,000여 명을 낳았다. 20세기 미국은 자국은 타국에 영향력을 행사할 수 있어도 타국으로부터는 영향을 받지 않는다는 '중심주의 세계관'을 완벽하게 구현하였다. 안보와 경제 등에서 미국은 외국으로부터 일체의 간섭이나 피해를 받지 않는 완전한 주권국가의 상을 보

---

* 한 시대 사람들의 견해나 사고를 지배하는 이론적 틀이나 개념의 집합체를 의미

여주었기 때문이다. 그런데 9·11 테러는 자국 영토 안에서 전쟁은 없다는 **중심주의 세계관에 기초한 미국의 안보주권을 훼손***시켰다. 미국은 9·11 테러에 대한 해결책(보복)으로 아프가니스탄 전쟁(2001)과 이라크 전쟁(2003)을 일으켰지만 (이스라엘에 대한 미국의 편파 지원, 이슬람과 서구 간 문화 차이 및 빈부격차 등) 9·11 테러의 근본 원인이 해결된 것은 아니다. '중심주의 세계관'의 수정이 없는 한 앞으로도 '세계의 화약고'라 불리는 중동은 미국과 세계의 부담이 될 것이다.

둘째, 신종 바이러스의 공습이다. 2021년 1월 현재 1억 명을 앞두고 있는 확진자와 200만 명이 넘는 사망자를 만들어낸 신종 코로나19(COVID-19) 재난은 결코 우연이 아니다. 바이러스 공습은 2000년대 초부터 계속 경고가 있었다는 점에서 예고된 참상이다. 3차 대유행의 확산 속에 변이 바이러스까지 등장하며 하반기에는 진정될 것으로 보았던 초기의 예상을 비웃고 있다. 코로나 재난 역시 개별 국가 단위의 대응은 한계를 갖고 있다는 점에서 '중심주의 세계관'에 의문을 던지고 있다. 세계 최고의 의료기술을 가진 미국이, 그리고 가장 선진적인 공공의료시스템을 가진 유럽 중심국들이 코로나19 재난 앞에 무력감을 드러냈기 때문이다. 예를 들어, 지난해(2020년) 10월 전 세계 확진자 수가 4,000만 명이 넘어가는 등 코로나19가 재확산되면서 미국에서 봉쇄조치(록다운) 필요성이 부상하고, 유럽에서는 영국 등 다수 국가가 다시 봉쇄 조치를 시행하기 시작했다. 공공의료가 발달한 유럽 국가들은

---

* 굵은 글씨는 저자 강조 부분

"왜 한국처럼 안 되지?"라는 푸념을 하고 있다. 이처럼 '새로운 처음' 앞에 근대 산업문명이 만들어낸 시스템은 무기력을 드러내고 있다.

더 큰 문제는 각국이 백신 개발 경쟁을 하고 있지만, 백신 개발이 근본적인 해결책으로 보이지 않는다는 점이다. 새로운 바이러스의 출현을 배제할 수 없기 때문이다. 실제로 2002년 사스(SARS, 중증급성호흡기증후군), 2009년 신종플루, 2015년 메르스(MERS, 중동호흡기증후군) 등에서 보듯이 신종 바이러스의 출현 기간이 짧아지고 있다. 신종 바이러스의 계속된 공습은 인간이 생명 생태계의 균형과 원칙을 깨뜨린 결과다. 신종 코로나바이러스들이 일으키는 질병을 인수공통감염병이라고 부르듯이 바이러스의 공습은 인간이 동물의 생존 조건을 파괴한 결과다. 동물이 서식지를 잃으면서, 혹은 사람이 식용하는 동물이 확대되면서 숙주 동물을 잃은 바이러스가 인간으로 옮아온 결과다. 이는 동물의 생존 조건을 보장해주어야 인간도 생존할 수 있다는 의미다. 동물에 대한 인간 중심의 관점을 바꾸어야만 해결 가능한 것이다. 더 적극적으로는 산업문명을 만들어낸, 인간 이성의 힘으로 인류의 무한한 진보, 즉 유토피아의 건설이 가능하다고 믿는 계몽주의의 폐기를 의미한다.

셋째, 2007~08년 미국발 금융위기와 2010년 유로존 위기 등은 근대 산업문명의 양대 축인 미국 자본주의의 기반과 유럽통합의 꿈이 얼마나 취약한가를 드러냈다. 가장 발전한 금융시스템이라고 자랑했던 미국 금융시스템의 파산은 미국 경제를 붕괴시켰을 뿐 아니라 세계 경제를 카오스 상태로 몰아넣었다. 예를 들어, 2007년 6월 30일~2009년 3월 31일 사이에 미국 가구의 (물가 상승분을 조정한) 부동산

가치는 26%에 해당하는 5조 4,000억 달러가 하락했고, 주식 가치는 51%에 해당하는 10조 8,000억 달러가 하락하는 등 미국 가구의 자산은 51.5%에 해당하는 17조 달러의 손실을 보았다.[1] 이는 미국의 2007년 GDP인 14조 4,500억 달러의 118%에 해당한다. 금융위기로 미국 가구는 미국의 1년 이상의 소득을 날려버린 것이다.

금융위기 이후 경제는 대공황 이후 최악의 침체로 빠졌고, 위기를 벗어나기 위해 미국은 자신의 힘은 물론이고 미국과 함께 금융위기로 깊은 상처를 입은 G7으로도 해결할 수 없어 중국, 인도, 브라질, 한국 등 13개 국가의 협조를 받을 수밖에 없었다. 13개국 대부분은 미국에 대해 무역흑자 및 경상수지 흑자를 실현하는 나라다. 미국은 해외로 유출된 달러가 미국으로 재유입되면서 미국 통화정책의 독립성을 훼손시켰고, 이것이 금융위기의 한 원인이 되었다고 본다. 금융위기 발발 이후 미국이 G20을 창설한 핵심 이유도 미국에 대한 13개 국가의 무역흑자 및 경상수지 흑자를 축소하기 위한 것이었다. 이처럼 미국 스스로 금융위기의 원인 중 하나로 미국 경제주권의 약화를 지적하듯이 금융위기는 '중심주의 세계관'에 기초한 경제주권의 한계를 드러냈다.

또한, 금융위기로 세계 경제는 개별 국가의 힘만으로는 경제위기를 해결할 수 없는 단계로 진입했고, 초국가 협력은 선택이 아닌 필수가 되었다. 그런데 미국은 자신의 필요로 만든 새로운 글로벌 거버넌스인 G20을 스스로 무력화시키고 있다. 즉 초국가적 성격을 가진 문제들은 증가하고, 심지어 새로운 비국가 행위자들의 등장도 증가하는 상황에서 군사력이나 경제력 등 힘(하드파워)으로 강요하는, 이른바 패권 국가가 주도하는 국제질서는 한계를 드러내고 말았다. 초국가적 협력은 불가피해졌다. 그런데 G20의 현실적 모습에서 보듯이 초국가 협력은 매우 빈곤하다. 그 결과 자국 이익 중심주의가 확산하며 지구촌은 파편화되고 있다. 이처럼 초국가 협력의 필요성이 증대하는 상황에서 국제사회의 리더로 역할을 하였던 국가들은 국제관계를 중심주의 세계관에 기초해 '관성적'으로 운영하면서 인류 사회에 불확실성을 추가하고 있다. 통화전쟁, 무역전쟁, 보호주의 강화, 기술전쟁 등이 그 산물이다.

초국가 협력의 빈곤은 '하나의 유럽'을 목표로 출범한 유로존(통화동맹) 및 유럽연합(EU)에서도 적나라하게 드러났다. 하나의 유럽은 통합을 통한 혜택을 공유할 뿐만 아니라 피해도 모두에게 전염시킨다. 그런데 통합의 혜택을 공유할 때는 느끼지 못했던 협력이나 연대의 필요성이 피해가 전염(확산)되며 부상했지만 핵심국과 주변국 모두 이 문제에 대해 자국 이익 중심으로 접근하였다. 중심국은 주변국에 대한 지원을 둘러싸고 분열하였고, 주변국은 경제적 고통의 분담을 놓고 분열하였다. 그 결과 중심국이나 주변국 모두에서 유럽연합 탈퇴를 주장하는 극우주의가 확대되었다. 사실 유럽연합 탈퇴는 극우주의자뿐만 아니라 좌파도 주장하였다. 유럽연합은 한편으로 국경을 없애고 평화와 협력과 화합을 진전시켰지만, 다른 한편으로는 공공부문 축소, 해고, 긴축 경제, 기업의 자유를 방해하는 규제 철폐, 금융자본가들의 천국 등 만인의 만인을 위한 무한경쟁의 유럽을 만들어냈기 때문이다. 즉 협력이나 연대의 빈곤은 유럽연합의 구조적 취약성에서 비롯한 것이라는 점에서 유럽연합이나 유로존은 불완전한 통합체였다.

그렇다면 유럽연합은 이 문제를 해결할 수 있는가? 코로나19 재난 이전까지는 사실 기대하기 어려웠다. 그런데 (상생과 공멸 중 선택을 강요하는) 코로나19 재난이 가져온 경제위기는 새로운 가능성을 보여주고 있다. 유럽연합 정상들이 코로나19로 인한 경제적 피해를 복구하기 위해 유럽연합 전체 GDP의 6%에 해당하는 7,500억 유로 규모의 경제회복기금을 조성했고, 특히 경제적 어려움이 큰 국가들에 대한 지원 중 상당 부분을 대출이 아닌 보조금으로 하기로 했기 때문이다. 그러나 '더 많은, 더 깊은 통합'의 길을 가기 위해서는 자국만의 이익 극대화를 추구하는 (국민)국가 중심의 국가 관계를 넘어서야만 한다. 분권의 전통을 가진 유럽이 미국처럼 연방국가의 길을 가는 것은 기대하기 어렵다. 즉 독일과 프랑스 국민이 독일인, 프랑스인을 포기하고 유럽인으로 살아가는 것을 의미하는데 유럽 역사를 이해하면 쉽지 않은 길이기 때문이다. 그렇다면 남은 길은 초국가 통합에 걸맞은 새로운 거버넌스 체제의 설립이다. 유로존은 지역 단위에서의 경제 통합이 가장 심화한 곳이다. 경제 통합은 자연스럽게 개별 국가 통제력을 약화시킨다. 즉 국가 통제력 약화에 따라 이른바 "세계화와 민주주의와 국민국가 주권 간 삼중고 문제(trilemma)"[2]를 드러낸다. 예를 들어, 단일 시장의 형성을 의미하는 세계화를 추진하려면 민주주의나 국민국가 주권 가운데 하나를 포기해야 하고, 민주주의를 제대로 하려면 세계화나 국민국가 주권을 포기해야 한다. 또 국민국가로서 민족자결권(주권)을 수호하려면 민주주의나 세계화 가운데 하나를 포기해야 한다. 세계화는 자본의 이해에 따라 값싼 외국 노동력이 자유롭게 들어올 수 있고, 그것은 자국 노동력의 일자리 상실이나

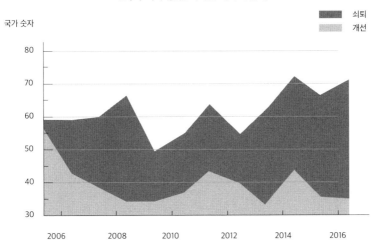

민주주의가 향상/쇠퇴한 국가의 숫자

출처: Michael J. Abramowitz, Democracy in Crisis, Freedom House.
https://freedomhouse.org/report/freedom-world/2018/democracy-crisis posted on Sep. 11, 2020.

임금 인상 억제 요인으로 작용할 수 있기 때문이다. 일례로 '광우병 사태'에서 보았듯이 한미FTA(세계화)는 민주주의나 국민국가의 주권과 충돌한다. 이론적으로 민주주의와 세계화를 제대로 추진하려면 철저히 민주적인 국제정치공동체가 있어야 하는데 이는 현재의 중심주의 세계관, 즉 자국만의 이익극대화를 추구하는 국가 관계에서 볼 때 환상에 불과하다. 민주주의가 전 지구적으로 후퇴 경향을 보인 배경이다. 실제로 2006~17년 사이에 62개 국가에서 민주주의가 향상된 반면, 113개 국가에서는 쇠퇴하였다.

결론을 내리면 경제 통합은 (세계가 분할되어 국민국가와 국민경제를 독립적으로 운영이 가능했던) '분리와 구분의 세계'에서 (초국가 협력이 불가피한)

'연결의 세계'로 이동했음을 의미한다. 즉 통화동맹과 그 연장선에서 경제 통합을 하려면 국가 관계가 '중심주의 세계관'에서 '호혜주의 세계관'으로 바뀌어야 하고, 민주주의 또한 일국에 기초한 민주주의에서 초국가 단위에서 작동할 수 있는 민주주의로 업그레이드되어야 한다. 유럽이 꿈꾸는 "더 많은 통합, 더 깊은 통합"의 최대 장애물은 단체보다 개인이 존재나 가치에서 먼저라고 생각하는 '개인주의 문화'일 것이다. 공공 의료시스템이 발달한 유럽이 팬데믹에 무력감을 드러낸 이유도 '문화 실패'이기 때문이다. (이에 대해서는 뒤에서 자세히 살펴볼 것이다.)

넷째, 지진과 쓰나미에서 시작된 '2011년 후쿠시마 원전사고'나 지구온난화와 인도양 쌍극화(Dipole) 현상에서 비롯한 '2019년 호주 산불사태' 등은 생명체와 자연환경에 대규모 재앙이었다. 문제는 기후위기 문제가 눈앞에 다가오면서 원전사고의 가능성이 커지고 대형 산불사태 같은 자연재난이 일상화되고 있다는 점이다. 즉 기후위기 문제를 배제할 경우 핵발전소는 안전한 에너지원으로 취급되지만, 과거와 달리 대부분 사람이 심각하게 받아들일 정도로 기후위기 문제가 미래가 아닌 현재 우리 삶의 일부가 되면서 원전사고 위험에 대한 경각심도 높아지고 있다. 우리나라에서도 2020년 제9호 태풍 '마이삭' 영향으로 부산시 기장군 고리원자력발전소에서 가동 중이던 원전 4기가 잇따라 모두 멈춰 서는 경험을 하였다. 또한, 지구온난화에 따른 기후변화는 대형 산불 피해의 원인이 되고, 대형 산불 피해는 다시 지구온난화를 악화시키는, 이른바 되먹임고리(feedback loop)를 만들고 있다. 이처럼 서로 관계가 없어 보였던 후쿠시마 원전사고와 호주 산불사태가 기후위기로 연결되어 있다. 그런데 인류 세계는 기후위기를 해결할 능력이 있는가? 기후위기는 생태계의 균형을 복원시키는 문제로서 에너지원의 변화를 넘어서 에너지 다소비적인 산업구조의 변화, 사회적 불평등의 해소, 고용 및 복지 체계의 변화, 사회경제적 풀뿌리 민주주의 강화 등 사회경제 구조의 변화를 동반할 때 해결의 실마리를 찾을 수 있다. 무엇보다 기후변화 문제는 국가 간 불평등 해소처럼 개별 국가의 범위를 넘어서는 문제다. 즉 기후변화 문제 역시 전 지구적으로 산업문명 시스템의 변화를 요구할 뿐 아니라 초국가 협력을 필요로 한다. 주요국들이 자국의 사회 불평등 해소도 버거워하는 상황에서 다른 가난한 국가의 불평등 개선에 협조할 가능성은 얼마나 있을까?

21세기 들어 우리가 겪는 '대사건'들이 쉽게 대응하기 어려운 이유는 대사건들이 모두 '새로운 처음'이기 때문이다. 왜 제대로 대응하기 어려운 것일까? 인간의 이성과 지식체계로 예측할 수 없었기 때문이다. 즉 지난 100년 혹은 심지어 지난 200년의 상식을 깬 사건들이기 때문이다. (발생이 예상되는 사건에 대한) 산업문명의 지식체계는 해석(측정)의 원료가 돼줄 수 있는 과거의 유사 사건(데이터)을 활용할 수 있다는 가정에 기초한다. 따라서 재난이나 재앙에 대한 대비책도 과거에 발생한 사건을 참고하여 만들어진다. 과거에 겪어본 적 없는 '새로운 처음'에 속수무책일 수밖에 없는 이유다. 블랙스완, 롱테일 등이 회자한 이유다. 예를 들어, 한때 미국의 경제대통령 소리를 들을 정도로 막강한 영향력을 행사했던 그린스펀 전 연준(연방준비제도) 의장은 금융위기가 발발한 후 미 하원 감독·정부개혁위원회의 금융위기 청문회[3]

에 출석(2008. 10. 23)하여 "금융기관들이 내가 기대했던 바와 같이 주주들과 투자자들을 보호하지 못했다"며 금융회사들이 보인 이기심에 충격을 받았고, 파생상품에 대한 규제를 반대했던 자신의 잘못을 인정하였다. 그리고 이는 "지난 수십 년간 지배해온 현대 리스크관리 패러다임을 떠받치는 전체 지적 체계가 붕괴"했음을 의미한다고 고백했다. 이 고백은 무엇을 의미할까? 지난 수백 년간 축적한 지적 체계에 기초해 판단했지만, 역부족이었음을 인정한 것이다.

이러한 고백은 현장에서도 나왔다. 2007년 8월 6~10일 사이에 골드만삭스가 운영하던 20억 달러 규모의 한 헤지펀드(Global Equity Opportunities)에서 30%가 넘는 손실이 발생했다. 당시 골드만삭스의 최고재무책임자(CFO)였던 데이비드 비니아르(David Viniar)는 이런 대규모 손실이 발생할 확률을 계산해보니 25시그마(표준편차) 사건이었다고 말했다.[4] 영란은행(Bank of England)의 앤디 홀데인(Andy Haldane) 집행이사는 25시그마(σ) 확률의 사건은 6×10^{124} 우주 생명에 한 번 일어날 상황에 해당하는 값이라고 계산했다.[5] 발생 가능성이 사실상 0이라는 얘기다. 경제학이나 경영학 등의 투자이론으로는 예측할 수 없는 일이 발생한 것이다. 손실 발생이 불가피했던 천재지변이었다고 비니아르가 변명한 이유다.

재난 대응에 강하다는 일본 시스템과 '일본의 안전신화'가 후쿠시마 원전사고에 무너진 이유도 과거의 경험에 기초한 상식의 범위를 벗어난 사건이 발생했기 때문이다. 즉 원자력발전소에서 원전 3기가 동시에 녹아 방사능이 누출된 일본 후쿠시마 원전사태는 1,000만분의 1을 세 번 곱한 10^{-21}의 확률이 발생한 것이다. 적어도 지난 100년간 9.0 규모의 진앙지 지진을 수반한 쓰나미를 경험한 적이 없다 보니 후쿠시마 원전의 내진설계도 진도 6.5 정도[6]까지 견딜 수 있게 만든 것이다. 발생할 확률이 거의 없는데 진도 9.0 이상으로 만들려면 그만큼 비용이 급증하기 때문이다.

마찬가지로 코로나19 재난도 적어도 지난 100년간 겪어보지 못한 팬데믹이다. 근대 이후, 감염병 때문에 전 세계가 경제위기에 직면한 것은 일찍이 경험해 보지 못한 일이다. 즉 '새로운 처음'이다. 따라서 현대 의료시스템은 코로나19 같은 재난을 고려하여 구축할 필요가 없었다. 코로나19가 현대 의료체계의 범위를 벗어난 팬데믹이다 보니 병상 부족 문제와 같은 의료체계의 붕괴에 직면한 것이다. 그렇다면 원전의 내진설계를 9.0 이상으로 올리고, 코로나19에 대응할 수 있는 의료체계로의 변경은 가능한가? 산업문명의 기준으로는 지진이나 팬데믹이 매일 발생하는 것도 아닌데 평소 활용 가능성이 없는 체계를 갖추는 것이 합리적·효율적이냐는 질문에 부닥칠 것이다. 예를 들어, 과학자들은 2019~20년에 발생했던 호주 산불은 향후 40~50년 안에 일어나지 않으리라고 본다.[7]

게다가 연결이 강화되면서 '전염효과'가 커지고 그 결과 피해 규모가 커지고 있다. 미국발 금융위기가 전 세계로 확산한 이유도 금융화[*]로 인해 전 세계적인 금융네트워크가 만들어졌기 때문이다. 지구상의

---

[*] 금융과 금융적 사고방식이 기업과 경제의 모든 측면을 구석구석 지배하게 되어 버린, 그리하여 사회의 모든 것을 금융 가치로 재구성한 현상

모든 경제주체는 글로벌 금융회사들이 판매하는 금융상품, 특히 복합 파생 금융상품을 매개로 글로벌 망에 연결되었다. 예를 들어, 미국 금융시스템은 물론 세계 경제까지 충격과 위기로 몰아넣었던 리먼 브러더스를 보자. 이 회사의 네덜란드 자회사가 본사가 보증한 채권을 네덜란드에서 판매한 규모는 2008년까지 350억 달러에 달했다. 그 결과 리먼 브러더스의 파산은 리먼 브러더스의 글로벌 망을 통해 전 세계로 피해를 확산시켰다. 미국의 개인 투자자의 자산 피해에서 그치지 않고 전 세계 개인 투자자의 자산 피해로 이어졌고, 그 결과 가계 소비와 기업 투자의 위축 그리고 경기 침체가 전 세계로 확산하였다. 마찬가지로 코로나19 팬데믹의 피해도 이전 바이러스보다 감염이 쉽다 보니 연결된 세계에서 감염 확산은 현대 의료시스템이 감당할 수 없을 정도로 빠르게 진행되었고, 경제 붕괴에서 보듯이 피해는 눈덩이처럼 불어났다.

요약하면 20세기와 전혀 다른 '새로운 처음'은 산업사회에서 만들어진 지적 체계로 설명되지 않는 일들이다. 우리가 시대 전환기에 살고 있음을 보여주는 것이다. 시대 전환기의 특징 중 하나가 기존 권위 체계의 해체나 아노미 현상 등이다. 기존의 지적 체계에 기반을 둔 권위가 새로운 현상들을 설명하지 못하기 때문이다.

그리고 기존 권위의 효능 약화는 새로운 흐름에 저항하는 반동으로 이어진다. 21세기 '대사건'들 중에는 예측을 할 수 있음에도 대응을 하지 못하는 이유다. 기존 제도와 시스템 등이 해결책이 될 수 없음에도 제도와 시스템 등의 교체에는 커다란 저항이 존재하기 때문이다. 즉 단기간 내에 제도와 시스템을 바꾸기가 어렵다 보니 예측을 할 수 있음에도 대사건을 피할 수가 없다. 기후변화 문제나 새로운 바이러스의 출몰 등이 대표적 경우다. 모두 예측 가능하지만, 속수무책으로 당하는 이유는 현재의 제도와 시스템, 인식체계 등으로는 생태계 균형을 복원시키기 어렵기 때문이다. 앞의 '새로운 처음'이 수반하는 재난이 지적 체계의 지체에 따른 것이라면, 예측을 할 수 있어도 대응을 하지 못하는 재난은 시스템 지체에 따른 것이다. 기후위기를 '시스템 위기'라 부르는 이유다.

이처럼 지금 우리에게 중요한 것은 우리가 살아가는 이 시대가 시대전환기라는 것을 분명하게 인식해야 한다는 점이다. 그리고 변화의 방향을 이해할 필요가 있다. 왜냐하면, 21세기에 우리가 겪고 있는 '새로운 처음들'이 대규모 재앙이나 재난의 성격을 띠는 것은 변화의 내용과 관계가 있기 때문이다. 이에 대해서는 2장에서 소개할 것이다.

따라서 이 시대를 살아가는 개인이나 기업 등은 변화의 흐름에 적응하고 올라타야만 한다. 새로운 흐름을 좇아가지 못하고 기존 시대의 패러다임에 묶여 있으면 무너지는 낡은 집에 깔릴 수밖에 없다. 무엇보다 새로운 흐름에 대한 정보가 취약한 사회적 약자층에 대한 정부의 역할이 요구된다. 이처럼 국가는 이행기에 빈번하게 발생하는 위기를 지혜롭게 관리해야 할 뿐만 아니라 새로운 변화에 부합하는 새 집을 지어야만 한다. 특히 과거 앞서갔던 국가들이 쇠퇴의 티핑 포인트를 맞이할 수 있다. 앞서갔던, 이른바 선진국은 시스템이 상대적으로 정교하게 만들어졌기에 일반적으로 외부 충격으로부터의 회복력(resilience)이 높다. 하지만 또 다른 의미에서 시스템을 바꾸기도 쉽지 않다. 역으로 후진국은 시스템이 허술하기에 불안정성이 높지만 상대적으로 바꾸기가 쉽다. 영국의 역사학자 토인비가 문명의 흥망성쇠를 말한 배경이다.

그런데 대규모 피해를 수반하는 충격 앞에 선진국의 시스템이 무력감을 드러내는 시점이 도래하는 듯 보인다. 미국발 금융위기나 유로존 위기, 그리고 코로나19 재난 등이 티핑 포인트의 징후를 보여주고 있다. 예를 들어, 금융위기나 유로존 위기 이후 미국이나 서유럽 선진국들에서 사실상 혁신 실종과 성장 둔화, 그리고 초금융완화의 함정 등이 지속하는 '일본화(Japanification)' 가능성이 높아지고 있다. 미국 노동통계국(BLS)에 따르면 미국의 노동생산성 증가율은 금융위기 이전(2000~2007년) 연평균 2.7%에서 이후(2007~19년) 1.4%로 하락했다.[8] 유로존의 노동생산성 증가율 역시 1996~2007년간 연평균 1.07%에서 2008~16년간 0.35%로 3분의 1 수준으로, 심지어 유로존 위기에서 벗어난 이후인 2013~16년간도 0.54%로 금융위기 이전의 절반 수준으로 하락했다.[9] 그 결과 미국은 연평균 성장률이 금융위기 이전(1985~2006년) 3.3%에서 이후(2007~19년) 1.7%로 절반 수준으로 떨어졌다. 마찬가지로 유로존의 GDP도 2011년 13조 6,227억 달러에서 2019년 13조 3,358억 달러로 약 3,000억 달러가 추락했고, 2020년에는 코로나19 재난으로 마이너스(-) 성장이 확실하기에 사실상 '잃어버린 10년'이 진행 중인 것이다.

생산성 둔화는 혁신의 실종 혹은 약화에서 비롯하기도 하고, 성장 둔화의 요인이 되어 초금융완화를 지속하게 한다. 이는 좀비기업을 증가시켜 또다시 생산성을 둔화시킨다. 14개 선진국의 3만 2,000개 상장기업 중 좀비기업의 비중은 1980년대 말 약 2%에 불과했으나 2016년에는 12% 이상까지 증가하였다.[10] 미국의 좀비기업도 2014년 약 10%

수준에서 2019년에는 18% 수준을 넘어섰다.[11] 즉 저금리를 비롯해 초금융완화가 장기간 지속하면서 '좀비기업의 증가 → 생산성 둔화 → 성장 둔화 → 초금융완화의 지속'이라는 '저금리 함정'에 빠져 있다. 예를 들어, 미국의 좀비기업은 220만 개 이상의 고용을 책임지고 있기에 금리 인상으로 좀비기업이 파산할 경우 대규모 실직 사태로 이어질 수 있다.[12] (물론 코로나 충격을 고려해야 하지만) 유럽 역시 유럽 스톡스600 기업 중 단지 10% 약간 넘는 정도만이 겨우 세전 수익으로 이자 비용을 충당하고 있다. 2000년 이후 제조업 종사자가 급감하는 가운데 제조업의 대안으로 부상한 기술진보와 혁신의 상징인 플랫폼 사업모델들이 경제력 집중의 새로운 원천이 되고 있을 뿐 아니라 최근에는 이들 기업의 혁신도 실종된 상태다. 이에 대해서는 2장에서 소개할 것이다.

이처럼 미국과 서유럽 국가들의 경제 체력은 매우 약화되고 있는데, 문제는 이것이 외부 요인 때문이 아니라 자체 시스템의 문제에서 비롯되었다는 점이다. 경제 전체의 파이가 정체 혹은 축소하는 상황에서 파이의 배분을 놓고 사회 내부의 갈등은 증폭한다. 미국 중간소득층 가구의 비중은 1970년 62%에서 2018년에는 43%까지 하락하였다.[13] (0에 가까울수록 평등을, 그리고 1에 가까울수록 불평등을 나타내는) 지니계수가 1970년 0.394에서 2018년 0.486으로 상승했고, 같은 기간 상위 5% 가구의 소득이 전체 소득의 16.6%에서 23.1%로 증가하였다.[14] 게다가 최근에는 소득과 부의 초집중 현상까지 더해지고 있다. 상위 1%는 물론이고, 상위 0.1%가 차지하는 비중은 정체 상태가 지속하고 있는 반면, 소득은 0.001%에게 집중되고 자산은 0.00001%에게 집중

세계에서 가장 경제력이 강한 국가는 어느 국가인가?

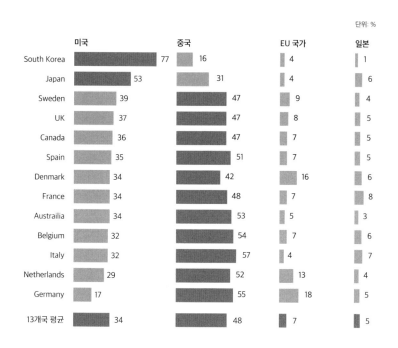

출처: Pew Research Center, "U.S. Image Plummets Internationally as Most Say Country Has Handled CoronaVirus Badly," Sep. 14, 2020

https://www.pewresearch.org/global/2020/09/15/us-image-plummets-internationally-as-most-say-country-has-handled-coronavirus-badly/pg_2020-09-15_u-s-image_0-17/

되고 있다.[15] 자신만 열심히 살면 중산층으로 살아갈 수 있다는, 이른바 '미국인의 꿈'으로 상징되는 '미국식 사회계약'이 흔들리고 있는 배경이다. 20세기까지 많은 사람들이 '미국의 시대'가 영원할 것으로 생각했다. 그런데 '새로운 처음'형 충격들로 인해 미국과 서유럽 주요국들의 위상은 후퇴하고 있다. 위 그림에서 보듯이 세계에서 가장 경제력이 강한 국가로 한국과 일본의 대다수 국민은 미국을 선택했지만, 유럽

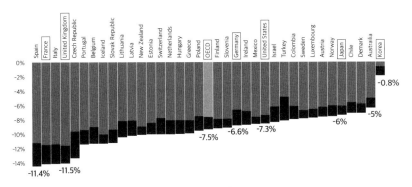

OECD의 2020년 경제성장률 전망

주: 회색 부분은 1회 충격 시, 검정색 부분은 2회 충격 시 성장률 전망치.
출처: OECD, OECD Economic Outlook, June 2020.

국가들은 중국을 선택하고 있다.

반면 시대 전환기에 새로운 변화에 적응하는 국가는 선두로 부상할 기회가 열릴 것이다. 예를 들어, 세계적인 코로나 위기 상황에서 한국은 글로벌 리더로 성장한 모습을 보여주었다. 실제로 OECD의 2020년 경제성장률 전망치를 보면 한국의 절대적 선방(?)이 눈에 띈다. 주요국들의 성장률이 -5%에서 -11.5%까지 전망되는 가운데 -0.8%로 예상되는 한국의 선방은 코로나19 재난이라는 '새로운 처음' 없이는 설명이 어렵다. 또한, 미국은 2분기 성장률이 2019년 2분기에 비해 -9.0%를 기록했고, 이러한 성장률이 향후 1년간 지속한다면 -31.4%까지 기록할 수 있다. 이런 일이 발생할 확률은 거의 없지만 현실이 된다면 1년 후 미국의 GDP는 21조 4,177억 달러에서 14조 6,283억 달러로 축소한다는 것을 의미한다. 반면, 2분기 성장률이 전년 2분기 대비 3.2%를 달성한 중국이 같은 속도로 1년간 성장을 하면 GDP는 15조 7,643억 달러가 되어 미국을 앞지르게 된다. 이러한 변동은 중국이 상대적으로 선방을 한 것도 있지만, 무엇보다 앞서가던 미국의 큰 후퇴에서 비롯한 것이다. 이처럼 '새로운 처음들'은 대격변을 예고한다.

　문제는 '새로운 처음'이 수반하는 새로운 변화는 반드시 갈등을 수반할 수밖에 없다는 점이다. 기존의 사회질서 위에 구축된 권위체계들이 도전을 받기 때문이다. 멀리 갈 필요 없이 우리 사회가 겪는 최근 혼란이 이를 잘 보여준다. 판·검사, 의사, (고위)공무원, 큰 언론사 기자, 목사 등 대한민국에서 최고로 선망의 대상이었던 직업들이 최근 한꺼번에 지탄과 조소의 대상으로 전락하고 있다. 이들 직업은 대한민국이라는 공동체를 굳건히 지키는 공적 기능을 수행한다고 여겨졌기 때문에 신뢰와 존경을 받았다. 그러나 이들이 사실은 그 공적 기능을 자기들만의 사적 이익을 추구하는 데 사용하고 있다는 것이 드러남으로써 지탄의 대상이 된 것이다. 이러한 권위 몰락은 대학생에서도 예외가 아니다. 이른바 일부 '스카이(SKY)'대 학생들이 당당하게 표출한 '선택적 분노'는 과거 민주화 세대의 대학생과는 다른 모습이었다. 이들의 권위가 약해지는 이유는 무엇일까? 자신들의 이해가 위협을 받자 이에 반발한 측면이 크다. 여기에 개신교 목사들에 대한 실망도 폭발하고 있다. 이들의 이해가 위협받는 배경은 무엇일까? 여러 가지가 있겠지만 근원적인 이유는 한국 사회의 민주화에 있다. 한국 사회의 특권층은 분단과 독재 그리고 불공정에 뿌리를 두고 있다. 그리고 특권을 재생산하기 위해 언론과 사법체계 그리고 학교교육시스템(schooling system)을 통해 (점수에 기초한) 능력주의를 제도화시켰다. 80년대부터는 부모의 경제력이 자녀의 교육 수준을 결정짓기 시작하고 교육 수준이 자녀의 경제력을 결정하고, 학력(출신학교) 네트워크와 더불어 사회 각계의 요직을 독점하면서 '특권층 카르텔'이 구조화된 것이다. 그리고 신분의 대물림으로 이어지면서 '특권층 카르텔'도 재생산되는 것이다. 여기에 미국과 이승만 그리고 월남 기독교인 등 분단 체제와 밀접한 관련을 맺고 있는 한국 개신교가 결합하였다.

그런데 사회가 투명화되고 반칙을 용납하지 않는 분위기가 확산하면서 불공정한 특권을 누렸던 '특권층 카르텔' 구조에 균열이 가해지기 시작한 것이다. 제도화되었던 언론과 사법체계 그리고 학교교육시스템 등에 대한 개혁으로 이어지는 배경이다. 특권층의 위기의식은 곳곳에서 저항으로 전개된다. 사법부의 독립성을 이용하여 자신의 이념적 성향이나 정치적 신념을 판결에 반영하거나 검찰권으로 행사한다는 의혹이 고조되고 있다. 이러한 저항은 극단적으로 표현되기도 한다. 한국 사회가 2020년 겪었던 종교집회를 통한 '바이러스 테러'나 의료파업을 통한 '의료 테러' 등이 그것이다. 한국 사회가 새로운 단계로 진화하면서 과거의 권위들이 흔들리는 것이다. 자신의 희생을 통해 이웃의 구원을 목표로 하는 개신교 교회가 종교집회와 대면예배로 공동체의 안위를 위협하고, 환자가 존재 이유인 의료인이 의료파업으로 환자의 생명을 위협하는 등 자신의 존재 의미를 상실하고 있다. 문제는 반발이 심해질수록 기존 권위는 공동체 구성원에게 고통의 원인이 되고, 이는 다시 권위의 해체를 가속화시킨다는 점이다. 결국은 우리 사회를 뒷받침하는 모든 제도에 대한 재검토로 이어질 수밖에 없다.

예를 들어, 의료파업 와중에 SNS에서 회자됐던 어느 의사의 글은 많은 국민을 아연실색하게 만들었다. 길지만 최대한 옮겨본다.

곧 big5 병원 문 닫고 한번 지옥을 경험해볼 것이다. 우리나라 의료가 얼마나 좋았다는 것을… 너희가 의대 들어가는데 돈을 대주었냐? 의대등록금을 대주었어, 용돈을 주었어? 레지던트 수련 받을 때 월급 줬어? 병원 차리는 데 돈 보내줬어? 공공재? 공공재라고 하는 것은 육군사관학교처럼 등록금 다 대주고 학생 때부터 용돈도 주고 하는 사람들한테… 우리도 그렇게 했으면 그냥 찍소리 않고 따라가… 의료보험으로 해주었다? 의료보험 안 받고 우리 마음대로 가격 정하면 어떻게 되는지 알아? (…) 지금 얼마나 좋아? 그래도 정말 합리적(reasonable)인 가격에 좋은 의료서비스를 받고 있지 않니? 우리 의료수준은 세계 최고 수준이야. 그 밑바탕이 뭔 줄 아냐? 국민을 위하는 마음에 그렇게 된 것은 아니고, 최고로 똑똑한 아이들이 big5 병원 스텝으로 있으면서 피 터지게 경쟁해서 나는 2등을 해본 적이 없다는 알량한 자존심 때문에 이렇게 된거다. (…) 왜 국가가 의대교육부터 레지던트 수련, 병원 건립까지 하나 보태준 것도 없으면서 XX인지. (…) 업무개시명령을 하고 법적 조치를 할려고 해? 안(그)래도 우리는 의료를 지킨다고 아무 것도 안 하고 있는 것이 마음에 계속 걸렸는데… 구속시키고 다 짤라… 상관없어 그래도. 나중에 취직하고 일할 데 많아… 걱정하지 마라 기술직이거든….

국가가 의사 교육, 병원 건립에 하나 도와준 것도 없이 왜 난리냐고 하고, 의료보험 안 받고 우리가 마음대로 가격을 정하면 어떻게 되는지 아냐며 협박을 한다. 이에 대해 국민은 이렇게 응답했다. "그래요. 그렇게 합시다. 의료보험 받지 말고 니들이 맘대로 정해서 받으세요. 그래서 떼돈을 벌어보세요. 대신, 국가는 이렇게 합니다. 의대 정원을 관리하지 말고 무제한으로 풀어 의사들을 무제한으로 배출하세요. 의대 교수들이 반발하면 외국에서 의사들을 교수로 초빙하고, 어느 나라든 의대를 졸업했으면 의사면허증을 줍시다." 전교 1등만 하고 빅5 병원의 의대교수가 된 분(?)이 의료서비스 시장에 대한 이해 없이 '시장 자유'를 외치고, '자유'라는 개념을 '내 맘대로'와 동의어로 이해하는 '전교 1등'의 수준을 확인하였다. 자신들의 기술(?)을 믿고 국민을 협박하는 '오만함'을 보고, 이들을 더는 '선생'으로 부르고 싶지 않다는 목소리까지 국민의 분노는 들끓었다. 그동안 '마취 후 성폭행하는 의사', '리베이트 받고 대리 수술 맡기는 의사', '의료사고로 환자가 여러 번 사망했지만, 면허 유지하는 의사' 등이 일부 의사의 모습인 줄 알았는데 대부분 의사가 이를 옹호하는 것이 아니냐는 목소리도 대두되었다.

의사 스스로가 자신들은 그냥 '천박한 엘리트' 중 하나에 불과하다는 이미지를 드러낸 것이다. 실제로 의사협회가 정부 및 여당과의 합의안에 서명하기에 이른 상황에서 대한전공의협의회(대전협) 지도부는 '건강보험정책심의위원회(건정심) 구조 개편'과 관련한 내용이 빠져 있다는 점을 문제 삼고 집단휴진을 이어가겠다며 몽니를 부렸다. 그동안 의사 인력이나 공공 의대 문제 등으로 파업을 하며 요구해온 것과는 완전히 결이 다른 건정심 구조 개편 문제를 꺼내듦으로써 의사들(대전협)이 국민 건강권을 볼모로 사익을 추구하는 싸움을 해왔다는 점을 노골적으로 드러냈다. 의사단체가 건정심 위원회 내 의사 위원 몫을 늘려서 의료수가 등 이익과 관련한 각종 현안 논의에서 우위를 점하고자 한 것이다.

이처럼 의료파업으로 드러난 의료진의 민낯은 우리 사회 시스템의 총체적 사망 선고를 보여준 것이다. 의사와 판·검사 등 전교 1등의 '엘리트 괴물'을 양산하는 학교교육시스템이 정통성이 없는 한국 사회 권위체계의 중심에 있기 때문이다. 1차 민주화로 군부독재가 물러난 후 군부독재에 기생했던 기득권들의 권위를 정당화시켜주었던 것이 한국 사회의 학교교육시스템이었다. 군부독재의 종식으로 한국의 권위체계의 취약성이 드러났다. 한국의 권위체계에는 권한과 더불어 '권위'에 필요한 공적 책무와 공공성이라는, 권위를 구성하는 당연한 요소들이 결여되어 있었다. 민주화가 시민의 일상 삶으로 확산해 가는 과정에서 한국 권위체계의 취약성이 모습을 드러냈다. 즉 권위들이 누렸던 공적 기능을 자신들만의 사적 이익을 추구하는 데 사용하고 있다는 것이 드러나며 지탄의 대상이 된 것이다.

요약하면 우리는 지금 낡은 집이 무너지고 있으나 새로 들어가 살아야 할 집은 준비가 안 된 상황에 놓여 있다. 새로운 집에 대한 청사진이 시급한 상황이다. 그리고 이 집은 무너지는 것을 보수하는 정도가 아니라 한 시대를 책임질 수 있는 새로운 것이어야만 한다. 새 집에서 살아갈 사람들은 당연히 낡은 집에 살던 사람과 다를 수밖에 없다. 그리고 새로운 집을 제시하는 일만이 새로운 시대로의 순조로운 이행을 위해 갈등을 최소화하는 길이다. 그런 점에서 현재 요구되는 정치력은 '새로운 처음들'에 대한 정확한 이해를 전제로 '새로운 시대'에 대한 청사진을 제시하는 역량이 될 것이다.

AI 세대 vs. GE 시대의 교육

이행기와 불확실성 시대의 핵심 과제는 불안정과 불확실성을 확실성으로 전환하고 사회질서를 안정시키는 것이다. 불확실성이 지속한다는 것은 미래가 보이지 않는다는 것을 의미한다. 미래가 보이지 않을 때 가장 큰 고통을 겪는 대상이 청년 세대다. 사회는 여전히 낡은 시대의 패러다임이 지배하는 반면 청년 세대는 새로운 변화에 적응하고 도래하는 새로운 시대를 살아가야 하기 때문이다. 이미 과거가 되어버린 교육과 방식으로 훈련을 받아왔는데 어떻게 새로운 기술이 만들어내는 새로운 사회에 바로 적응할 수 있겠는가.

21세기를 살아갈 대표적 세대가 현재의 20대다. 한국에서는 2000년생이 2019년에 대학에 들어왔다. 90년대 후반 이후 태어난 세대, 즉 현재의 20대 초중반 세대에게 인터넷은 삶의 일부였다. 그 이전에 태어난 세대들, 특히 한국의 산업화 세대는 20대 시절 인터넷이 세상에

나오리라는 것을 전혀 예상하지 못했다. 그러나 사람들이 매일 산소를 마시듯이 지금의 20대에게 인터넷 없는 세상은 상상하기 어렵다. 1994년 인터넷을 일반인이 이용하기 시작하면서 사람들은 닷컴기업이라는 새로운 형태의 경제조직을 만났다. 아마존, 네이버, 야후 등이 출현하였다. 90년대 후반에 넷플릭스와 구글 등이 뒤를 이었다. 그리고 2000년대에는 페이스북(2004), 유튜브(2005), 애플 아이폰(2007), 에어비앤비(2009), 우버(2009) 등이 뒤를 이었다. 그 결과 21세기 미국을 대표하는 기업들은 이른바 FAANG(Facebook, Apple, Amazon, Netflix, Google) 혹은 GAFA(Google, Apple, Facebook, Amazon)다. 이 기업들은 전통적인 제조업이나 금융 같은 서비스업과도 다르다. 미국의 시대인 20세기는 제조업의 시대다. 미국 제조업을 상징하는 기업이 GE다. 20세기의 마지막 해인 1999년에 GE의 기업가치는 5,040억 달러로 5,830억 달러의 마이크로소프트 다음의 두 번째였다. 심지어 닷컴버블이 걷힌 후인 2004년에는 잠시 기업가치가 3,190억 달러로 1위에 등극하기도 하였다. 그런데 2018년에는 다우지수 구성 종목에서 퇴출되었다. GE의 퇴출과 함께 1896년 다우지수 출범 당시 초기 구성 종목은 122년 만에 모두 퇴출되었다. 산업구조 측면에서 한 시대가 막을 내린 것이다. 2020년 9월 초 기업가치에서 상위 랭킹은 애플, '아람코'라 불리는 사우디아라비안 오일 컴퍼니(Saudi Arabian Oil Co), 아마존, 마이크로소프트, 알파벳, 페이스북, 알리바바, 텐센트, 버크셔해서웨이, 비자 등이 차지하고 있다. 에너지기업과 금융회사를 제외하면 70%가 1970년대 이후 출현한 IT 관련 기업들이다.

제조업의 종사자가 줄어드는 탈공업화 현상이 미국을 필두로 1960년대 말부터 진행되었고, 70년대부터 시작된 컴퓨터 혁명에서 출발하여 90년대 인터넷 혁명으로 이어진 3차 산업혁명은 '디지털 생태계'라는 새로운 세상을 등장시켰다. 그런데 현재의 교육은 근대 산업사회의 방식으로 계속되고 있다. 예를 들어, 근대의 초중등 교육 체계는 기성 사회가 만들어 놓은 표준화된 개념과 소통 규칙을 습득시켜 표준화된 사고를 하는 인간, 똑같이 생각하는 인간을 만들어내는 데(찍어내는 데) 초점을 맞추고 있다. 이는 제조업 시대의 기업(자본)이 기계 부품처럼 매뉴얼에 따라 일사불란하게 움직이는 노동력을 요구했기 때문이다. 이를 위해 교육 내용은 국어, 수학, 사회, 과학, 영어 등을 주요 과목으로 설정한 이른바 주지교과(主旨敎科)로 구성하고, 교육 기준과 목표는 정해진 답(정답)을 찾아내는 것에 맞추었다. 동일한 잣대에 의한 성과 측정 방식이 줄을 세우는 것을 가능하게 했다. 점수를 기준으로 '찍어내기-줄 세우기' 교육이 제도화된 배경이다. 30년 이상 대학에서 교육을 하며 필자가 경험한 것은 대학에 입학할 때 대부분 학생은 차이가 없고, 졸업하는 순간까지 자신이 정말 원하는 것이 무엇인지 알지 못한 채 사회에 진출한다는 것이다. 초중고 과정에서 12년간 받은 교육을 생각하면 대학에 입학하는 학생들에게 '컬러(자기 색깔, 차이)'가 남아 있으리라 기대하는 것 자체가 무리다. 산업사회의 학교교육시스템은 '획일적인 인간'을 만드는 게 목적이기 때문이다. 문제는 아이들의 자유가 억압된 상황에서 기성세대의 관념과 개념, 편견, 선입견으로 주조된, 이른바 '분재된 아이들'이 양성됨으로써 자유로운 정신은 기대할 수 없다는 점이다. 주입식교육에 대한 반성이라는 것도 정해진 개념과 사고, 규범 등으로 구성된 기존 틀을 능동적으로 학습하라는 것에 불과한 상황이다.

산업사회의 학교교육시스템과 교육 방식은 데이터 혁명과 인공지능(AI) 기술, 디지털 생태계의 부상 등을 특성으로 하는 21세기에 더는 효과를 발휘하기 어렵다. 2000년대 이후 미국에서는 기업들이 대학이 쓸모 있는 인재를 공급하지 못한다고 불평해왔다. 급기야 오늘날 대학은 버림을 받고 있다. 즉 채용할 때 대학 학위를 요구하지 않는 기업이 늘고 있다. 한 예로, 구글은 자신들이 제공하는 6개월짜리 온라인 기술 강좌만 이수하면 지원 자격을 주고 있다.[16] 실제로 다음 그림이 보여주듯이 한 연구는 대학에서 습득하는 인지량이 2000년 이후 대졸자가 수행하는 직무에서 급속히 감소하고 있음을 보여준다. 대학교육의 효과성이 약화하고 있는 것이다. 대부분의 미국 사람들은 20대 초반까지 정규교육의 대부분을 완수하고 나머지 삶을 그것에 의존하여 살아갈 수 있기를 기대하고 있다. 그러나 컴퓨터는 사람들이 고등학교와 대학교에서 얻는 대부분 지식과 정보를 몇 초 안에 배울 수 있을 뿐 아니라 컴퓨터와 로봇의 성능은 기하급수적인 속도로 향상되고 있다.[17] 2000년 이후 미국에서 고용률이 감소하기 시작한 것은 우연일까?

그러나 IT 및 인터넷 혁명, 데이터 혁명, AI 기술의 발전 등으로 부상한 디지털경제 생태계는 가치창출 방식을 근본적으로 바꾸었다. 디지털경제 생태계를 만들기 위해서는 '연결'이 필수조건이고, 혁신은 개방과 협력과 공동창조로 만들어진다. 또한, 디지털경제 생태계는 기술적 측면에서도 기존 산업보다 기술의 융합화와 복합화가 더 강화되며 협력의

대학에서 습득한 인지에 대한 수요의 대반전

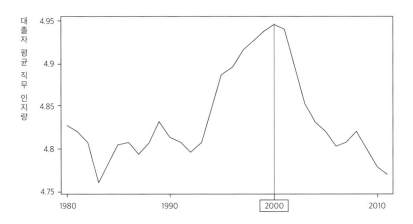

출처: P. Beaudry, D. Greeny, and B. Sand, "The great reversal in the demand for skill and cognitive tasks," NBER Working Paper No. 18901, 2013.

미국의 16세 이상 고용률 추이

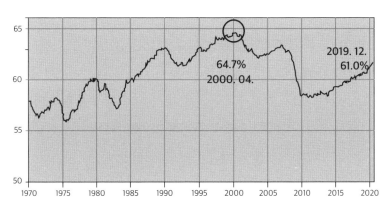

출처: U.S. BLS, Employment-population ratio.

중요성은 전면적으로 부상한다. 게다가 연결을 통해 새롭게 확보한 '데이터'는 AI 기술을 발전시키는 핵심 요소일 뿐 아니라 새로운 가치를 찾아내는 '원료'가 된다. 즉 데이터를 활용하여 잠재적인 새로운 가치를 찾아내고, 찾아낸 가치를 구현시켜야 한다. 이러한 특성을 고려할 때 21세기의 교육내용과 방식, 교육시스템은 산업사회의 그것들과 완전히 다를 수밖에 없음을 이해할 수 있다. 먼저, AI가 일상화되면 단순 반복적인 업무부터 회계사, 변호사, 건축사, 의사 등 전문직 업무의 일부, 그리고 이른바 창의적인 영역인 미술, 음악, 문학 등에서도 상당 영역은 AI가 더 잘 수행할 수 있을 것이다. 예를 들어, AI 기술을 활용하여 렘브란트의 새로운 작품을 창작(?)해내는 것이 가능해졌다. 마찬가지로 의사의 업무 중 혈액 검사, 소변 검사 등 기계가 제공하는 자료를 분석하고 해독하는 업무는 AI가 더 잘한다. AI 시대의 의사는 환자의 심기를 이해하기 위해 환자가 마음을 열도록 하는 역할을 해야 할 것이다.

이처럼 단순 반복적인 일뿐 아니라 웬만한 숙련 기능도 AI가 인간보다 몇만 배 더 잘, 빨리 해낼 수 있는 시대에 인간이 해야 할 일은 무엇일까? AI가 하지 못하는 업무를 만들기 위해 교육은 어떻게 바뀌어야 할까? 적어도 정해진 답을 찾고, 알고 있는 것을 전달해주는, 즉 주입되는 지식은 무의미할 것이다. 마찬가지로 기존의 지식과 답을 알려주는 지식 전달자는 무의미하고, 지식을 주입하는 교육은 생명력이 없을 것이다. AI 시대는 이미 답이 존재한다는 전제 자체를 부정하고, 아이들이 함께 그리고 스스로 과거에 없던 답을 만들어나가도록 하는 교육을 요구한다. AI 시대의 **혁신**이란 **기성세대의 경험과 틀을 벗어나야만 가능**하고, **정해진 내용을 가르치고, 정답을 찾는 방식을 벗어나야만** 가능하기 때문이다. 이를 위해 구체적으로 필요한 역량으로는 데이터를 활용하여 기존의 것과 다르고 새로운 것을 찾아내는 창의적이고 비판적으로 생각하는 역량(Creativity, Critical Thinking), 찾아낸 것을 구현하기 위해 다른 사람과 연결하는 소통역량(Communication), 함께 해결하는 협업역량(Cooperation) 등이 필요하다. 미래학자들이 분야와 상관없이 정서적인 공감 능력, 협업할 수 있는 능력, 원활하게 소통할 수 있는 능력, 자기 조절 능력(자율성), 긍정적인 자아 관념(자기 컬러를 가진 존재) 등을 AI 시대에 요구되는 역량으로 지적하는 배경이다. 즉 AI 시대의 교육 방식과 시스템은 아이들이 스스로 과거에 없던, 새로운 답을 찾아가고 함께 만들어가게 하는 **교육**, 마음껏 놀면서 아이들이 원하는 분야를 자유롭게 탐색하고, 스스로 '길을 만들어나가도록' 지원하는 공간으로서의 **학교**, 그리고 아이들과 함께 학습활동을 설계하고, 아이들이 탐구하는 주제와 관련된 자료를 찾고, 탐구에서 어려움을 겪을 때 돌파할 수 있도록 도움과 촉진적 질문, 조언을 주는 도우미로서의 **교사**로 구성되어야 한다.

새로운 세상이 도래했음에도 낡은 방식의 교육이 계속되자 청년들은 저항하기 시작했다. 한국에서 저항은 이른바 서태지 세대에서 본격화하였다.

됐어 됐어 됐어 됐어

이제 그런 가르침은 됐어 (…)

매일 아침 일곱 시 / 삼십 분까지 우릴

조그만 교실로 몰아넣고

전국 구백만의 아이들의

머리 속에 모두 똑같은 것만

집어넣고 있어 (…)

좀 더 비싼 너로 / 만들어주겠어

네 옆에 앉아 있는 / 그 애보다 더

하나씩 머리를 밟고 / 올라서도록 해 (…)

왜 바꾸진 않고 마음을 조이며

젊은 날을 헤매일까

바꾸진 않고 남이 바꾸길 / 바라고만 있을까 (…)

국민학교에서 / 중학교로 들어가며

고등학교를 지나 우릴 / 포장센타로 넘겨

겉보기 좋은 널 만들기 위해

우릴 대학이란 포장지로

멋지게 싸버리지 (…)

1994년 서태지는 〈교실 이데아〉에서 그렇게 기존 교육시스템을 거부하였다. 그러나 기성세대는 이를 외면하였다. 그리고 또 시간은 흐르고, 20대는 스스로 대학을 버리겠다고 외쳤다. 그러나 대학을 떠나는 청년들의 아픔에 기성세대는 반응하지 않았다. 대학에서 의미를 찾지 못하는 많은 지방대 학생들이 대학을 떠났지만, 사회는 그들을 '루저'로 취급할 뿐이었다. 그리고 SKY 학생들이 대학을 버리자 주목은 하였지만, 그것도 잠시에 불과하였다.

(…) 함께 트랙을 질주하는 무수한 친구들을 제치고 넘어뜨린 것을 기뻐하면서. 나를 앞질러 달려가는 친구들 때문에 불안해하면서. (…) 이름만 남은 '자격증 장사 브로커'가 된 대학, 그것이 이 시대 대학의 진실임을 마주하고 있다. 대학은 글로벌 자본과 대기업에 가장 효율적으로 '부품'을 공급하는 하청업체가 되어 내 이마에 바코드를 새긴다. 국가는 다시 대학의 하청업체가 되어, 의무교육이라는 이름으로 12년간 규격화된 인간제품을 만들어 올려 보낸다. (…) 이 변화 빠른 시대에 10년을 채 써먹을 수 없어 낡아 버려지는 우리들은 또 대학원에, 유학에, 전문과정에 돌입한다. (…) 큰 배움도 큰 물음도 없는 '대학大學'없는 대학에서, 나는 누구인지, 왜 사는지, 무엇이 진리인지 물을 수 없었다. (…) 깊은 슬픔으로. '공부만 잘하면' 모든 것을 용서받고, 경쟁에서 이기는 능력만을 키우며 나를 값비싼 상품으로 가공해온 내가 체제를 떠받치고 있었음을 고백할 수밖에 없다. (…) (2010년 3월 10일, 고려대학교 김예슬 '자퇴서' 중)

그리고 다시 10년이 지났다. 10년 전 고발당한 학교교육시스템과 대학은 무엇이 변했는가? 변한 것 없이 30년이 지나면서 '죽은 교육'의 고통과 폭력이 다음 세대로 대물림되고 있다. 서태지 세대의 자녀 세대가 대학에 들어가고 있지만, 한 세대 전 지금의 기성세대가 거부하였던 '그 학교교육시스템'이 그들의 자녀에게 반복되고 있기 때문이다. 문제는 이러한 지체 현상으로 인해 청년들이 시대 부적응자로 살아갈 수 있다는 점이다. 부모 세대는 자신이 거부할 정도로 학교교육시스템의 문제를 인지하고 있으면서도 '죽은 시스템'을 내버려 두고 있다는 점에서 자녀 세대에게 집단으로 의도하지 않은 '죄악'을 저지르고 있다고 말하면 과도한 것일까?

1-3 기후위기
vs. 계몽주의

 한국은 어쩌다 대외적으로 온실가스 배출량 감축에 미온적이며, 심지어 석탄발전에 여전히 투자하고 있는 '기후 악당국'이 되었을까? 정부나 많은 개인들을 보면 기후변화 문제를 우려하면서도 실행 차원에 들어가면 노력이나 진지함이 보이지 않는다. '기후위기 운동의 얼굴'이자 '미래 세대의 대변인'으로 불리는 스웨덴의 18세 환경운동가 그레타 툰베리에게 "문재인 대통령이 내가 하는 일을 존중해준다고 들었다. 그렇다면 (행동으로) 증명해 달라. 행동이 말보다 훨씬 의미 있다."는 얘기를 듣는 이유다. 정부의 기획재정부(기재부)가 온실가스 감축에 있어서 소극적인 모습을 보이는 이유가 무엇일까? 한국의 현재 사회경제체제에서는 '환경보다 경제 우선' 논리가 지배할 수밖에 없다. 실제로 '한국판 뉴딜'의 한 축인 '그린 뉴딜'도 경제관료들은 처음에 고려하지 않았다. 문재인 대통령이 그린 뉴딜의 중요성을 말하고, 한국판 뉴딜에 포함하라고 요구하며 추가되었다. 경제관료들이 그린 뉴딜에 대해 필요성을 전혀 느끼지 못하거나 소극적인 이유는 코로나19발 경제 붕괴를 일시적 현상으로 보고 한국판 뉴딜을 단기적으로 성장률 추락을 막고 실직에 대해 지원하는 수단 정도로만 인식했기 때문이다. 따라서 기재부가 그린 뉴딜을 정책적으로 추진하더라도 이명박 정부의 녹색산업 육성과 큰 차이를 만들어내기 어렵다. 경제관료들은 항상 기술적 해결책의 도입, 혹은 새로운 성장 동력의 관점에서만 기후변화 문제를 접근하기 때문이다. 즉 성장률이나 고용률 같은 수치 관리에 매몰되면 그린 뉴딜은 '녹색성장'의 재판이 될 수밖에 없다.

"환경과 사람이 중심이 되는 지속 가능한 발전을 뜻하는" 그린 뉴딜은 현재의 화석에너지 중심의 에너지 정책을 신재생에너지로 전환하는 것뿐만 아니라 탈탄소 경제구조에 맞게 우리를 둘러싼 거의 모든 것들의 변화가 뒷받침되어야 한다. 기후변화 문제의 원인은 생태계 균형의 파괴이기에 기후변화 문제의 해법은 근본 원인인 생태계 균형의 복원이다. 현재의 신재생에너지 기술개발 방식이 해법이 될 수 없는 이유는, 이 방식은 비유하자면 외부로부터의 침입을 차단하는 '성채 쌓기' 방식이기 때문이다. 근본적으로는 침입 원인을 해결해야만 한다. 즉 기술주의 해법은 근대 산업문명의 중심주의 세계관의 산물에 불과하다. 생태계 균형 회복은 인간과 동물(자연)의 공존 등 모두의 공존이 필요하다는 사고와 인식(패러다임), 시스템의 전환을 요구한다. 즉 산업구조는 물론 생활방식의 변경, 사회적 불평등 해소, 고용 및 복지 체계의 변화, 사회경제적 풀뿌리 민주주의의 강화, 그리고 이러한 대전환의 바탕 위에 초국가 협력의 추진과 국제관계의 변화를 만들어 내야만 그린 뉴딜이 가능해진다. 코로나 사태로 세계 무역이 급감하고 경제위기가 고조되면서 긴급 추진되는 내수 진작과 일자리 창출이 그린 뉴딜의 목표 중 하나인 건 분명하지만 끊임없는 소비 확대로 경제성장만을 지향하는 사회를 넘어 환경보존, 정신적 성장 등 다양한 가치를 추구하는 사회로 전환하지 않는 한 기후변화 문제의 해결은 어렵기 때문이다. 즉 한국형 그린 뉴딜은 기후·환경 선도국가로 가기 위한 '새로운 사회계약'이다. 유엔 경제사회국이 2016년 세계 경제사회조사 보고서(《기후변화 회복력: 불평등 해소의 기회》)에서 온실가스를 감축하는 문제는 정치적, 경제적, 사회적, 문화적, 인종적 불평등의 해소 없이 해결 불가능하다고 진단한 이유다. 많은 사람이 기후위기를 서구 산업문명의 '시스템 위기'로 이해하는 배경이다.

기후위기를 해결하려면 산업사회의 패러다임과 사고방식을 바꾸어야만 한다. 서구 산업문명의 사상적 기반은 계몽주의다. 계몽주의는 인간이 이성의 힘으로 우주를 이해하고 자신의 상황을 개선할 수 있다는 신념체계다. 이성의 힘으로 끊임없는 진보와 유토피아 건설이 가능하고, 자연은 그 목표를 달성하기 위한 이용 대상이다. 자원과 에너지 다소비적 산업화와 경제성장은 그 결과물이다. 이성 중심주의인 계몽주의도 하나의 '중심주의'인 것이다. 계몽주의에 기초한 산업문명과 그 연장선에 있는 시스템이 기후위기에 대응하기 쉽지 않은 이유가 여기에 있다. 예를 들어, 온실가스의 주범인 이산화탄소 발생은 산업이 주도하고 있다. 지구 온난화로 인한 해수면 상승, 감염병 증가, 식생 변화, 폭

염일수 증가를 막을 수 없고, 심지어 그린스완(Green Swan, 기후변화가 가져올 금융위기와 경제위기)까지 예고되고 있다. 코로나19 재앙에서 보았듯이 그린스완은 과거의 데이터로 예측할 수 없다는 점과 시장에 극심한 문제를 일으킨다는 점에서 블랙스완(Black Swan, 글로벌 금융위기)과 비슷하다. 그러나 (팬데믹에 대한 예고가 있었듯이) 미래에 일어날 사건인 것은 확실하나, 언제 그리고 어디서 일어날지 모른다는 불확실성을 가지고 있다는 점과 경제시스템뿐만 아니라 인간의 삶과 생태계를 망가뜨리고, 사건이 발생한 이후에는 그 충격을 절대 되돌릴 수 없다는 점에서는 둘 사이에 큰 차이가 있다.[18] 즉 그린스완 역시 또 하나의 '새로운 처음'이지만 충격 규모는 블랙스완보다 크고, 되돌릴 수 없다는 차이를 갖는다. 앞에서도 얘기했듯이 '새로운 처음'은 비선형성(non-linearity, 피드백루프)을 특성으로 하기에 피해가 발생하면 그 규모가 상상을 초월하는 반면 우리가 살아가는 사회구조는 중심주의 세계관과 선형적 사고에 기초하기에 대응이 쉽지 않다. 예를 들어, 소득이 낮은 국가 그리고 국가 내에서도 소득이 낮은 사람들이 자연재해에 더 많은 피해를 받는 반면, 소득이 낮은 국가일수록 기후위기에 관심이 낮다. 기후변화 문제가 한 나라가 해결할 수 있는 문제가 아닌, 지구에 존재하는 모든 나라가 협력해야 해결할 수 있는 문제라는 것을 알지만 인류 사회는 자국 이익 중심의 국가 운영을 하는 '산업문명의 덫'에서 벗어나지 못하고 있는 것이 현실이다. 문제는 그린스완을 감당할 국가 자원은 고갈되고 있고, 새로운 자원을 확보하기 위한 사회적 컨센서스를 도출하는 것은 만만치 않다. 탄소 배출량이 높은 산업구조를 가진 한국이 성장이 둔화하고 기업의 어려움이 증가하는 가운데 탄소 배출량 감축을 위한 규제를 강화하는 것은 쉽지 않아 보인다. 이처럼 계몽주의에서 벗어나지 못하는 한 온실가스의 근본적 감축을 기대하기 어렵고, 지구 온난화를 막을 브레이크를 확보할 수 없다면 예상되는 '파국' 역시 20세기 산업문명 패러다임과 21세기 '연결의 세계' 간의 미스매치(mismatch) 문제인 것이다. 이미 시장은 화석연료를 버리고 있다. 신재생에너지 회사의 주가가 엑슨모빌보다 높아진 것은 시사하는 바가 크다. 2020년 10월 23일 기준, 2014년 상장한 클린에너지 기업인 넥스테라(NextEra Energy, Inc.)의 시가총액은 약 1,484억 달러였던 반면, 다우 30개 종목에서 에너지기업을 대표하면서 전통에너지의 대표 기업인 엑슨모빌(Exxon Mobil)은 1,444억 달러였다.

실제로 기후변화에 대한 인식은 세대 간 차이에서도 확인된다. 2018년 갤럽 조사(Gallup poll)에 따르면 지구 온난화에 대해 18~34세는 70%가, 35~54세는 62%, 55세 이상은 56%가 우려를 표하였다.[19] 일부에서 밀레니얼 세대를 '기후변화 세대(the climate change generation)'라 부르는 배경이다. 밀레니얼 세대의 변화에는 이유가 있다. 먼저, Z세대[*]를 포함한 밀레니얼 세대는 넓은 의미에서 1980년대 초반~2000년대 초반 출생한 연령층이다. 밀레니얼 세대는 모바일 기기에 익숙하고, 관심사가 다양하고, 단순한 수용자가 아니라 관여자 성향이 높기에 소통과 공감을 중시한다. 특히, Z세대는 태생적으로 '디지털 원주민(digital native)'일 수밖에 없다. "연결되고 싶지만 노출되고 싶지는 않은

---

[*] 1990년대 중반에서 2000년대 초반에 걸쳐 태어난 세대를 의미

것을 Z세대의 심리"라고 말할 정도로 Z세대는 온라인이 오프라인보다 더 익숙하다. 서구 산업문명이 사람을 농촌에서 도시 영역으로 이동시켰듯이 (IT, 인터넷, 데이터 혁명 등) 디지털 혁명은 사람을 오프라인에서 온라인으로 이동시키고 있다. 디지털 세상은 오프라인 세상과 운영 원리가 다르다는 점에서 오프라인 세상을 지배했던 계몽주의는 디지털경제 생태계에서는 유효하지 않다. 디지털경제 생태계의 핵심 가치인 호혜주의, 협력, 연대 등은 기후변화 문제를 해결할 수 있는 핵심 가치라는 점에서 디지털 세대가 이전 세대보다 기후변화 문제에 관심을 갖는 것은 자연스럽다. 디지털 생태계의 특성에 대해서는 2장에서 자세히 소개할 것이다.

1-4 | 코로나19 vs. 개인주의 문화

'새로운 처음'은 '문화 실패(culture failure)'로도 나타나고 있다. 선진적 의료기술과 공공의료시스템을 갖춘 미국이나 서유럽 국가가 감염병에 속수무책을 드러내는 이유도 문화 실패에서 비롯한 것이기 때문이다. 문화 실패란 기존의 문화가 변화된 세상에 작동하지 않는 현상을 의미한다. '문화'란 행동양식과 생활양식의 과정 및 그 과정에서 이룩해낸 모든 결과물이다. 즉 문화는 사람들의 행동 및 생활 방식과 밀접한 관련이 있다. 미국이나 서유럽 국가가 감염병 확산 대응에서 실패한 대표적 이유 중 하나가 시민의식이 발휘되지 않았기 때문이다. 시민의식을 말할 때 가장 많이 사용하는 기준이 '법의 준수'인데 코로나 재난을 겪은 주요국은 '법의 지배(the rule of law)'라는 가치를 가장 강조하는 국가들이다. 그런데 한국의 시민들이 사회적 거리 두기 캠페인에 자발적으로 참여하고, 개인위생 수칙을 철저히 지키고, 정부의 권고에 따라 주요 모임을 비롯해 대규모 행사도 취소했던 반면 유럽이나 미국 등에서는 감염병 위기 와중에도 대규모 야외 행사들이 열리거나 생필품 사재기가 기승을 부렸다. 미국은 대선 후 확진자 규모가 2021년 1월 3,000만 명을 향하며 의료대란이 진행되었고, 바이든 대통령 당선인의 호소에도 불구하고 일부 지역은 마스크 착용 의무화를 거부하고 있다. 마찬가지로 유럽 역시 2020년 가을부터 코로나19 확진자가 다시 급증하면서 봉쇄령에 가까운 방역 조치를 내놓고 있지만, 경제적 어려움이 지속되면서 누적된 시민들의 불만은 이탈리아와 스페인 등 유럽 전역에서 시위로 번졌다. 특히 이탈리아에서는 시민들이 거리로 나와 상점을 약탈하고 폭죽을 터뜨리고, 심지어는 경찰에게 화염병을 던지는 등 시위가 폭동으로 번지는 양상도 나타났다. 프랑스와 영국, 독일 등도 재봉쇄에 들어가자 경제난과 심리적 피로 등으로 정부의 봉쇄 조치에 항의하는 시위가 벌어졌다. 미국 역시 사망자가 2021년 1월 중순 40만 명이 넘어섰고, 하루 신규 확진자도 20만 명 이상이 지속되고 있다. 개인주의 문화의 뿌리인 영국에서 변이 코로나가 확산하며 많은 국가들이 영국인 입국을 제한하는 상황에서 호주에 입국한 영국 젊은이 수백 명이 마스크 착용도 없이 크리스마스 파티를 벌이고, 스위스 스키장을 이용하기 위해 입국했지만 격리 대상이었던 영국인 수백 명이 도주하는 사태가 발생하고 있다. 의료체계가 붕괴하는 상황에서도 개인의 선택과 행위 제한을 둘러싼 '문화 전쟁'은 여전히 진행 중이다.

왜 시민들의 자발적 참여와 협조가 작동하지 않을까? 서구의 개인주의 문화가 '연결의 세계'에서는 힘을 발휘하기 어렵기 때문이다. 주지하듯이 오늘의 세계는 경제통합과 기술의 발달로 모든 것이 연결되었다. 연결의 세계에는 연결망의 범위가 커질수록 연결망의 가치와 연결망 참여자가 얻는 이익이 체증적으로 증가하는 '통합효과(integration effect)' 혹은 '네트워크효과(network effect)'라는 긍정적 측면과 더불어 금융위기나 코로나19 같은 감염병이 인접국에 영향을 미치는 이른바 '전염효과(contagion effect)'라는 부정적 측면도 함께 존재한다. 반면, 개인주의 위에 건설된 서구 산업사회는 오늘날과 같은 연결의 세계가 아닌, 구분과 분리를 할 수 있었던, 기계론과 합리성의 세계관에 기초한 세계다. '합리성'은 본래 선택의 문제에 직면한 개인이 다른 사람의 간섭 없이 자신의 이익을 극대화하는 선택을 할 수 있음을 의미한다. 즉 산업사회가 합리성의 원리로 조직되었다는 것은 각 개인이 다른 사람의 선택으로부터 영향을 받지 않고 자유로운 선택을 할 수 있다는 것을 전제한다. 그 결과 '개인의 존엄'을 최고의 가치로 삼는다. 국가 간 관계에서도 상대국으로부터 영향을 받지 않을 수 있을 뿐 아니라 자국 이익을 위해 상대국을 지배하거나 희생시킬 수 있다는 중심주의 세계관이나 패권주의 사고가 지배한다. 코로나19가 확산하자 타국의 영향을 차단하는 국경 봉쇄 방식으로 대응한 이유도 자신은 세계로부터의 영향을 차단할 수 있다는 자국중심주의 세계관이 지배하고 있기 때문이다.

그러나 연결의 세계에서 봉쇄와 차단은 빠르게 확산하고 쉽게 감염되는 코로나19에 대한 대응 방식이 될 수 없다. 결국, 국내에 감염병이 유입되는 것은 시간문제였고, 국내로 유입된 후에는 개인주의 문화를 가진 사회는 속수무책으로 무너진다. 자유가 개인의 존엄을 지켜주려면 개인의 자유가 다른 사람의 자유와 충돌하지 않아야만 한다. 그런데 개인의 행동과 생활방식이 다른 사람을 쉽게 감염시킬 수 있는 상황에서 개인의 행동과 생활이 독립성을 갖기는 어렵다. 이탈리아, 스페인, 미국과 더불어 최대 피해국이 된 프랑스, 심지어 독일에서 감염자 추적시스템 도입을 가로막은 것은 사생활 침해 등 개인의 자유 문제였다. 문제는 국가가 공동체의 안녕을 확보하지 못할 때 개인주의 문화는 생필품 사재기와 총기류 구입 등에서 보듯 무질서로 발전할 수밖에 없다. 이처럼 개인의 존엄을 최고의 가치로 삼는 개인주의 사회에서는 감염력이 강한 코로나19의 확산 차단이 구조적으로 어려움에 직면할 수밖에 없다. 이렇게 모든 것이 연결된 세계에서 개인주의 세계관과 가치관은 쉽게 감염되는 코로나19의 출현 앞에 무너질 수밖에 없었다. 문제는 사회 재난이 '문화 실패'에서 비롯한 것이기에 주요국이 자랑하는 하드파워가 해법이 될 수 없다는 점이다. 세계의 중심국이라고 생각하는 미국이나 유럽의 중심국이라고 생각하는 독일 등 중심국들의 경제력과 군사력이 코로나19 재난 앞에 무력감을 드러낸 이유이다. 그런데 문화 실패는 단기간 내 교정이 어렵다. 문화란 하루아침에 바뀔 수 없기 때문이다. 사실, 코로나19가 일회성 사건이 아닌 상황임에도 개인주의 문화를 가진 국가들이 개인의 인권보다 공익을 더 강조할 수 있겠는가? 이런 점에서 연결의 세계는 '산업문명의 종언'을 의미한다.

그렇다면 사람들은 물을 것이다. 집단주의 문화를 가진 일본 등 아시

아는 감염병 대응에서 성공적이었는가? 집단주의의 장점은 집단의 화목과 공동 목표의 추구를 위해서 개인의 개성과 이익 추구를 지양하여 강한 단결력과 추진력을 담보할 수 있다는 점이다. 그런데 집단주의 문화라고 모두 같은 내용을 갖지는 않는다. 집단주의 사회로 분류되지만, 한국은 '눈치 문화', 일본은 '수치 문화', 중국은 '무치(無恥) 문화'로 그 차이를 갖는다. 집단주의가 강함에도 불구하고 일본 사회가 코로나19 대응에 있어서 최악의 국가 중 하나였던 이유도 일본 '수치 문화'의 실패와 관련이 있다. 험한 발언을 일삼는 극우 언론인인 산케이(産經)신문의 구로다 가쓰히로(黒田勝弘) 서울 주재 객원논설위원조차 '일본 정부가 문재인 대통령의 한국 정부로부터 배워야 한다'는 칼럼[20]을 쓸 정도로 일본 내부는 아베 전 정부의 대응 방식에 대해 비판적이었다. 그리고 아베 정부의 무책임한 모습은 불에 기름을 끼얹는 격이 되었다. 아베 당시 총리가 2020년 4월 7일 밤 '긴급사태' 발령 후 가진 기자회견에서 "코로나19 감염 확대를 억제하지 못했을 때 어떤 식으로 책임을 지겠느냐"는 이탈리아 기자의 질문에 "최악의 사태가 돼도 내가 책임을 질 성격의 일은 아니다"라며 "총리로서 부적절한 발언"을 이어갔다. 일본의 종잡을 수 없는 코로나 대응에 전 세계는 당황하였고, 결과는 올림픽 1년 연기로 귀결됐다.

오늘의 일본은 지침에 따라 움직이는 '매뉴얼 시스템'과 개인의 잘못으로 전체 집단에 폐를 끼치는 행위를 가장 수치스럽게 생각하는 '수치 문화' 위에 건설된 나라이다. 먼저, 동북부(지역) 대지진 이전까지 그나마 작동하였던 매뉴얼 문화는 동북부 대지진 이후 더는 작동하지 않는다. 동북부 대지진 당시 매뉴얼에 따라 지정된 곳으로 대피한 사람들이 해일로 거의 사망하였고, 매뉴얼을 따르지 않고 높은 곳으로 올라간 사람들은 목숨을 건질 수 있었다. 그 결과 일본인은 더이상 매뉴얼을 믿지 않기 시작하였다. 코로나19 사태에서도 사스와 메르스에 대한 매뉴얼이 있었지만, 그 매뉴얼은 효과를 발휘하지 못했다. 매뉴얼의 실패는 기본적으로 일본의 대재난이 '새로운 처음' 현상이었기 때문이다. '새로운 처음' 앞에 매뉴얼은 기본적으로 무용지물이다.

둘째, '수치 문화'는 자신이 코로나에 감염되면 다른 사람들에게 피해를 주기에 감염 자체를 수치스럽게 생각하고, 그 연장선에서 감염될 경우 자신의 신분이 노출되거나 공표되는 것을 두려워하게 되고, 그 결과 숨기게 되면서 주변에 전파되는 결과를 나았다. 폐를 끼치지 않겠다는 것이 오히려 타인에게 폐를 끼치는 결과를 초래한 것이다. '수치 문화'는 정부 방침에 대한 일본인의 순응성으로 나타난다. 즉 일본인은 정부 방침이 내려지면 불만이나 문제를 제기하기보다는 순응하는 게 일반적이다. 예를 들어, 일본 사회도 코로나19 사태 초기에 마스크 공급이 원활하지 않았음에도 불구하고 (한국이 마스크 대란을 겪은 것과 달리) 불편을 참고 정부에 대한 비판도 하지 않았다. 의료 붕괴나 사회적 혼란을 최소화하기 위해 검사 기준을 높게 책정한 일본 정부의 방침을 일본 국민은 수용하였던 것이다.

그러나 일본인의 '수치 문화'는 집단의 방향을 제시하는 정부에 대한 신뢰를 전제로 작동한다. 문제는 과거의 경험에 기초한 일본 정부 방침이 초기 의료 붕괴(?)를 막는 데는 기여했지만, 감염에 대한 사회적 통제의 기회를 놓치는 결과를 초래함으로써 의료 붕괴를 피할 수 없었다. 2021년 1월 중순 현재 집에서 대기하는 중환자가 3만 명대에 이를 정도다. 이 결과는 정치 실패와 민주주의 실패, 리더십 실패와 관련이 있다. 당시 아베 정부는 무능 자체였다. 올림픽을 예정대로 추진하겠다면서 검진은 하지 않고, 검진은 하지 않으면서 한국인과 중국인 등의 입국을 제한하였다. 이처럼 개인의 정치적 야심을 위해 국민의 생명에 무관심한 지도자, 한국이나 중국 등 어느 아시아 국가들보다 일본이 우월하다는 자국중심주의에 집착해 모든 선진국이 도입한 한국의 진단키트 도입을 거부하는 리더십, 그리고 야당의 무능에 따른 대안 정치세력의 부재 등은 정부와 정치의 실종으로 이어졌다. 정부와 정치의 실종은 재난 상황에서 국민의 불안으로 이어진다. 이처럼 일본인의 '수치 문화'를 작동하게 하였던 매뉴얼 시스템과 정부의 리더십이 무너지면서 국민은 극도로 불안 속에 빠져들었고, 그 결과 서유럽과 미국의 개인주의 문화 붕괴처럼 일본에서도 긴급사태 선언을 앞두고 사재기가 극성을 부리는, 즉 일본인의 '수치 문화' 붕괴로 이어진 것이다. 일본 정부의 사재기 자제 요청도 작동하지 않았다. 그리고 '수치 문화'의 실패는 의료시스템의 붕괴로 이어지며 올림픽 취소라는 '국가 수치'로 이어질 가능성이 높아지고 있다.

한편, 중국은 '결과적으로는' 방역에 성공한 것으로 평가할 수 있다. 하지만 대규모 봉쇄와 강제 격리라는 중국 방식은 서구 사회에서 보았듯이 대규모 사회경제 비용을 수반할 수밖에 없다. 또한, 연결의 세계에 적합하지 않은 감시체제와 시민들의 자발성 부재, 그리고 투명성 결여 등의 문제를 드러냈다. 예를 들어, 중국에서의 코로나19 문제에 대한 사회적 논의는 2019년 12월 중국 의사 리원량(李文亮)이 사스증후군 의심환자 7명을 발견, 이를 의대 동문 단체 채팅방에 공유하면서 시작되었다. 그러나 이에 대해 중국 당국은 유언비어 유포 혐의로 그를 소환하였다. 즉 입을 틀어막는 통제(비밀주의) 방식으로 접근하면서 초기 진화에 실패했던 것이다. 이는 중국 사회의 투명성 결여를 상징한다. 게다가 발원지 중국에 대한 국제사회의 비판이 커지자 중국 당국은 코로나바이러스 관련 과학 논문에 대한 대대적인 검열을 시작했고, 중국 과학자들의 코로나바이러스 관련 임상 연구와 논문 발표를 '정부 허가제'로 바꾸고 발표 시기도 정부가 결정하였다. 이는 중국인의 '무치 문화'와 관련이 있다. 중국이 코로나19의 원인 제공을 부인하는 등 국제사회의 눈총을 무시하는 처사는 치욕 자체를 외면하는 '무치 문화'에서 비롯한다. 이처럼 코로나19 사태에서 드러난 전체주의적 감시체제와 투명성 결여, 시민의 자율성 제약, 자민족 중심주의와 민족주의적 (국제적) 고립 등은 중국 사회가 새로운 문화와 문명의 중심이 될 수 없음을 보여준다.

　요약하면 개인주의나 집단주의 사회 모두 문화 실패를 경험한 이유는 개인주의나 집단주의 문화 모두 중심주의 가치관에 기초하고 있기 때문이다. 삶의 총체적 양식인 문화의 실패는 행위를 규제하는 공통 가치나 도덕 기준이 없는 혼돈 상태인 아노미를 수반하면서 문명을 해체시킨다. 공동체 안에서 개개인의 생명이 보장되지 않을 때 사회는 기반 자체가 흔들릴 수밖에 없다. 문명이 해체된 사회에서 제도와 법은 제대로 기능을 수행할 수 없다. 인류가 만든 최고의 시스템을 가진 주요국의 경제 충격이 가장 심각할 것으로 예상되는 이유다. 선진국의 전통적 이미지가 한순간에 날아가 버린 배경이다. 그렇다고 중국 사회가 대안이 될 수 없다는 점에서 세계는 새로운 문명을 요구하고 있다. 즉 21세기에 들어와 빈번하게 경험하는 대사건들은 기존 문명이 디지털 생태계, 기후변화 문제 등에서 무력감을 드러내고 있는 가운데 새로운 문명이 아직 확립되지 않은 '혼돈의 시대'를 당분간 살아갈 수밖에 없음을 보여준다.

1-5 | 포스트 미국 세대 vs. 분단체제

앞에서 보았듯이 21세기는 20세기의 단순한 연속이 아닌 새로운 세기라는 점을 고려할 때 우리가 살아가는 시대를 이해하지 못하고 시대가 요구하는 것을 준비하지 못하면 '또 다른 재앙'을 맞이할 수 있다. 20세기에 이미 우리 대한민국은 '재앙'을 경험한 바가 있다. 즉 근대 산업문명에 주체적으로 대응하지 못한 결과 우리는 참혹한 비용을 지불했다. 무엇보다 나라를 잃었다. 국권을 상실한 비용은 지금도 진행형이다. 그리고 자유민주주의 대 인민민주주의 간 민주주의에 대한 방법론 차이에 그 뿌리를 둔 냉전 체제의 도래에 대한 준비 부족은 분단의 비극으로 이어졌다. 즉 한국의 분단을 이해하려면 나치즘과 파시즘 같은 절대주의에 반대한 상대주의, 즉 민주주의가 승리한 2차 세계대전이 코리아 분단의 출발점이었다는 점에 주목해야 한다. 분단을 극복하려면 민주주의 방법론 차이에서 비롯하는 갈등과 대립을 해결해야만 하는 이유다. 또한, 완전 독립의 광복을 이루지 못한 결과 분단은 한국전쟁이라는 대참상을 가져왔다. 그리고 한국전쟁 이후에도 분단은 개인의 삶부터 국가의 운명에까지 족쇄로 작용하고 있다. 분단은 단순히 물리적(지리적) 차원에서 그치지 않고, 정신적 분단으로 이어져 우리를 흑백론 혹은 이분법 사고와 의식의 소유자로 만들었다. 정신적 장애인으로 만든 것이다. 그 결과 (외세에 기생해 특권층의 이익을 대변하는) 독재권력에게 분단은 민주주의를 억압하는 수단으로 이용되었다. 독재권력은 한편으로는 물리적 폭력으로, 다른 한편으로는 이른바 3S(스크린, 스포츠, 섹스)에 의한 우민정책으로 '사회의 야만화'를 추진하였다. 일찍이 맹자는 인간이 금수와 구분되는 기준으로 4단(端)을 말했고, 그중 하나가 옳고 그른 것을 구분할 수 있는 '시비지심(是非之心)', 즉 정의감이다. 그런데 박정희와 전두환 등으로 이어지는 군부독재는 국민에게 사회정의를 외면한, 즉 시비지심이 없는 금수로 살아가기를 강요했다. 그러나 우리 국민은 금수로 살기를 거부하였고, 인간의 모습을 지키기 위해 숱한 목숨을 던졌다. 세계에서 칭송 받은 K방역의 일등공신인 높은 시민의식 수준은 국민이 숱한 희생을 치르고 발전시킨 한국 민주주의의 결과물인 것이다.

그럼에도 불구하고 분단은 여전히 민주주의와 사회경제의 성공 모델을 만드는 데 장애 요인이 되고 있을 뿐 아니라 한반도와 동북아 그리고 세계 평화를 위협하는 잠재적 요인으로 작동하고 있다. 분단만 극복하면 한국은 새로운 문명의 중심으로 부상할 가능성이 크다. 이에 대해서는 뒤에서 다루겠다. 무엇보다 분단을 해결해야 하는 것은 선택의 문제가 아니라 우리 민족의 운명을 결정짓는 과제다. 분단을 내버려 두면 번영은 차치하고 생존조차 위협받을 수 있기 때문이다. 즉 첨예화되는 미·중 갈등을 포함 강대국의 이해관계에 의해 한반도가 언제든 전쟁의 소용돌이에 휘말릴 수 있다. 갈수록 미·중 갈등이 고조되는 이유는 21세기 들어 '미국의 시대'가 막을 내리고 있기 때문이다. 1960년대 후반 이후 세계 경제의 다극화와 더불어 2000년 이후의 '새로운 처음' 현상들은 미국의 주요 시스템을 무력화시키며 경제 체력을 약화시키고 있다. 중간에 부침은 있지만, 미국 GDP가 세계 GDP에서 차지하는 비중은 1960년 40%에서 2018년 24%까지 떨어졌다. 가장 근본적인 이유는 산업화 시대에 만들어진 미국의 핵심 역량들이 산업사회가 막을 내리며 힘을 잃어가고 있기 때문이다. 예를 들어, 많은 부문에서 강점이 있지만, 미국의 핵심 경쟁력은 금융, 혁신, 대학교육 등에 있다. 미국 산업 경쟁력을 뒷받침했던 금융은 탈산업화 이후 '독주'를 하였고, '과잉금융(Too Much Finance)'[21]은 금융시스템을 파괴한 금융위기로 이어졌다. 마찬가지로 산업화와 탈산업화 시대의 혁신 방식의 불일치는 혁신 역량의 약화로 이어졌다. 예를 들어 1년 미만 신생 기업의 비중은 1970년대 후반 16% 이상에서 2014년에는 절반에도 못 미치는 8%로 하락했고, 신생 기업의 고용 비중도 같은 기간에 대략 6%에서 2%로 하락했다.[22] 금융위기 이후 미국이 중국에 대한 압박과 봉쇄를 강화하는 근본적 이유도 미·중 격차의 축소에 따른 미국의 초조감이 작동하고 있기 때문이다. 격차 축소는 중국의 추격 요인도 있지만, 더 중요한 이유는 미국의 혁신과 진보가 정체하고 있는 데서 비롯한다. 미국이 계속 진보할 수 있다면 중국의 추격이 덜 신경 쓰이겠지만 미국의 진보가 정체를 보이는 가운데 모방을 통해 중국이 미국의 등 뒤까지 쫓아오고 미국형 산업구조를 지향하고 있기 때문이다. 미국 혁신 기업의 현실은 뒤에서 다루기로 하자.

미국 시대의 퇴조는 시스템 개혁을 담당할 정치의 실종에서도 비롯된다. 경제 양극화와 중산층 쇠퇴는 '정치 양극화'로 이어진다. 정치 양극화는 외국인 혐오와 인종차별, 무장한 우익 폭력배들(gangs)에 대한 옹호 등으로 파시즘 논란을 빚는 '트럼프'를 등장시켰고, 2020년 미국 대선에서 나온 초유의 불복 선언이 나온 배경이 된다.[23] 정치적 극단주의가 발호할수록 (인디언과 흑인의 희생 위에 건설된 백인의 풍요라는) 미국 사회의 '원죄'는 선명하게 드러날 수밖에 없다. 코로나19 재난 속에 인종 갈등이 반세기 만에 최대로 폭발한 배경이다. 예를 들어, 미네소타주 미니애폴리스시에서 흑인 용의자 조지 플로이드가 백인 경찰관에 의해 목이 졸려 죽어가는 과정이 담긴 영상이 공개되면서 촉발된 시위와 그 진압 과정에서 미국 정부가 보여준 무능은 미국 사회가 과연 민주주의 국가가 맞는가 하는 의구심까지 갖게 하였다. 자유와 평등, 정의, 인간의 존엄성 등 헌법적 권리 보장을 요구하는 시위대의 모습은 미국 사회가 21세기가 아닌 마치 20세기 중반에 있는 것 같은 착각을 하게 만든다. 실제로 트럼프 대통령은 시위가 거칠어지자 이들을 '폭도(thugs)'로 규정하고 "약탈이 시작되면 발포할 수 있다(When looting starts, shooting starts)."는 트윗을 날렸는데, 이는 1967년 월터 헤들리(Walter Headley) 마이애미 경찰국장이 당시 흑인 폭력 시위대를 향해 던진 경고 메시지였다. 게다가 군대 동원 여부를 놓고 벌인 국방장관과의 정면충돌은 대통령의 권위를 땅에 떨어뜨렸다. 미국의 인종갈등이 구조적으로 해결되려면 미국 백인의 '집단적 참회'가 있어야 한다. 미국 번영의 혜택은 '1등 시민'인 백인에게 집중되었고, 백인의 기득권을 상징하는 '자유토지(free land)'와 '자유노동(free labor)'은 인디언과 흑인을 희생시키고 얻은 것이다. 따라서 인종갈등을 해결하려면 인종갈등의 밑바탕에 있는 구조적 불평등을 해결해야만 하는데, 이는 백인(집단)의 참회와 그 연장선에서의 백인 기득권 포기를 의미하기 때문이다. 그런데 경제 체질이 약해질수록 불평등 해결은 어려워지고, 정치 양극화가 심해질수록 '집단적 참회'의 기회는 멀어질 수밖에 없다. 마이크 펜스 미국 부통령이 인종차별에 대한 항의의 뜻으로 쓰이는 '흑인의 생명은 소중하다(Black lives matter)'를 말해달라는 수차례 요구를 거절한 것도 트럼프 정권의 극우 성향을 드러낸 것이다.

그리고 정치 양극화는 미국 민주주의의 몰락으로까지 이어지고 있다. 2020년 대선은 미국 민주주의가 어디까지 망가질 수 있는지를 보여주었다. 미국의 현 대통령이 선거 과정에서 '불복'을 시사하더니, 패색이 짙어지자 (예고한 대로) 선거 불복을 선언하였다. 민주주의 근간을 부정하는 현직 대통령을 보며 일부에서는 미국의 몰락까지 거론하고 있다. 이처럼 미국의 리더십은 사실상 권위를 상실하고 있다. 미국은 2차 세계대전 이후 (비록 미국식 시스템과 관련된 것이기는 하지만) '가치'를 중심으로 자유 진영의 질서를 만들어냈다. 그러나 오늘날 미국은 자신이 제시한 가치와 규칙을 스스로 폐기하고 있다. 예를 들어, 1980년대 레이건 체제에서 미국이 제시한 신자유주의, 특히 90년대 이후 개

도국에 확산시켰던 미국식 시장경제 체제(워싱턴 컨센서스)의 핵심 가치는 자유시장의 원리를 대외적으로 확장한 자유무역과 사람의 자유로운 이동 등이었다. 그러나 레이건을 롤모델로 생각하는 트럼프에 의해 자유무역과 사람의 자유로운 이동은 폐기되었다. 〈이코노미스트(Economist)〉(2020년 10월 29일자)가 **"트럼프가 미국을 세계의 등불로 만든 가치를 더럽히고 있다."**[*]며 바이든 지지 선언을 한 배경이다.

그리고 달러와 군사력 등 하드파워를 활용하여 합리적 기준도 없이 '미국 우선주의'를 밀어붙이며 국제질서를 와해시키고 있다. 미국 우선주의는 흑인 대통령 당선으로 미국 역사에 한 획을 그었다는 오바마 시절에도 예외는 아니었다. 예를 들어, 금융위기 이후 미국은 자신의 경제 주권을 지키기 위해 주요 교역국들에게 무역수지 및 경상수지 흑자 축소를 강요하였다. 서울 G20 정상회의에서 경상수지 목표제 도입을 추진하면서 경상수지 흑자 수준을 GDP 대비 4% 이내에서 관리할 것을 요구한 것이다. G20에서 관철되지 않자 국내법을 바꾸어 GDP 대비 3% 이내로 변경하였고, 트럼프는 2019년부터 통보도 없이 2% 이내로 다시 변경하였다. 숫자 4%, 3%, 2%는 이론적 근거가 없다. 가치와 규칙에 기반을 두었던 미국의 권위와 리더십이 흔들리는 것이다.

46대 대통령으로 당선된 바이든은 "미국이 다시 세계로부터 존경받을 수 있게 하겠다"거나 "미국이 전 세계의 등불이라고 믿는다"고 강조하면서 인종차별주의 제거, 기후변화 예방, 민주주의 수호, 코로나19 통

---

[*] Donald Trump has desecrated the values that make America a beacon to the world.

제 등을 내세웠지만, 어느 것 하나 만만한 과제가 아니다. 미국 주류사회를 상징하는 바이든은 20세기 미국을 그리워하며 천박해진 미국 사회를 재건하겠다는 것이다. 문제는 "미국의 암울한 악마화의 시간(this grim era of demonization in America)"은 트럼프 개인이 만들어낸 것이 아니라 (앞에서 지적했듯이) 미국의 사회경제구조가 만들어낸 결과라는 점이다.

첫째, '미국인의 꿈'과 '미국식 사회계약'은 인디언과 흑인과 자연의 희생으로 얻은 자유토지, 자유노동, 자유자원(free resource)의 결과물이다.[23] 영국이나 심지어 소련이나 독일 등보다 산업화가 뒤처졌던 미국이 19세기에 이미 영국을 앞지를 수 있었던 이유는 '**고임금-고이윤-고성장**'의 선순환 체계를 마련할 수 있었기 때문이다. 이러한 선순환은 높은 노동생산성으로 가능했다. 그리고 제조업의 높은 노동생산성은 자유토지, 자유노동, 자유자원으로 가능했다. 인구압박으로 토지 부족을 겪었던 아시아나 유럽 국가들과 달리 인디언을 쫓아낸 미국(백인)은 토지 부족에서 벗어났다. 자유토지는 높은 농업생산성과 함께 노동절약적 기술진보를 가져다 주었다. 이는 자유토지가 도시 부문의 초기 공업화에 필요한 저임금 노동력 공급에는 부정적으로 작용하였기 때문이다. 그리고 미국 남부의 노동집약적 플랜테이션 농업에 필요한 노동력으로 흑인 노예가 투입되었다. 도시 부문은 (앞서 언급한 저임금 노동력 부족 문제를 해결하고) 산업 경쟁력을 확보하기 위해 노동절약적 기술진보를 추구할 수밖에 없었고, 기술 경쟁력을 확보하는 과정에서 풍부하고 값싼 자유자원의 지원을 받았다. 인류 세계는 2차 세계대전 전까지는 높은 운송비용으로 인해 공업화를 자국의 자원에 의존하였다. 그런데 미국은 공업화에 필요한 주요 자원의 최대 생산국이었다. 1913년 기준으로 주요 광물자원의 전 세계 생산량에서 미국은 천연가스 95%, 석유 65%, 구리 56%, 인산염 43%, 석탄 39%, (합금원소로 사용되는) 몰리브덴 38%, (알루미늄의 원광) 보크사이트와 아연 37%, 철광 36%, 납 34%, 은 30%, 금 20%, 텅스텐 17% 등을 차지하였다.[25] 공업화의 주축을 이룬 백인 노동력이 높은 임금을 구가하고, 빠른 성장 속에서 노동력에 대한 수요 증대가 이루어지면서 자신만 노력하면 중산층 이상으로 살 수 있다는 '아메리칸 드림'이 가능해진 것이다.

이처럼 (백인 기준의) '미국식 사회계약'이 흑인과 인디언 그리고 자연의 희생으로 얻은 결과물인 반면, 바이든의 꿈인 인종차별주의의 제거와 기후변화 예방, 코로나19의 근본적 통제 등이 실현되려면 미국 시스템을 근본적으로 바꾸어야만 한다. 흑인 대통령이 나왔다고 인종차별주의가 제거되지 않았고, '기후위기와 에너지 문제의 해결, 신성장동력 확보'라는 세 마리 토끼를 잡으려 했던 오바마의 '그린 뉴딜'에서 보았듯이 신재생에너지 산업의 육성을 외친다고 기후변화가 예방되는 것이 아님을 우리는 이미 목도하였다. 미국의 흑인 사회와 생태주의자들은 이 사실을 알고 있다. 그런데도 바이든을 지지한 이유는 빠른 속도로 망가지는 미국을 내버려 둘 수 없다는 위기의식에서 '차악'을 선택한 것이다.

둘째, 전 세계 사람들은 2020년 미국 사회를 보며 우리가 알고 있던 근대 민주주의의 교과서 나라가 맞는가 하는 의구심을 갖게 되었다. 특히 앞서 언급한 조지 플로이드 사건은 그 극명한 상징이 되었다. 미국은 다인종 사회이지만 기본적으로 여전히 백인이 전체 인구의 60%가 넘는 백인 중심의 사회이다. 이른바 백인은 미국 사회에서 '1등 시민'이다. 흑인과 백인은 미국 사회에서 다른 계급의 인종이었다. 링컨이 남북전쟁 중인 1863년 1월에 노예해방선언을 하고 흑인은 1870년에 투표권을 획득했지만 거의 100년간 전국적으로 또 조직적으로 흑인은 투표할 권리를 거부당했다. 말도 안 되게 어려운 질문을 읽기 및 쓰기 능력 검사나 시민 평등권 테스트에 포함시키는 등 애초부터 흑인의 유권자 등록을 허용할 생각이 없어 보이는 사례가 비일비재했다. 게다가 과중한 인두세(人頭稅)는 빈곤 계층에게 커다란 부담이었고, 유권자로 겨우 등록한 이들을 처벌하는 수단으로 쓰였다. 예를 들어, 1965년 마틴 루터 킹 목사와 평범한 사람들이 함께 걸어간 자유의 여정 '셀마 행진'을 그린 영화 〈셀마〉(2015), 그 배경이 된 앨라배마주 셀마시에는 당시 1만 5,000명의 흑인 유권자가 있었으나 단 130명만이 유권자로 등록될 정도였다. 근원적으로 미국 사회의 병폐는 미국의 번영을 백인이 흑인과 공유하는 데 실패한 데서 비롯되었고, 자본주의 불평등을 해소하기 위한 복지정책은 1930년대 뉴딜 때부터 시도되었지만 인종차별주의에 의해 방해를 받았다. 셀마 행진이 있은 지 반세기 이상의 시간이 흘렀지만, 흑백간 차이는 좁혀지기보다 더 벌어졌다. 인종별 중간층 기준으로 백인의 자산은 1983년 11만 160달러에서 2016년 14만 6,984달러로 1.3배 이상 증가했으나, 같은 기간 (백인의 7%도 되지 않았던) 흑인은 7,323달러에서 3,557달러로 절반 미만으로 감소했다.[26] 이러한 불평등은 코로나19 재난 중에도 계속되고 있다. 코로나19로 인한 인구 10만 명 당 사망자는 흑인(111명)이 백인(53명)보다 2배가 넘고,[27]

경제적 압박으로 기초생필품조차 구입할 수 없는 사람도 흑인(31%)이 백인(10%)보다 3배 이상이나 된다.[28] 문제는 백인 기준의 아메리칸 드림도 더는 기대할 수 없다는 점이다. 민주주의를 후퇴시킨 정치 양극화가 중산층의 약화 혹은 붕괴에서 비롯한 것이기 때문이다.

중산층 약화 혹은 붕괴는 20세기를 미국의 시대로 만들었던 제조업의 역할이 쇠퇴한 데서 비롯한다. 제조업 일자리는 중간임금 일자리가 주를 이룬다는 점에서 제조업 일자리 감소는 '일자리 양극화' 즉 경제 양극화와 동전의 앞뒷면을 이룬다. 무엇보다 제조업 종사자의 비중은 1968년경부터 하락하기 시작했지만, 제조업 절대 종사자수는 그로부터 10년간 여전히 증가하였다. 그런데 1979년 6월 1,955만 명을 정점으로 하락하기 시작한다. 이후 2000년 7월까지 1,732만 명으로 20년 이상 동안 약 223만 명이 하락했으나, 2000년 이후 감소 속도가 빨라지며 2007년 7월까지 341만 명이 줄어들었다. 금융위기로 약 256만 명이 추가로 줄어들었다가 지난 10여 년간 약 140만 명이 회복되었으나 코로나 충격으로 (2020년 10월 기준) 60만 명 이상이 다시 줄어들어 2000년 이후 약 509만 개의 일자리가 제조업에서 없어진 상태가 되었다. (바이든이 그린 뉴딜로 제조업 일자리 500만 개를 만들겠다고 공약한 배경이다.) 이는 제조업의 쇠퇴 속에 부상한 고용축소형 플랫폼 사업모델 (Employment-lite Business Model)이 확산하면서 고용 안정성은 악화하고 불평등은 심화하고 있기 때문이다. 즉 제조업 일자리를 만들지 못하는 한 중산층 사회의 복원이나 민주주의 수호 등이 어렵다고 보는 것이다. 그런데 오바마 8년간 약 90만 개, 트럼프 4년간 약 50만 개의 제조업 일자리 증가를 고려할 때 바이든의 공약 500만 개는 희망으로 그칠 가능성이 크다. 미국 제조업의 일자리 감소는 기술진보와 더불어 국가 간 제조업 기술 격차의 축소 등에 따른 자연스러운 결과이다. 따라서 제조업 일자리 복원을 통한 중산층 재건은 '정치적 구호'에 그칠 가능성이 크다. 즉 제조업 일자리 붕괴로 '미국인의 꿈'을 포기한, 버려진 저학력 백인 남성을 극우적 혐오정치에서 벗어나게 하기는 어렵다.

이처럼 미국 사회의 '악마화', 즉 트럼프의 등장이나 선거 패배에도 불구하고 높은 트럼프의 지지율은 미국 사회의 근본적 병폐와 더불어 '산업문명의 쇠퇴' 혹은 '개인주의 문화의 실패'에서 비롯한 것이다. 즉 사회가 천박해지고, 민주주의가 후퇴하고, 그리하여 국제사회에서 존경감을 잃어가는 미국을 다시 복원하려는 바이든, 즉 주류사회의 꿈은 '환상'으로 그칠 가능성이 크다. 미국 의료체계를 위기로 내몰고 있는 코로나19 통제 역시 인간과 동물, 인간과 자연의 공존에 대한 근본적 성찰, 즉 산업문명을 만들어낸 계몽주의나 패권주의에 대한 반성 없이 백신이나 치료제의 개발만으로는 바이러스에 대한 완전한 통제를 할 수 없다.

게다가 미국은 지금 사회 상황이 녹록지 않을 뿐만 아니라 전통적수단(하드파워)도 고갈되고 있다. 금융위기 이후 집권했던 오바마는 GDP가 1.8% 후퇴한 상황이었던 반면, (20년 3분기 기준) 바이든은 3.5%가 후퇴, 즉 금융위기 충격 때보다 약 2배나 나쁜 상황에서 집권하게 된다. 게다가 오바마는 금융위기 이후 GDP 대비 국가채무를 약 38%포인트나 증가시킬 정도로 재정자원의 여력이 있었으나 바이든은 이미 127%(20년 3분기 기준)에 달하는 상황에서 집권해야 한다. 미국 역사상

국가채무가 가장 높았던 2차 세계대전 때 수준(1946년 118.9%)을 이미 추월하였다. 물론, 아직 재정을 활용할 역량[29]은 남아 있으나, 금융위기 이후 재정 투입은 체질 개선에 성공적이지 못하였고, 그 결과 국가채무 비율만 급등하고 있다. 21세기 이후 빈번해지는 '새로운 처음'형 충격이 올 때마다 미국의 체력은 계단식으로 내려가고 있다. 뒤에서 자세히 살펴보겠지만, 제조업의 구원투수로 등장한, 즉 혁신을 주도한 플랫폼 사업모델도 혁신의 정체를 보이고 있다. 이러한 상황에서 '새로운 처음'형 충격은 과거와 다른 형식과 내용으로 발생하기에 예방이 어렵고, (문명 전환이 없는 한) 앞으로도 반복될 수밖에 없다.

이처럼 '미국의 시대'를 위협하는 것은 중국과 같은 외부가 아니라 미국 내부에 있다는 것이다. 충격이 도래할 때마다 재정 투입이나 달러 찍어내기로는 근본적 해결책이 될 수 없음은 모두가 알고 있다. 그렇다면 그 결과는 미국 경제의 '일본화(Japanification)' 혹은 '좀비화'일 수밖에 없다. 연준의 부채는 2020년 12월 8일 현재 미국 GDP의 34.2%에 달하고 있다. 금융위기 직전에 GDP 대비 5.9%에 불과했던 연준 부채 규모는 팬데믹 이전인 2019년 말 19.5%까지 3배 이상으로 상승했는데, 팬데믹으로 1년 만에 약 15%포인트가 다시 증가한 것이다. 문제는 양적완화의 중독에 빠트린 아베노믹스가 본격적으로 시작된 2013년 4월 초 일본은행의 부채가 GDP 대비 33%가 채 되지 않았다는 사실이다. 사실, 양적완화는 일본이 미국보다 선배(?)다. 일본은 90년대 초 자산시장의 거품이 꺼지면서 대응 실패로 '잃어버린 10년'을 겪었다. 1999년부터 제로금리에 진입하였고, 2001년 3월부터 양적완화를 시작하였다.

동시에 (구조조정 및 창조산업 육성 등) 산업재편을 추진하였지만, 창조산업 육성이 실패로 끝나면서 '잃어버린 20년'으로 이어졌고, 결국 2012년 말 총선에서 민주당의 참패와 아베의 재집권으로 이어진다. 그리고 아베가 임명한 구로다의 양적·질적 완화(QQE)가 시작된다. 이때 일본은행의 부채 규모가 32.8%였다. 2013년부터 19년까지 일본은행이 새로 찍어낸 통화량은 415조 엔인데 명목 GDP는 60조 엔만 증가했을 뿐이다. 즉 100엔을 찍어내 14엔의 GDP를 만들어낼 정도로 아베노믹스는 양적완화에 중독되어 버렸다. 즉 2020년 12월 10일 현재 일본은행의 부채는 132%까지 폭발적으로 상승하였다. 그럼에도 2020년 3분기 일본의 명목 GDP는 1996년 수준을 밑돌고 있다. 아베노믹스의 실패는 일본 쇠퇴의 여러 현상 중 하나에 불과하다. 정치 후진국일 뿐 아니라 경제 후진국이라는 말이 일본 사회 내부에서 공공연히 나온다. 실제로 OECD 추정에 따르면 구매력 기준 1인당 GDP는 2019년 한국의 4만 4,011달러보다 작은 4만 3,643달러에 불과하다. 이처럼 대규모 통화를 찍어내 경제를 회복시키겠다는 아베의 구상은 철저히 실패하였는데, 현재 미국 연준의 부채 규모가 일본이 양적완화의 중독에 빠지기 시작한 2013년 4월 수준을 넘어선 것이다. 미국 경제가 일본화될 경우 이는 새로운 문명이 등장하기 전까지 세계 경제가 무기력증에 빠질 가능성 ('구글형 암흑시대'의 도래 가능성)이 있음을 의미한다. '새로운 처음'형 충격이 또 다른 '새로운 처음'형 충격을 만들 가능성을 보여주는 것이다.

문제는 초국가 협력이 부재한 상황에서 미국의 리더십이 흔들릴수록 국제사회의 불안정이 증가할 수 있다는 점이다. 미국 리더십의

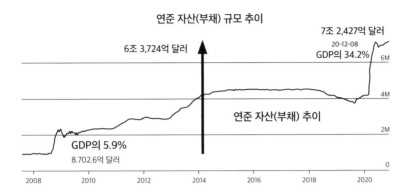

연준 자산(부채) 규모 추이

7조 2,427억 달러
20-12-08
GDP의 34.2%

6조 3,724억 달러

연준 자산(부채) 추이

GDP의 5.9%

8,702.6억 달러

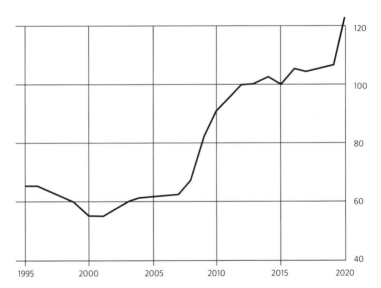

미국 정부채무 비율, GDP 대비 %

일본은행 자산(부채) 규모 추이

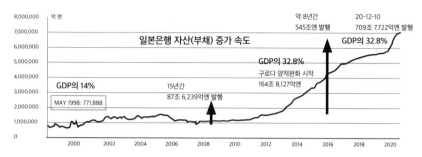

일본의 잃어버린 20년

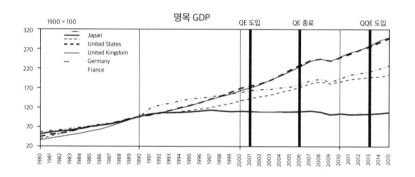

팬데믹 이후 일본 경제는 1995년 수준으로 회귀

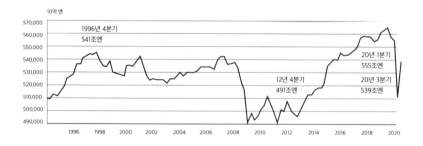

쇠퇴와 그에 따른 국제사회의 리더십 부재가 만들어낼 불안정은 한반도에는 양면성을 갖는다. 무엇보다, 한반도가 희생양이 될 수 있다. 부상하는 중국과 패권을 유지하려는 미국의 갈등과 충돌은 경제력과 군사력 등 하드파워를 중심으로 진행될 수밖에 없다. 한반도에서 북한과 미국 간 군사적 충돌 가능성을 포함해 미국의 대중 포위 전략이나 미·중 간 경제전쟁에서 미·중은 우리에게 자기 쪽에 설 것을 요구하고 있다. 비유하자면 앞뒤로 적을 만난 이른바 복배수적(腹背受敵)의 상황이다. 고차방정식을 풀어야만 생존할 수 있음을 의미한다.

이 상황에서 우리는 위기를 기회로 만들어야만 한다. 미·중 갈등의 종속변수에서 독립변수로 위상을 바꾸어야만 한다. 기회로 만들려면 대한민국의 매력을 높이는 길밖에 없다. 미·중이 서로 포기할 수 없으면서 누구도 흔들 수 없는 나라로 만들어야만 한다. 19세기 말 '조선 문제'는 늘 주변국들의 일방적인 논의 대상, 즉 종속변수였다. 조선의 운명은 청나라와 일본, 러시아와 일본, 미국과 일본, 미국과 중국, 미국과 소련의 논의로 결정되었기 때문이다. 해방 이후 미국의 원조와 지원은 늘 한국의 생명줄이었다. 미국의 경제원조, 군사원조, 기술지원, 자본투자는 한국의 생존과 발전에 필수적이었거나 큰 비중을 점했다. 그동안 줄기차게 '중국인 입국 금지'를 외치던 사람들이 '미국인 입국 금지'라는 말은 꺼내지 않는 것도 이 때문이다. 태극기와 성조기를 함께 들고 시위하는 사람들의 의식 밑바닥에는 '한국의 운명은 미국이 정한다'는 신념이 있다.

그런데 (2020년 3월 24일) 미국 대통령이 한국 대통령에게 전화를 걸어 의료용품 '지원'을 부탁하고, 도쿄 올림픽 연기 문제를 협의했다. 물론, 미국이 한국에 '지원'을 요구한 게 이번이 처음은 아니다. 하지만 박정희 정권 때 베트남 참전 '요청'은, 한국 젊은이들의 목숨을 요구하는 일방적이고 비대칭적인 것이었다. 한국이 사람을 '죽이기' 위해서가 아니라 '살리기' 위해서 미국의 지원요청을 받은 것이나, 한국 대통령이 '일본 문제'에 대해 미국 대통령과 협의한 것도 역사상 처음이었다. 한국의 (방역) 정책이 세계의 모범이 되고 이른바 '선진국'들이 한국에 '지식'과 '용품'의 지원을 요청한 것도 역사상 처음이다. 한국의 방역(K방역) 성공은 정부의 리더십과 방역진의 헌신과 더불어 높은 시민의식 수준이 만들어낸 것이다. 하드파워가 아니라 한국 민주주의, 문화, 소프트파워 등이 국가의 매력을 높인 결과다. 역사가 바뀌고 있는 것이다. 미국 대통령 트럼프가 한국을 G7에 초청한 배경이다. G7은 세계에서 일어나는 일을 적절히 대변하지 못하는 "매우 구식의 국가 그룹(Very Outdated group of countries)"이라는 이유를 들었다. 금융위기와 유로존 위기 이후 코로나19 재난까지 핵심국들은 민낯을 반복해서 드러내고 있다.

이렇듯 한국 역사가 바뀌고 있을 뿐 아니라, 세계에 대한 인류의 통념이 바뀌고 있다. 사실, 앞에서 지적했듯이 미국의 대중 압박은 미국의 초조감을 의미한다. 한반도의 협상력을 높일 수만 있다면 미·중 간 힘의 균형은 분단체제에 균열을 만들어내는 기회가 될 수 있다. 즉 남북한 간 협력을 전제로 국제사회의 협조를 끌어내 분단을 해소하고, 남북한을 연결하고 통합하여 아시아와 유럽을 잇는 교량 국가로 부상해야만 한다. 남북한 연결과 통합은 북한 지역에 대한 개발 특수를 넘어 한반도가 아셈(ASEM)의 허브가 될 수 있는 기회로 삼아야 한다. 그러기 위해서는 남북 통합 이전에 남한 내 사회통합을 먼저 만들어내야 한다. 대외적으로 한목소리를 내려면 국민적 만족감을 높여야 한다. 이는 불투명한 '미래'로 불안해하는 국민에게 '희망'을 보여주는 것을 의미한다. 그리고 희망을 보여줄 수 있는 한국 사회의 대전환 프로젝트가 북한이 수용할 수 있는 '가치'들을 내포해야만 한다. 한국 내부와 남북 간의 합의를 만들어 낼 때 비로소 미·중 사이에서 독자적 공간을 마련할 수 있기 때문이다.

이처럼 우리에게 21세기는 사람과 로봇(AI)이 공존해야 한다는 점에서 20세기와 다르고, 기후변화 문제를 피할 수 없다는 점에서 20세기와 다르고, 남과 북이 함께 살아야 한다는 점에서 20세기와 다를 것이다. 그런데 우리는 AI와 공존할 준비가 되어 있는가? 기후위기에 대한 대응책은 가지고 있는가? 그리고 북한 체제의 붕괴를 전제로 한 남한 체제를 한반도 전역에 확장하려고 하는 것은 아닌가? 게다가 문제는 한국 주도의 통일은 가능하겠느냐이다. 지금 우리가 스스로에게 던져야 할 질문들이다. 바꾸어 말하면, 우리는 AI보다 못한 노동력을 만들어내는 교육 체계를 바꿀 준비는 되어 있는지, 기후변화의 파국을 막을 수 있는지, 청년들이 헬조선이라고 부르는 남한 체제로 통일을 하는 것이 바람직한지, 아니 남북 통합이 가능한지 등에 대해 대답할 수 있어야 한다.

지체 시대의 고통
vs. 문명 전환의 불가피성

'새로운 처음'형 충격은 (앞에서 지적했듯이) 지식체계의 지체 혹은 시스템의 지체 등에서 비롯하는 것이다. 지난 수백 년간 인류 사회가 축적한 지식 혹은 지혜가 변화한 세계를 설명할 수 없기 때문이다. 산업문명 시대가 만들어낸 시스템 혹은 제도가 변화하는 세계가 만들어내는 문제들을 해결하기 어려운 반면, 적어도 단기간 내에 시스템이나 제도를 바꾸기가 쉽지 않기 때문이다. 예를 들어, 글로벌 금융위기는 지식체계의 지체에서 비롯한 것이다. 금융의 네트워크화에도 불구하고 경제이론은 여전히 금융 현상을 독립적으로 분리하여 이해할 수 있다는 '방법론적 개인주의(methodological individualism)'에서 벗어나지 못하고 있고, 그 결과 전혀 다른 차원의 사건들을 과거의 정보로 해석하고 있다. 문제는 지식체계를 하루아침에 바꾸기가 쉽지 않다는 점이다. 금융위기 이후 일각에서 적어도 거시경제학의 한계 혹은 자유시장

경제 모델의 사망을 얘기했으나 금융위기가 발발한 지 십수 년이 지난 현재 경제학계는 금융위기 이전과 변화한 것이 없다. 이는 지식 제도권의 경로 의존성(path dependency)에서 비롯한다. 여기서 경로 의존성이란 한 번 일정한 경로에 의존하기 시작하면 나중에 그 경로가 비효율적이라는 사실을 알고도 여전히 그 경로를 벗어나지 못하는 경향성을 말한다.

또 하나의 '새로운 처음'형 충격인 코로나19 재난은 백신이나 치료제 개발로는 근본적으로 해결할 수 없다. 지금까지의 경험으로 볼 때 백신이나 치료제가 효과를 내기 어려운 새로운 코로나바이러스의 등장은 불가피하기 때문이다. 초기에 코로나19가 인수공통감염병이라는 얘기를 하면서 사람들은 인수공통감염병의 창궐은 동물의 생존 조건을 파괴한 결과라는 진단을 내렸다. 그리고 사람과 동물 혹은 사람과 자연의 공존만이 진정한 '해법'이라 말했다. 그런데 시간이 지나면서 세계는 백신과 치료제 개발에만 관심을 갖는다. 왜 그럴까? 인간과 동물, 인간과 자연의 공존 필요성을 인정했지만, 이를 위해서 바꾸어야 할 것이 너무 많고 적어도 단기간 내 해결이 불가능해 보이기 때문이다.

또한, 앞으로 예고되는 '새로운 처음'형 충격으로 그린스완을 말한다. 수많은 연구소와 학자들이 기후변화가 초래할 금융위기를 경고하고 있으나 인류 사회는 무엇을 할 수 있을까? 예를 들어, (10월 7일 기준) 2020년 한 해에 미국에서는 손실이 10억 달러를 초과하는 기후 재난이 16회 있었다. 2015~19년 사이에는 평균 13.8회의 재난이 있었고, 2020년 이전 40년간 평균은 6.6회의 재난이 있었다. 80년대는 기후 재난으로 연간 287명의 사망자가 발생했으나 지난 10년간은 연간 522명의 사망자를, 지난 3년간은 연간 1,190명의 사상자를 만들어냈다.[30] 이처럼 기후 재난의 발생 빈도나 사망자 수가 빠르게 증가하고 있기에 기후 재난은 충분히 예측이 가능하다. 그렇지만 대응 방식은 여전히 관성에서 벗어나지 못하고 있다. 재난은 보험회사의 손실로 이어지기에 일반적으로 보험회사는 재보험에 가입하고, 재보험사는 파생금융상품을 제조해 판매한다.[31] 글로벌 금융위기 때 AIG라는 보험회사가 신용파산스왑(CDS) 상품을 만들어 판매했다가 주택값 하락의 소용돌이로 파산을 했듯이 같은 패턴이 반복되고 있다. 즉 기후변화 불확실성(리스크)을 (파생)금융상품을 만들어 대응하고 있지만, 과거의 자료에 기초해 설계한 금융상품의 한계는 글로벌 금융위기(예: 부채담보증권) 때 이미 경험하였다. 이를 예방하기 위해서는 기후변화 문제를 해결하거나 최소한 현재 방식의 금융상품 제조를 바꾸어야만 한다. 그런데 사람들은 기후변화 문제 해결의 필요성을 인정하지만, 단기간 내 해결하기 어렵다 보니 이를 해결책이라 생각하지 않는 경향이 있다. 그렇다면 현재 방식의 금융상품 제조를 하지 못하게 하는 것은 해결책이 될 수 있을까? 금융상품을 제조하지 못하면 기후변화 불확실성(리스크)을 방치하고 살아가야 하기에 이를 막는 것은 어렵다. 그런데 금융상품을 만들어 대응하는 방식은 새로운 백신이나 치료제 개발로 코로나 재난에 대응하는 것과 다를 바가 없다는 문제를 갖는다.

이처럼 '새로운 처음'형 충격은 인류 사회가 가진 지식이나 지혜를 넘어서 발생하기도 하지만, 예측해도 (적어도 단기간 내) 대응 방법이 없다는 특성을 갖는다. 무엇을 해야만 하는가? 인류 사회가 해야 할 일은 두 가지로 좁혀진다. 하나는 시간이 걸리더라도 근본적 해법을 추구해야 한다. 기후변화 문제를 해결하기 위한 시스템 변화는 선택이 아니라 숙명이다. 시스템 변화가 없는 한 재난의 고통은 끝나지 않을 것이다. 또 하나는 시스템 변화를 만들어낼 때까지 고통을 최소화시키는 길이다. 이 두 가지 모두 국가 내 구성원 간, 그리고 국가 간 협력을 요구한다. 그리고 이는 문명의 전환을 의미한다. '새로운 처음'형 충격을 반복적으로 겪으면서도 혼자만 생존할 수 있다는 사고가 지배하는 한 '비극'을 멈출 수는 없을 것이다. 코로나바이러스 등 감염병 발생의 주요 요인이 자연 파괴이고, 생물다양성 감소 추세를 반전시키기 위해 시급한 국제 공동 조치가 필요하다는 세계자연기금(World Wide Fund for Nature, WWF: 자연보호를 위한 국제 비정부 기구)의 촉구가 외면당하는 현실이다.

2장

거대한 분기점

산업문명의 종언과
시스템의 궤도 이탈

다음은 한때 한국을 취재했던 외국 통신원(〈이코노미스트〉 한국 특파
원)으로서, 그리고 이제는 한국에서 사업을 하는 외국인(영국인)의 시
선으로 바라본 코로나19 사태 이후의 한국과 서양의 모습이다.

신종 코로나바이러스 감염증(코로나19)은 세계 각국의 시스템과 의지를 시
험대에 올리고 있다. 애석하게도 서구 국가들은 대체로 이 시험에서 고전
중이다. (…) 2020년은 서양이 스스로와 동양을 보는 관점을 바꾸는 전환점
이 될 것이라는 점이다. 2020년은 또 한국인에게도 서구 국가들에 대한 '사
대주의'에서 벗어나 스스로를 보는 관점을 바꿔줄 전환점이 될 것이다. (…)
1980년대 이후에는 한때 영어권 국가의 강점으로 여겨졌던 개인주의가 변
질돼 '사회라는 것이 존재하기는 하는가'라는 의문마저 나타나기 시작했다.
자연 재난을 비롯해 전 세계에 감염병이 급속도로 퍼지는 시대가 도래하면

서구 사회는 이러한 사고방식의 변화 없이 재난 상황에 제대로 대처할 수 없게 될 것이다.' (다니엘 튜더Daniel Tudor 전 <이코노미스트> 한국 특파원, "서양 우월주의'가 무너지고 있다" 동아일보, 2020년 4월 11일자)

한국에 있는 서양인(다니엘 튜더)의 눈에 비친 한국과 서양 사회는 코로나19 사태를 계기로 전환점을 맞고 있다. 심지어 많은 한국인은 그의 진단에서 코로나19 사태가 오래전부터 진행돼온 문명의 전환이 가속화되는 계기가 될지도 모른다는 생각을 가질 것이다. 80년대부터 서양에 '사회라는 것이 존재하는가'라는 의문이 들기 시작했다는 그의 지적은 서구에 대해 열등감을 갖고 있던 비서구인을 제외하면 모두가 알고 있는 사실이다. 앞에서 코로나19 대응에 어려움을 드러낸 사회들의 문제를 문화 실패로 규정했듯이 서구 문명은 산업, 즉 제조업 발전을 바탕으로 이루어진 산업문명이다. 따라서 고용과 생산에서 제조업의 역할이 쇠퇴하고, 가치사슬에서 제조업 제품의 위상이 약화하는 상황에서 제조업 특성 위에 만들어진 주요 시스템들이 제대로 작동하지 않는 것은 자연스러운 현상이다.

실제로 탈공업화 이후 일자리 증가율의 약화에 따라 소득 불평등이

---

* COVID-19 is putting the system and spirit of every country to the test. Tragically, western countries have largely been failing. (⋯) 2020 is going to be a turning point in how the west sees itself, and how it sees East Asia. It should also be a turning point for how Korea sees itself, and a chance to start breaking free of 사대주의 towards western countries. (⋯) There has also emerged since the 1980s a lack of belief that such a thing as society even exists - a corruption of the individualism that was one of our strongest achievements. In a coming era of environmental disasters and rapidly globalised contagious diseases, we will need to fix that or suffer.

증대하였다. 그리고 산업화의 확산과 미국 제조업 경쟁력의 상대적 약화는 미국을 무역적자국으로 전환시키고, 미국의 절대적 경제력에 기초해 만들어진 국제통화시스템은 파산을 맞는다. 고소득층은 저축성향이 높아 저축액이 계속 증가하는 데 반해 저소득층은 소비할 소득마저 부족해 이를 차입으로 해결해야만 한다. 이때 고소득층의 저축을 저소득층의 부채로 연결하는 매개체가 금융이다. 그런데 국제통화시스템의 불안정성 증대는 금융상품의 가격 변동성 증대로 이어졌고, 시장 변동성은 리스크 증대와 함께 수익 추구 기회도 증대시켰다. 자본 공급자는 높은 수익성을 추구하기 마련이지만, 수익을 추구하려면 규제로부터 자유로워야 했다. 금융의 탈규제가 추진된 배경이다. 금융시스템의 탈구(dislocation, 정상 위치에서의 이탈)가 이어지며 금융은 빠르게 성장하기 시작했고, 그 결과가 사회 모든 영역을 금융자본 논리로 재구성한 '금융화'였다. 그리고 이는 사회보장시스템의 후퇴로 이어졌다. 금융이 (화폐유통속도의 급락이 보여주듯이) 사회 구성원의 소득이나 일자리 증가라는 실질 가치의 창출에 기여하지 않고, 고소득자의 부의 축적에 기여하며 자산 불평등을 통해 양극화를 심화시키는 '현대판 고리대금업'으로 전락한 것이다.

1980년대, 특히 90년대 이후 영국과 미국, 그리고 스페인과 그리스 등 남유럽 일부 국가들이 부채(미래소득)에 의존해 경제성장을 유지하려 했고, 한국, 중국, 일본 등 동북아 국가들, 그리고 독일과 네덜란드, 덴마크, 스웨덴 등의 북유럽 국가들이 앞의 국가들에 수출하여 성장을 유지한 것도 다수의 생존이 불안정해진 결과였다. **'사회라는 것이 존재하기는 하는가'라는 의문이 나타나고, 특히 90년대부터 서구 사회에서 '무엇**

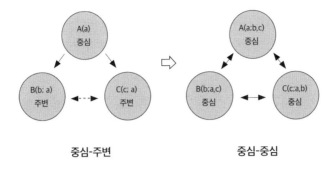

중심-주변   중심-중심

을 그리고 누구를 위한 성장인가?'라는 화두와 '시민사회의 재건설'에 대한 필요성이 부상한 배경이다. 가계부채는 주택시장과 결합하면서 빠르게 증가하였고, 건강하지 않은 부채주도성장 방식은 지속이 어려웠으며 '금융위기'는 그 결과였다. 금융위기 이후 시스템의 전환과 초국가 협력의 강화보다는 자국 이익 중심 논리로 대응한 결과 세계 경제는 취약성과 불확실성을 증대시켜 온 것이다.

앞에서 소개했듯이 21세기 들어 대규모 사회·경제·자연 재앙이 빈번하게 발생하고 있다는 것은 재앙의 발생을 사전에 인지할 수 없다는 것이다. 이는 산업문명의 산물들인 근대 이성체계, 지식체계의 종언을 의미한다. 세상이 바뀌었는데 과거의 기준으로 살아가는 것이다. 지금까지 사람들이 세상을 바라보는 관점은 세상은 중심이 있는 세계라는 '중심주의 세계관'이었다. 19세기는 영국 중심, 20세기는 미국 중심으로 경제를 포함해 세계 질서를 만들었다. 중심 국가를 제외하고 나머지는 모두 주변 국가다. 위 그림의 왼쪽을 보면 중심과 주변으로 관계가 이루어져 있음을 볼 수 있다. 중심 나라는 주변 나라에 영향을 미친다. 과거에 이런 말이 있었다. 미국이 기침하면 한국은 독감에 걸린다고. 반대로 한국이 기침을 하면 어떻게 될까? 미국은 전혀 영향을 받지 않았다. 즉 중심 국가라고 하는 것은 주변 국가를 전제로 존재하는 것이다. 중심과 주변의 관계에서 보면, 중심은 주변에 영향을 미칠 수 있지만, 주변은 중심에 영향을 미칠 수 없다는 힘(영향력)의 비대칭성을 전제하고 있다.

지금까지 세계는 이와 같은 '중심주의 논리'가 지배했다. 인간 중심의 사고는 개인과 개인의 구분도 가능케 한다. 인간의 신체에 대한 절대적 권리는 신체적 활동의 결과로써 획득되는 물건에 대한 지배로 확장되는, 즉 인간의 사물에 대한 지배 논리가 유추된다. 인간과 자연의 관계에서 인간 중심의 논리가 성립할 수 있었던 이유이다. 자연은 인간이 이용할 수 있는 대상으로 규정되었다. 그리고 그 결과 생태계 파괴를 낳았다. 여기에 대한 반성이 환경운동이다. 남녀 관계도 남성 중심의 사고와 시각으로 규정하여 만들어졌고, 이를 거부하는 여성의 자각이 여성(해방)운동의 출발점이었다. 중심 대 주변의 이분법은 (후자가 전자에게 영향을 미칠 수 없다는 점에서) 구분이 가능하고 경계가 존재하는 세계관이다. 인간의 사물에 대한 지배는 배타적 재산권을 정당화시켰고, 재산권의 차이는 인간이 인간을 지배할 수 있는 조건이 되었다. 지배와 피지배의 위계관계는 기본적으로 피지배자가 지배자에게 영향을 미칠 수 없다는 점에서 중심의 논리를 의미한다. 즉 인간이 지배하는 사물이 인간에게 영향을 미칠 수 없듯이 사물에 대한 지배는 다시 인간이 인간을 지배하는 관계로 유추, 확장된다. 사회과학의 이론이 경제와 사회, 국가를 독립적으로 운영하는 것이 가능하다는 전제 위에 만들어진 이유이다.

예를 들어, 개인이 자기 이익 극대화를 추구하면 사회 전체 이익도 극대화된다는 애덤 스미스의 주장은 개인의 선택이 다른 사람의 선택으로부터 영향을 받지 않는다는 중심주의 세계관에 기초한 것이다.

이처럼 서양의 산업문명은 상호의존 관계를 부정하는 일방주의 세계관에 기초한다. 자신이 지배하는 대상은 자신에게 영향을 미칠 수 없기에 그 대상을 파괴해도 자신의 존재에는 어떠한 피해도 발생하지 않는다. 근대 산업문명이 상대를 경쟁과 대립의 대상으로 설정하고, 국제 관계도 승자독식 혹은 패권 추구를 지향한 이유이다.

중심주의 논리가 문제를 본격적으로 드러낸 것은 2차 세계대전 이후부터이다. 다수 국가의 핵 개발로 인해 핵을 가진 국가 간 전쟁, 즉 상대의 존재를 완전 부정하는 것은 불가능해졌다. 핵전쟁은 상대의 존재를 부정할 경우 자신도 파멸할 수 있음을 의미하기 때문이다. 이른바 '힘에 의한 평화'라는 역설이 등장한 배경이다. 산업화의 확산도 중심주의 논리에 균열을 가했다. 산업화가 확산하면서 국가 간 경제력의 격차가 축소, 즉 경제력의 다원화가 진행되면서 (경제활동 전체를 국가 단위로 파악하는) 국민경제 간의 상호의존 및 상호영향이 증대하기 시작했다. G1 체제인 금태환(금본위제)과 브레튼우즈 체제가 막을 내리면서 G7 체제로 전환된 배경이다. 그 후 경제통합이 진전되며 초국가 협력이 증대했지만, 중심주의 논리는 지속하였고, 그 결과 글로벌 금융위기가 발생했다. 이후 G7 체제는 G20 체제로 확장된다. 즉 중심주의 논리를 고집하며 문제를 일으킨 미국은 혼자서, 심지어 (미국발 금융위기의 전염으로 함께 내상을 입은) G7으로도 해결할 수 없어 G20이라는 새로운 관리방식을 도입했다. 그러나 금융위기가 진정되자 미국은 또다시 주변국에게는 자기가 영향을 미칠 수 있어도 다른 나라는 자신에게 영향을 미치면 안 된다는 '미국 우선주의' 사고로 돌아갔다.

미국의 엘리트들이 금융위기의 원인 중 하나로 지적하는 '글로벌 불균형'은 기본적으로 미국 경제력의 상대적 약화, 즉 경제력의 다원화에서 비롯한다. 즉 미국의 무역수지 및 경상수지 적자 증가 → 달러의 해외 유출 → 달러 보유국의 미국 금융시장에 대한 영향력 증대와 미국 통화주권의 훼손 → (통화정책에 의한 주택시장 과열을 억제하는 데 실패하면서) 미국 금융위기의 한 요인으로 작용한 것이다. 앞의 그림에서 우측의 상태, 즉 다중심 경제로 변화한 것이다. 이처럼 글로벌 불균형 문제가 경제력의 다원화가 근본 요인이라면 변화된 환경에 적합하도록 국제 경제 질서를 재편하기 전까지는 상호협력이 요구된다. 그런데 (앞에서 지적했듯이) 금융위기 이후 미국은 주요 교역국에 무역수지 및 경상수지 흑자 축소를 강요 → 신흥국은 외환위기 불안감으로 달러 축적 포기의 어려움, 즉 통화주권 문제에 직면 → 세계 통화와 금융 질서, 세계 경제 질서의 불확실성의 요인으로 작용하고 있다. 이처럼 미국은 (달러와 군사력을 활용하여) 나머지 국가들이 자신의 경제주권을 훼손시키는 것을 용납하지 못하겠다는 방식으로 대응하고 있다. '중심주의 함정'에 계속 빠져 있는 것이다.

유럽 역시 다르지 않다. 유럽의 통화동맹은 금융위기 이전까지 통합의 효과가 극대화되었다. 즉 경상수지 흑자국인 독일과 (네덜란드 등) 북유럽 중심국은 물론 경상수지 적자국인 남유럽 주변국들까지 모두

이득을 실현하면서 통합효과라는 연결의 긍정적 측면만이 강조되었다. 통화동맹 가입국의 핵심 조건인 재정 준칙을 엄격하게 적용하지 않은 배경이다. 무엇보다, 중심국과 주변국의 편차가 수반할 비용(전염효과)은 외면하였다. 그런데 금융위기의 전염효과는 유럽으로 확산하였고, 중심국 은행으로부터 남유럽 주변국 은행으로 대출되었던 자본이 유출되기 시작했다. 이는 주변국의 은행 위기로 발전 → (은행 자본확충 과정에서 국가재정을 투입한 결과) 재정 위기로 번졌고, (독자적인 중앙은행이 없는 상태에서) 은행 대출의 축소와 재정 운용의 한계 등은 실물경제 위기로 발전하였다. 실물경제의 위기는 다시 은행 대출의 부실화로 이어지고 은행 위기라는 악순환을 형성하였다. 게다가 주변국의 위기는 (함께 묶여 있는) 중심국의 경제위기로 전염되었다. 중심국 은행이 대출자본의 회수에 어려움을 겪을 뿐 아니라 유로존 역내 교역의존도가 높기에 중심국의 수출 타격으로 이어졌기 때문이다.

　문제는 유로존 위기의 해법을 둘러싸고 중심국과 주변국 간 견해의 차이가 쉽게 좁혀질 수 없다는 점이다. (주변국 책임을 강조하는) 중심국 중심의 해법인, 이른바 재정 규율을 엄격히 하자는 '신재정동맹'은 주변국 경기 침체의 장기화와 그에 따른 유럽 전체 경제 회복의 부진으로 이어졌을 뿐만 아니라 여기에 더해 국가채무가 증가한 국가에서의 재정 운용 축소는 경제적 약자층의 어려움을 가중함으로써 사회 내부의 갈등마저 고조시키고 있다. 그리고 정치는 갈등을 해결하기보다 갈등을 이용하면서 사회를 분열시켰고, 경제가 통합된 유럽에서 사회 분열은 (브렉시트에서 보듯이) 유럽 분열의 힘으로 이어질 수밖에 없다. 이처럼 유럽 분열의 원인도 자국중심주의인 '국민국가의 함정'에서 비롯한 것이다. 전체가 연결됐기 때문에 발생한 유로존 위기 등을 겪고 나서도 유럽 사회는 연결된 세계에서 전염효과를 예방하거나 최소화하려는 근본 노력을 보이지 못한 것이다. 그 결과는 유로존의 '잃어버린 10년'으로 귀결되었다. 2008년 유로존 GDP는 약 14조 1,000억 달러였으나 팬데믹 사태 이전인 19년에도 13조 3,000억 달러에 불과했다.

팬데믹은 중심주의와 개인주의 문화, 산업문명의 패러다임에 종언을 고하고 있다. 중심주의와 개인주의 문화의 함정에 빠진 미국과 영국이 코로나19 재난 앞에서 수렁에 빠져든 배경이다. 미국 사회는 자신의 문제를 인정하지 않고 있을 뿐 아니라 여전히 외부로부터의 간섭이나 영향을 배제할 수 있는 '힘'을 가지고 있다고 착각하고 있다. 많은 미국인이 의료체계 붕괴가 자신들의 삶의 양식이나 사고방식, 지적체계 등의 문제라기보다는 트럼프 리더십 문제로 돌리는 경향이 있다. 그리고 자신의 힘으로 해결 가능하다고 믿는다. 미국 최고의 힘은 달러와 군사력으로부터 나온다. 하지만 문화 실패 앞에 달러와 군사력은 구원 투수가 될 수 없다. 2020년 12월 20일 발표한 OECD 경제전망에 따르면 2020년 미국은 재정수지 적자가 GDP 대비 -15.4%, 국가채무는 20%포인트 증가할 것으로 예측됨에도 불구하고 성장률은 -3.7%를, 그리고 영국은 재정수지 적자 -16.7%와 국가채무 28%포인트 증가에도 불구하고 성장률이 -11.2%를 기록할 것으로 전망되고 있다. 개인주의 문화와 의료기술에 대한 과신, 중심주의 세계관 등은 경제활동의 무리한 재개로 이어졌고, 이는 확진자의 지속적 확산을 초래하였다.

그리고 많은 미국 시민은 체념 상태에 빠지고 있다. 경제적 피해를 최소화하기 위해 코로나19의 방역을 사실상 포기한 선택의 결과였다. 정부는 여전히 과거의 대응 방식에서 벗어나지 못하고 있다. 무엇보다 경제 충격과 바이러스 확산을 동시에 최소화하려면 시민들의 자발적 협조가 절대적인데 시민들이 자신들의 삶의 방식을 바꾸길 원치 않고, 그 결과 정부도 시민들의 삶을 통제하는 것을 선택할 수 없을 때의 결과는 자명한 것이었다. 미국의 코로나 방역은 사실상 포기한 모습이다. 백신에 자신의 운명을 맡기고 있다. 문제는 생존을 모두 개인에게 맡기면서 경제적, 신체적 취약계층에게 피해가 집중될 수밖에 없다는 점이다. 이러한 대응은 21세기 문명국가의 모습이 결코 아니다.

모든 게 연결된 세상에서 20세기적 대응 방식은 유효하지 않다는 것이 드러났다. 많은 주요 국가들이 코로나19 사태에 대해 인위적으로 차단하고 봉쇄하는 방식을 선택하면서 경제 연결망이 다 끊어져버렸다. 사회와 경제도 하나의 생태계다. 먹이사슬 체계가 모두 끊어진다고 상상해보자. 먹이사슬 체계에 있던 동식물도 다 같이 영향을 받을 수밖에 없다. 극단적으로는 멸종까지 초래할 수 있다. 따라서 연결된 세계에서는 모두 공존할 수 있는, '모두를 위한 자유'를 만들 수 있는 방법을 택해야 한다. 세계는 다 연결돼 있는데 인위적으로 끊어버리려고 하니까 경제 생태계에 파괴적인 영향을 미칠 수밖에 없는 것이다. 과거 어느 경기 침체 때보다 경제 후퇴가 더 진행된 이유다. 치료제가 개발되기 전에 경제 충격을 최소화하는 길은 경제 연결망의 파괴를 최소화하는 것이다.

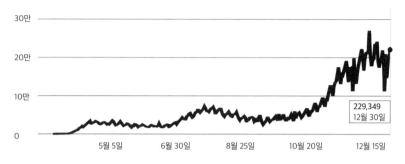

미국 확진자의 일일변동 추이

229,349
12월 30일

경제 생태계의 연결망 파괴를 최소화하면서 감염 확산도 최소화하려면 경제주체의 자발적 참여와 적극적 협조가 절대적 조건이다. 개방(경제 연결망)을 유지하면서도 감염병의 확산을 최소화하려면 정부는 최선의 노력과 투명한 관리를, 그리고 개인은 자발적 참여와 협력을 해야 하고, 국제사회도 감염병이 확산하지 않도록 출국자에 대한 검진, 보건의료 취약국에 대한 지원, 방역 정보의 공유, 치료제의 공동 개발 및 이용 등 모든 협력을 다 해야 한다. 대표적 예가 코로나가 급속히 확산하는 상황에서도 개방을 유지하며 감염 확산을 최소화한 한국의 경우였다. 한국의 노력은 유럽연합이 2020년 6월 말 발표했던 '안전국가 지정' 조치에 반영되었다. EU가 회원국 간 자유로운 여행을 허용한 데 이어 7월부터 한국을 비롯한 EU 소속이 아닌 14개국 시민들의 입국을 허용하기로 했는데, 한국민을 코로나19로부터 안전한 비회원국 시민들로 인정한 것이다. 이는 K방역에서 보여준 한국민의 자율성의 결과물이다. 한국이 자기 책임을 다하는 모습이 상대의 개방을 끌어낸 것이다.

이처럼 연결의 세계에서 전염효과를 최소화하려면 경제주체들의 자율성 발휘가 요구된다. '자율'은 모두의 자유를 위해 각 개인이 스스로 통제해 절제하는 행위 규범이다. 개인 의지의 발휘가 동시에 보편성에 부합하는 행위 규범인 것이다. 각 개인의 자율성이 발휘되려면 무엇보다 사회 공동체에 대한 신뢰가 있어야만 한다. 정부의 투명성과 공정성이 중요한 이유다. 두 번째 조건은 연대 의식이다. 사회가 어느 개인도 포기하지 않는다는 믿음을 주어야만 한다. 이런 사회 환경에서 개인은 자발적 참여와 협조라는 시민의식을 발휘할 수 있다. 사회 구성원 모두의 자발적 협조 없이는 공동의 문제를 해결할 수 없는, 이른바 '집단행동의 딜레마' 문제도 사회 구성원의 자정 운동으로 해결할 수 있다. 개인을 중심에 두고 모든 것을 규정하고 판단하는 사상, 사고방식, 가치관, 신념, 태도, 기질을 말하는 '개인주의' 사회에서는 발휘되기 어렵다. 집단을 중심에 놓는 집단주의 사회도 마찬가지다. 다행스럽게 한국은 자율성에 대한 깊은 역사를 갖고 있다. 단군 시대부터 조선왕조 말까지 우리 삶에는 개인과 전체가 다 같이 사는 '개전쌍전(個全雙全)'이나 하나는 전체이고, 전체는 하나라는 '일즉다, 다즉일(一卽多, 多卽一)' 사상이 체화되어 있다. 문재인 대통령이 2020년 5월 세계보건기구(WHO) 초청연설에서 '모두를 위한 자유'라는 화두를 던질 수 있었던 배경이다.

이처럼 연결의 세계에서는 중심주의(자기우선주의) 세계관과 심지어 자신의 이익을 위해 상대를 부정하는 절대주의(절대이념), 그리고 그에 기반한 개인주의나 집단주의 문화 모두 무력감을 드러낼 수밖에 없고, 자율성이라는 새로운 규범과 상대주의(호혜주의) 세계관이 요구된다. 중심주의(자국우선주의) 논리에 기초한 근대 국제질서는 오늘날처럼 긴밀하게 연결이 안 된, 즉 국가 간 상호의존이 낮았던 시대의 산물이었다. 기본적으로 19세기 및 20세기의 세계는 중심 대 주변으로 나누는 '이분법의 세계'였을 뿐 아니라 경제통합도 충분히 진전되지 않아 국민국가를 독립적으로 운영하는 것이 가능했다. 하지만 지금은 전 세계가 촘촘히 연결되었고, 상호의존적이기에 혜택과 비용을 공유할 수밖에 없다. 금융위기, 후쿠시마 원전사태, 코로나19 재난 등에서 보듯이 피해가 개별 국가에서만 그치는 것이 아니라 연결된 모든 국가로 확산되고 있다. 따라서 개별 국가의 입장이나 개인의 자유만을 강조하는 것은 해결책이 될 수 없다. 상대방도 생존해야 나도 생존할 수 있다는 상대주의(이념)를 요구한다. 같이 살아남든지, 같이 공멸하든지의 선택을 강요받고 있기 때문이다.

그런데도 서구 사회가 연결의 세계에 대한 인식 변화를 거부하는 모습을 보이는 것은 개인주의 문화, 자민족 우월주의 등에서 비롯한다. 변종 바이러스의 확산 속에 호주 시드니에서 벌어진 영국 청년들의 광란의 대규모 해변(크리스마스) 파티나 스위스 스키장에서 격리 대상이었던 영국인 수백 명이 도주한 사태 등은 "너와 나를 구분 짓는 영국의 철저한 개인주의 문화"의 사망선고를 보여준다. 10인 이상의 단체 회합 금지에도 불구하고 수많은 인파가 마스크 없이 '음악축제의 날'을 즐기는 풍경을 과연 '톨레랑스'의 산물로 이해해야 할까? 손 세정제나 소독제뿐만 아니라 장기 보관할 수 있는 통조림과 냉동식품을 포함 비상용품까지 사재기하고, 코로나19에 대한 통제조치의 지속이 불편하다며 수백 명이 폭동을 일으키고 경찰을 상대로 집단 폭력까지 행사하는 모습은 규칙을 엄격히 준수하고 타인에게 피해주는 것을 자제하는 독일인의 평소 모습과 거리가 멀어 보인다.

연결의 세계에서는 '개인의 자유'와 '모두의 자유'를 분리하여 생각할 수 없다. 연결의 세계에서는 공익을 위해 개인의 자유를 억제해야 하는데 서구 사회에서는 개인주의 문화가 걸림돌이 되는 것이다. 개인주의 문화에서 기본적으로 강조하는 규범은 자유라는 개념이다. 개인의 자유를 신성시하고 절대시한다. 따라서 코로나19 감염자 추적시스템은 개인의 자유를 침해할 수밖에 없는 것이다. 연결의 세계에서 전염효과의 충격을 반복적으로 경험하면서도 삶의 방식과 세계관 등을 바꾸지 못하면 앞으로도 대규모 재난에서 자유로울 수 없다. 일부 유럽인과 미국인 등이 한국인 포함 아시아인을 '코로나'라 부르며 조롱을 해도 '코로나 조롱'은 인종차별이 아니라는 치안 당국의 모습은 서구인들이 최고 가치로 여기는 개인의 존엄이 얼마나 허구적인가를 보여준다. 문제의 원인을 자신에게서 찾지 못하고 한국의 방역 성공을 서구 우월주의 관점에서 깎아내리는 사고와 태도는 여전히 '새로운 처음'을 이해하지 못하고 있음을 의미한다. 따라서 '또 다른 위기(또 다른 '새로운 처음'형 충격)'가 도래하더라도 전혀 이상하지 않을 것이다.

　실제로 유럽은 개인주의 문화의 함정에서 쉽게 빠져나올 것 같지 않다. 자신들의 문화에 문제가 있다는 것을 인정하기 어렵고, 자신들이 후진국이라 생각했던 한국인과 한국 사회가 자신들보다 낫다는 것을 받아들이기 어렵게 되자 (동양에 대한 서양의 왜곡된 인식과 태도 등을 보여주는) 오리엔탈리즘으로 도피하였다. 한국의 방역 성공 원인을 개인의 자유 침해에 익숙한 문화 혹은 독재 경험의 산물로 폄하한 것이다. 자유와 자율의 차이가 얼마나 큰지, 그리고 개인주의 문화에 익숙한 사람에게 자율성이 얼마나 힘든 것인지를 여실히 보여준다.

문제는 더 근본적인 데 있다. 코로나19에 대한 서구 사회의 기본적인 대응 방식은 경쟁적으로 감염병에 대항하는 약을 찾고 백신을 만드는 방식이었다. 사람들도 이를 자연스럽게 지켜본다. 그런데 약을 찾고 백신을 만들면 '코로나19' 문제가 종식될 수 있을까? 새로운 변종이 나오면 한편으로는 혼란과 희생을 겪고, 다른 한편으로는 다시 또 약을 찾고 백신을 만드는 일에 경쟁을 하고…, 과연 이렇게 하면 해결되는 것일까? 코로나19 발생의 근본 원인인 자연에 대한 인간의 무례를 반성하고, 그리하여 사람들의 사고와 행동 방식을 바꾸고, 국가 간 협력을 강화하려는 모습은 보이지 않고 하루라도 빨리 치료제를 만들어 상황을 벗어나고 싶어한다. 그런데 이러한 대응으로 일관하다 새로운 코로나바이러스가 나오면 그때는 어떻게 해야 할까? 베이징 농수산물 도매시장인 신파디 시장에서 발견된 코로나19 바이러스가 초기 바이러스와 다른 변종 바이러스(D614G)로, 전염 능력이 10배나 강해진 '변종 코로나'라는 사실이 확인됐다.[32] 세계자연기금(WWF)이 인수공통감염병 집단 발생을 일으키는 주요 요인 해결을 위한 행동을 촉구하고 나서면서 "자연 파괴와 인류 건강의 연관성을 시급히 인정해야 한다. 그렇지 않으면 곧 다음 전염병을 겪게 될 것"이라고 경고[33]한 배경이다. 문제는 서구 사회를 포함한 인류 사회가 인간과 자연의 공생, 그리고 그 연장선에서 국가 간 공생의 모델을 만들 수 있는가 하는 점이다. 이처럼 근대 산업문명은 위기에 놓여 있다. 산업문명의 산물인 지적 체계가 일어날 위기를 예상하지 못하고, 주요 시스템들은 기대 효과를 발휘하지 못하는 배경이다.

2-2 | 미래 착취와 저성장-저금리의 함정

앞에서 보았듯이 산업문명의 종언은 산업문명의 산물인 주요 시스템들의 탈구로 이어졌다. 주요 시스템들이 자신의 목표를 제대로 수행하지 못하는 상황에서 성장의 결과는 구성원 간에 제대로 공유되지 못했다. 즉 금융위기 이전까지 부채주도로 만들어낸 성장은 '소수가 독점하는 성장'으로 이어졌고, 금융은 부자의 저축을 저소득층에게 대출해주는 현대판 고리대금업으로 전락함으로써 부의 양극화에 기여하고 있다. 일자리와 불평등 개선이 수반되지 않는 저소득층의 부채는 지속 불가능하였고, 금융위기로 파국을 맞이하였다. 금융위기의 해결(처리)은 정부와 중앙은행의 부채로 금융회사의 부채를 대체하고, 부채 상환 능력이 없는 가계는 파산시키는 방식으로 진행되었다. 그 결과 소득(GDP) 대비 가계부채는 축소됐지만, 정부 채무와 중앙은행 부채가 급증하였다. 자본주의 사회에서 일자리와 불평등이 개선되지 않는 한 경제 체질과 기업은 건강해질 수 없다. 성장 둔화는 금융완화로 이어지고, 금융완화는 수익성이 낮은 기업의 수명을 연장하며 좀비기업을 증대시켰다. 수익성 낮은 기업의 확산은 경제 전체적으로 생산성 둔화와 그에 따른 성장 둔화로 이어졌고, 그 결과 또다시 금융완화를 지속할 수밖에 없게 된다. 2015년 12월부터 2018년 12월까지 9차례에 걸쳐 금리를 2.25%포인트 인상한 후 2019년 다시 3차례 인하로 전환한 것도 좀비기업의 아우성 때문이었다. 그리고 2020년 팬데믹 재난을 맞이하며 다시 제로금리로 복귀하였고, 2020년 상반기 현재 미국의 상장기업 5개 중 약 1개가 좀비기업 상태다. 이러한 좀비기업 비중은 2013년 이후 2배가 증가한 규모다.

좀비기업에 인질로 잡혀 금리를 정상화하지 못한다는 것은 경제 전체적으로 혁신이 활발하지 못하다는 것을 의미한다. 예를 들어, 애플은 2010년 하반기부터, 알파벳(구글)은 2012년 2분기부터 영업이익률이 하락해오고 있다. 반면 저금리 상황에서 기업들은 차입으로 자사주 매입을 하고 있다.[34] 미국 기업의 자사주 매입 규모는 2015년부터 19년 사이에 연평균 10.4% 증가했다.[35] 같은 기간에 순차입이 연평균 25% 증가한 배경이다. 그리고 순소득 대비 순차입은 118%에서 209%로 상승했다.[36] 애플의 자사주 매입 규모는 2012년 100억 달러에서 19년에 3,850억 달러, 2020년에는 4,600억 달러에 달했다.[37] 그 결과 애플의 부채 비율도 2013년 6월 13%에서 2020년 6월엔 130%로 상승했다. 저금리의 지속으로 차입 비용이 감소하면서 차입으로 자사주 매입을 늘려 주주 이익을 증대시키는 것이다. 경제학 교과서에서 말하는 기업의 차입이 자본지출(투자)을 위한 것이라는 주장은 더는 작동하지 않는 것이다.[38] 초금융완화를 지속한 금융위기 이후(2009~19년)의 평균 민간투자율(16.4%)이 대안정기(1985~2006년)의 18.0%에 비교해 1.6%포인트나 하락한 배경이다. 즉 금융위기 이전(2006년 1분기) 19.9%에 달했던 민간투자 비중(GDP 대비)은 금융위기 충격으로 12.8%까지 하락하고 금융위기 이후(15년 1분기) 최고 18.0%까지 회복을 보였다가, 트럼프 행정부에서 법인세율을 35%에서 21%까지 인하(Tax Cuts and Jobs Act of 2017)[39] 했음에도 팬데믹 이전인 19년 4분기에 17.2%까지 하락했다. 트럼프의 법인세 감세로 IBM은 3억 4,200만 달러, 델타는 1억 8,700만 달러, 셰브론은 1억 8,100만 달러, 아마존은 1억 2,900만 달러, GM은 1억 400만 달러 등의 세금을 환급받았다. 그러나 자본지출의 경우 아마존은 2018년 134억 3,000만 달러에서 168억 6,000만 달러로 증가시켰지만, IBM은 39억 6,000만 달러에서 19년 29억 1,000만 달러로, 델타는 51억 7,000만 달러에서 49억 4,000만 달러로, 셰브론은 148억 6,000만 달러에서 28억 5,000만 달러로, GM은 255억 달러에서 240억 달러 등으로 투자를 축소하였다. 민간기업 투자의 감소는 S&P 500 기업의 실질 매출액 증가율이 금융위기 이전(2003~2007년) 연평균 5.7%에서 금융위기 이후(2010~19년)에 연평균 1.4%로 4분의 1 수준으로 하락[40]한 데서도 확인된다. 예를 들어, 회계연도(전년도 10월~현년도 9월) 기준 애플의 매출액 증가율은 2005~13년간 연평균 37%에서 2013~20년에는 연평균 7%로 감소하였다. 아이폰 출시 이후만 보더라도 2007~15년(2007~13년) 연평균 33%(38%)에서 2015~20년(2013~20년) 연평균 3%(7%)로 감소하였다.

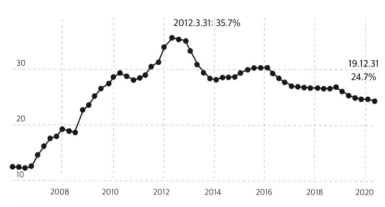

구글(알파벳) 영업이익률 추이(2005.12.31.~2020.03.31.)

2012.3.31: 35.7%

19.12.31
24.7%

출처[41]: Macrotrends

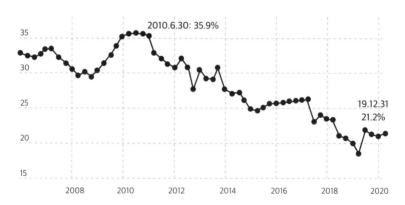

애플 영업이익률 추이(2005.12.31.~2020.03.31.)

2010.6.30: 35.9%

19.12.31
21.2%

출처[42]: Macrotrends

구글 역시 마찬가지다. 회계연도(1월~12월) 기준 알파벳 매출액 증가율은 2005~13년 연평균 32%에서 2013~19년 연평균 20%, 혹은 2005~15년 연평균 28%에서 2015~19년 연평균 21%로 하락했다.

저금리의 지속에도 저성장의 함정에서 빠져나오지 못하는 이유는 기존 산업, 특히 제조업의 쇠퇴와 더불어 21세기에 새로운 산업으로 부상한 플랫폼 사업모델의 성장 둔화에서 비롯한다. 플랫폼 사업모델의 성장 둔화 원인은 뒤에서 소개하겠다. 제조업의 상징 기업인 GE의 2019년 매출액은 2005년 수준의 70% 밑으로 떨어졌다. GE의 주가는 2000년 주당 60달러 수준에서 2017년 말 20달러 밑으로, 그리고 18년 말에는 10달러 밑으로 떨어졌다. 1896년 출범한 다우지수의 원년 멤버가 2018년에 탈락한 이유다. 2000년 이후 제조업 일자리가 급감한 것은 앞에서 소개했지만, GDP에서 제조업 부가가치가 차지하는 비중 역시 1997년 16.1%, 2001년 13.9%, 그리고 금융위기 이후부터 11%대로 떨어졌고 트럼프가 제조 공장의 르네상스를 외쳤음에도 불구하고 2019년에는 11.0%까지 하락했다. 이는 통계를 집계하기 시작한 1947년 이래 최저 수준이다. 이처럼 일자리와 부가가치 창출에서 제조업의 역할이 쇠퇴하고, 플랫폼 사업모델이 부상하고는 있지만 수익성 둔화에서 보듯이 이것은 완성된 사업모델도 아니고, 승자독식 문제 등 해결해야 할 과제도 많이 남아 있다.

게다가 기후변화 문제와 불평등의 해결을 목적으로 한 미국의 '그린 뉴딜의 길' 역시 간단치 않아 보인다. 앞에서 소개했듯이 미국의 산업 경쟁력은 자원의 다소비에 기초하고 있다. 2019년 전 세계 이산화탄소 방출량이 2.7% 상승하는 동안 미국의 이산화탄소 방출량은 3.4% 증가한 배경이다. 미국의 누적 이산화탄소 방출량은 2018년 기준 전 세계의 25%가 넘는다. 2018년 명목 GDP 기준으로 미국은 전 세계에서 약 24%를 차지하고, 구매력지수로 평가한 GDP 기준으로는 약 15%를 차지한다. 2017년 현재 1인당 이산화탄소 방출량도 미국은 전 세계 평균의 3배가 넘고, 중국의 2배가 넘는다. 1992년 브라질 리우에서 열린 유엔환경개발회의(지구정상회담)에서 당시 미국의 부시 대통령이 (미국인의 현재의 삶을 후퇴시킬 수 없다며) 지구온난화 방지를 위한 기후변화협약에 대해 이산화탄소 배출한도 삭제 등 규제를 완화시키고, 생물다양성협약에 서명을 거부하고, 트럼프 대통령이 파리 기후협약에서 탈퇴한 배경이다. 게다가 그린 뉴딜의 목표는 온실가스 방출을 감축하기 위한 것이다. 이를 통해 최악의 기후변화 결과를 피하고, 동시에 경제적 불평등과 인종 부정의(不正義) 같은 사회적 문제를 바로잡으려는 것이다. 즉 기후변화는 기술적 개가로만 이루어질 수 없다. 빈곤과 소득 불평등, 인종차별을 해결해야만 가능하다. 그런데 앞서 지적했듯이 불평등이나 인종차별은 해결하기 어려운 상태에 있다. 이처럼 '저성장-저금리 함정'에서 벗어나지 못하는 한 미래의 경제적 자원(재정과 통화)과 환경 자원은 고갈될 수밖에 없다. 매우 안타까운 얘기지만, 국제 사회의 리더십이 방향 전환을 위한 결단을 내리지 않는 한 '비극'을 향해 질주하는 인류 사회의 운명을 바꾸기는 어려워 보인다.

2-3 불확실성의 일상화, 포스트 산업사회

현재 상황은 과거(낡은 것)는 막을 내렸는데 미래(새로운 것)는 도래하지 않은 이른바 '위기'의 시대다. 위기는 그 자체가 불확실성을 의미한다. 불확실성의 시대는 무엇보다 리스크가 일상화된 시대를 의미한다. 2020년을 맞으면서 코로나19 재난이나 미국 대선 불복사태 등을 누가 예상이나 했겠는가? 코로나19 재난은 대공황 때 혹은 그 이상으로 경제에 충격을 가했다. 마찬가지로 트럼프의 선거 불복은 그 자체가 미국의 미래에 리스크가 되고 있다. '새로운 처음' 혹은 대사건이 빈번해지는 이유는 산업사회의 '틀(framework)'이나 산업문명을 만든 지적 체계가 리스크를 예측하지도, 그렇다고 해결책을 제시하지도 못하기 때문이다. 그 결과 우리는 '불확실성의 일상화' 속에서 살아갈 수밖에 없다. 현재 겪고 있는 코로나19 재난을 생각하면 된다. 코로나19 재난을 인류 세계는 예측도 못했고, 재난에 대한 대책도 전통적 방식인 백신만 쳐다보는 형국이다. 그런데 또 다른 코로나가 나오면 어떻게 할 것인가? 또 다른 코로나가 나올 가능성이 없다고 확신할 수 있는가? 또한, 코로나19 재난으로 인한 경제 생태계 붕괴를 막기 위해 세계 각국의 중앙은행들은 천문학적 유동성을 공급하였고, 그 연장선에서 많은 이들이 자산시장의 거품 붕괴를 우려하고 있다. 그러나 '새로운 처음'형 리스크는 위기가 과거와 같은 방식으로 오지 않는다는 것을 의미한다. 예를 들어, 국제결제은행(BIS)은 각국 중앙은행이 그린스완을 분석·관리할 것을 주문했지만 중앙은행들이 무엇을 할 수 있을까? ('불확실한 위험'을 가리키는 용어로 자리 잡은) 블랙스완을 변형시킨 또 하나의 '불확실한 위험'인 그린스완이 어떤 형태로 발생할지 예측하기 어렵기 때문이다.

무엇보다 '새로운 처음'형 리스크에 대한 대응은 구조적으로 어렵다. 오늘날 세계 경제는 금융을 매개로 촘촘히 연결되어 있는 반면, 충격이 미치는 금융 가치를 측정할 수 없기 때문이다. 현재 지식체계는 사건이 발생했을 때 그 사건이 미치는 경제적 충격이나 사회적·정치적 영향의 가치를 측정할 수 있다는 믿음을 전제로 하고 있다. 그리고 이 믿음은 과거의 유사 사건을 활용할 수 있다는 가정에 기초한다. 그런데 '새로운 처음'은 말 그대로 과거에 겪어본 적 없는 사건이기에 금융 가치를 측정할 수 없다. 한마디로 '새로운 처음'형 리스크는 (피해 범위와 규모가 큰) 비선형(피드백루프, feedback loop) 특성을 보이는 반면, 기존의 리스크 측정은 (피해 범위와 규모를 제한적으로 이해하는) 선형 방식이기 때문이다. 따라서 사람들은 '공포' 속에서 살아갈 수밖에 없다. 많은 이들이 현금 확보에 치중하는 배경이다.

중앙은행의 역할은 위험이 현실화되었을 때 유동성을 공급하는 것이다. 게다가 기후변화는 최근 빈번하게 발생하여 예상할 수 있음에도 단기적으로는 아무것도 할 수 없는 게 현실이다. 문제는 금융완화조차 정작 필요한 취약계층에게는 돌아가지 않는다는 점이다. 실물시장과 자산시장의 불일치는 그 현상이다. 미국의 주택소유율은 2019년 말 65.1%에서 2020년 상반기에 67.9%까지 2.8%포인트나 치솟았고, 19년 말 8,927.6에 있던 나스닥지수는 2020년 12월 31일 기준 1만 2,888.28까지 약 44.4%나 상승했다. 이는 코로나19가 없었던 2019년 1년 동안의 주택소유율 상승률 0.3%포인트와 비교가 되고, 나스닥지수도 2019년 같은 기간의 약 30%의 상승률과 비교된다. 그런데 코로나19가 확산하며 연준이 100일 만에 3조 달러 이상을 새로 발행하였지만, 화폐유통속도*가 1.4에서 1.1로 급락하였다. 새로운 돈을 공급해도 필요한 곳에 제대로 순환하지 않고, 양극화를 심화시키는 부문으로만 흘러가고 있을 뿐이다. 은행시스템이 제 기능을 하지 못하는 것이다. 이를 내버려 둔 채 향후 그린스완이 발생할 경우 중앙은행과 정부의 개입은 각각의 부채만 증가시킬 가능성이 크다. 이는 앞에서 지적했듯이 '새로운 처음'형 충격의 반복으로 미국 등 주요국이 '일본화의 함정'에 빠질 가능성이 커지고 있음을 의미한다. 그리고 미국의 일본화는 '달러 패권'의 위기를 의미하고, 달러 시대의 종언은 안전자산 부재 시대의 도래를 의미한다. 새로운 국제통화시스템의 등장까지 금융시장의 변동성

---

* 화폐 1단위가 일정 기간 사용된 횟수

은 급증할 수밖에 없다.

물론, 위기는 또 다른 기회라는 진부한 표현이 있듯이 위기(불확실성)의 시대는 다른 한편으로는 모든 '가능성'이 열려 있는 시대이기도 하다. 낡은 집을 부수고 새집을 지어야만 하기 때문이다. 기득권의 저항 혹은 인식의 부족 등으로 바꾸기 어려웠던 과제들을 해결할 기회가 열린다. 예를 들어, 코로나19는 기후변화 문제의 심각성을 부각했을 뿐 아니라 심지어 익숙한 삶의 방식을 되돌아보는 계기가 되고 있다. 그렇다. 산업화가 수천 년의 삶을 뿌리부터 바꾸어 놓았듯이 지금 인류 사회는 모든 것을 바꾸라는 요구를 받고 있다. 바꾸기 위해서는 포스트 산업사회가 지향하는 모습을 정확히 이해하는 것이 대전제다. 그런데 아직까지 산업사회의 다음 사회는 어떠해야 하는가에 대한 합의를 만들어내지 못하고 있거나, 심지어 산업사회의 '틀'이 무슨 문제가 있느냐고 생각하는 이들도 많다.

이는 현재를 규정하는 포스트 산업사회에 대한 이해의 차이에서도 확인된다. 일반적으로 포스트 산업사회는 제조업보다 서비스 부문이 부를 더 창출하는 단계를 지칭한다. 그러나 동시에 포스트 산업사회는 포스트 포디즘(post-Fordism), 정보사회(information society), 지식경제(knowledge economy), 유동적 근대성(liquid modernity), 그리고 네트워크 사회(network society) 등으로 표현되기도 한다. 이러한 표현들에서 보듯이 포스트 산업사회는 근대사회의 지속으로 보기도 하고, 근대 이후의 사회로 보기도 한다. 예를 들어, '유동적 근대성'은 포스트 산업사회를 매우 발전된 글로벌 사회로 근대의 계속 혹은 발전으로 보고 있는 반면, 정보사회나 지식경제 등은 근대 이후로 이해하고 있다. 이처럼 현재는 그 성격조차 합의가 되지 않을 정도로 혼란스러운 상태다. 그러나 지금이 이행기라는 점을 고려하면 이는 자연스러운 현상이다. 1500년대, 1600년대의 영국은 중세 봉건제 사회였을까? 근대 산업사회였을까? 봉건제는 1450년경에 막을 내렸지만, 여전히 귀족이 지배하는 사회였기에 당시 살아가던 어떤 이는 봉건제로, 어떤 이는 포스트 봉건제로 이해하지 않았을까?

포스트 산업사회를 이해하기 위한 하나의 단서는 소유권의 변화에서 찾을 수 있다. 농업사회와 산업사회의 가장 큰 차이 중 하나가 재산권이었기 때문이다. 즉 산업사회는 인류 역사에서 불완전하게 존재하였던 사유재산권을 전면화하였고, 소유권의 변화는 자본주의 물질문명 발전의 원동력으로 작용하였다. 신(神) 중심의 세계관에서 강조됐던 '금욕'보다 물질에 대한 인간의 욕망을 자연스러운 것으로 인정한 인간 중심 세계관으로의 전환은 산업사회의 물질문명을 낳았다. 인간 중심 세계관은 자연스럽게 '신체의 자유'를 누구도 침해할 수 없는 이른바 '천부인권' 혹은 '자연권'으로 간주하였다. 그 결과 (앞에서 지적했듯이) 신체를 이용해 획득한 물건에 대해서도 절대적(배타적) 권리가 부여되었다. '신체'는 명확하게 구별이 되고, 신체를 이용해 획득한 물건도 구분이 가능한 유형재가 대부분이었기에 배타적 재산권인 사유재산권의 도입이 가능했다.

반면, 포스트 산업사회에서 배타적 소유권은 힘을 잃어갈 수밖에 없다. 포스트 산업사회의 핵심적 특성은 '디지털화'에 있다. '가상의 세계'인

S&P 500 기업의 자산 비중(%)

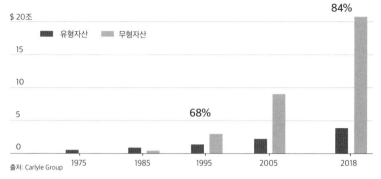

출처: Carlyle Group

출처: WSJ, "Pandemic Hastens Shift to Asset-Light Economy," Oct 7, 2020에서 재인용.

디지털 세상은 '무형재'의 세상이다. IT 및 인터넷 혁명이 시작된 90년대 중반 전후부터 S&P 500 기업의 무형자산 비중은 급증하기 시작했고, 토빈의 Q비율*이 급증한 배경이다. Q비율이 약 2배 수준으로 증가한 이유는 기업의 유형자산이 기업가치를 제대로 반영하지 못했기 때문이다. 다음 장에서 자세히 다룰 예정이지만 디지털 세상의 경제활동에서 가장 중요한 자원은 데이터나 아이디어 같은 무형 자원이다. 무형 자원은 유형 자원과 달리 소유의 경계가 불분명하다. 예를 들어, 애플이 아이폰이라는 매력적인 스마트폰을 만들 수 있었던 것은 앱(apps) 생태계를 구축했기 때문이다. 그런데 앱은 사람의 아이디어의 산물인데 해당 아이디어는 아이디어를 제시한 사람의 독자적인 생산물이라 할 수 있는가? 특정인의 아이디어는 누적된 인류 사회의 문화적 및

---

* 기업의 시장가치(시가총액)/기업 실물자본의 대체비용(순자산가치)

1900년~2020년 11월 사이의 Q비율 추이

주: Q비율은 주가를 주당 실질자산으로 나눈 값.
자료: Advisor Perspectives Inc.
https://www.advisorperspectives.com/dshort/updates/2020/11/04/the-q-ratio-and-market-valuation-october-update

지적 유산 등의 연장선에서 나온 것이다. 즉 아이디어는 특정인의 배타적인 소유물로 보기 어렵다. 게다가 (다음 장에서 자세히 소개하듯이) 경제의 디지털화에서 무엇보다 필요한 것은 '연결'인 반면 사람을 '연결'하려면 이익을 공유해야만 한다. 이는 아이디어 등 무형 자원으로 가치를 만들기 위해서는 연결을 통할 수밖에 없기 때문이다. 이처럼 경제의 디지털화가 진행되는 포스트 산업사회에서는 사유재산권이 약화할 수밖에 없다.

이러한 산업사회와 포스트 산업사회의 소유권 변화는 오프라인 세상(현상)에서 온라인 세상(본질)으로의 변화를 내포한다. '현상'은 사물의 내면적인 것, 즉 '본질'의 전체적 발현이다. 즉 현상은 유형의 것(tangibles)이고, 본질은 무형의 것(intangibles)이다. '눈에 보이고 만질 수 있는 것'은 '보이지 않는 것'이 자신을 드러내는 표현인 것이다. 이처럼 산업사회에서 포스트 산업사회로의 이행은 현상 중심의 세상에서 본질 중심의 세상으로 이동함을 의미한다. 이러한 이동은 물질문명을 만들어낸 산업사회의 많은 부작용을 조정할 가능성을 제공해준다. 예를 들어, 오프라인 세상은 '위계적 관계'의 세상이다. 배타적 소유권인 사유재산권이 필연적으로 재산의 차이를 만들어내고, 재산(경제력)의 차이는 지배와 피지배의 위계관계로 인간 사회를 구성하기 때문이다. 또한, 제조 제품처럼 물리적 공간을 확보하고 제품 간 구별이 가능한 유형재의 가치 창출은 배타적 소유가 가능한 유형 자원과 관련이 있기에 폐쇄적 경제조직을 수반한다. 산업사회의 기업이 폐쇄적 경제조직의 성격을 띠는 이유다. 그리고 폐쇄적 경제조직은 기본적으로 연구개발(R&D) 지출에 의존하는 폐쇄형 혁신을 띨 수밖에 없다. 다른 경제조직과 경쟁적 관계가 될 수밖에 없고, 경쟁에서 이기는 쪽이 이익을 독점한다. 위계적이고 폐쇄적인 경제조직에서 자본과 노동의 관계 역시 위계적일 수밖에 없고 노동은 기본적으로 비자발성을 띨 수밖에 없다. 경제학 교과서에서는 하루 24시간을 가진 노동자는 시간을 자신을 위한 시간(여가)과 타인을 위한 시간(노동)으로 구분하고 효용을 감소시키는 노동을 제공하는 이유를 효용을 증가시키는 임금(소득)으로 보상받기 때문이라고 설명하고 있다. 즉 노동은 효용을 감소시키는 비자발적 행위로 간주된다. 따라서 노동자의 기회주의적 행동이나 태만 등을 막는 것이 경영자의 주요 역할이고, 인센티브제도 사용하지만 기본적으로 감시와 강제 수단을 사용하는 이유다.

반면, 포스트 산업사회의 디지털 혹은 온라인 세상은 호혜적 관계의 세상이다. 디지털 혹은 온라인 사업모델들에서 개방형 혁신, 연결을 통한 개발(Connect and Develop, C&D), 협력적 혁신, 공동창조 등이 강조되듯이 포스트 산업사회는 (앞에서 살펴본 산업사회의 구성 및 운영 원리와 달리) 개방성-신뢰-이익 공유-협력-자율성-연대-수평성 등으로 재구성될 수밖에 없다. 이에 대해서는 다음 장에서 자세히 소개하겠다.

2-4 | 연결 세계와 디지털경제 생태계의 부상

코로나19 시대의 연대는 '모두가 흩어지는 것'이라는 말이 대한민국 정부의 슬로건이었다. '사회적 거리 두기'는 2020년 가장 많이 등장한 용어 중 하나일 것이다. 경제 전문가들은 미국의 '탈중국화'와 글로벌 공급사슬의 약화 등을 얘기하며 '탈세계화'를 코로나19 시대의 경향성으로 얘기하곤 한다. 과연 경제 통합은 약화하는 것일까? 결코, 아니다. 연결과 통합은 더욱 강화되고 있다. 그리고 오프라인 생태계에서 디지털 생태계로의 전환은 티핑 포인트를 맞이하고 있다. 오프라인에서의 연결은 일시적으로 약화할 수밖에 없겠지만, 온라인 연결은 빠르게 강화되고 있다. 비유하자면 오프라인 연결이 산술급수적으로 감소한다면, 디지털 세상에서의 연결은 기하급수적으로 증가하고 있다. 팬데믹 이전에도 오프라인에서의 연결은 축소되고, 온라인에서의 연결이 증대해왔다. 오프라인 세상에서는 시간상·공간상 마찰 등으로 인해 연결이 제한될 수밖에 없기 때문이다. 반면, 디지털 세상에서의 연결은 공간상 마찰이 사라질 뿐만 아니라 시간상 마찰도 최소화하고 있다. 지난 여름 코로나19로 미국에서 예정된 국제학술행사에 나갈 수가 없게 되면서 화상으로 국내에서 진행할 수밖에 없었다. 그런데 평소 해외에서 이루어지는 학술행사보다 더 많은 사람이 화상으로 참여하였다. 평소 시간적 이유나 공간 이동 비용 등의 물리적 제약으로 참석이 어려웠던 이들이 대거 참여하였기 때문이다.

IT 및 인터넷 혁명으로 부상한 디지털 생태계는 경제 생태계를 재구성하고 있다. 자연 생태계가 동식물 생명체와 (토양, 물, 태양 등) 비생명적 환경의 집합적 유기체를 의미하듯이, 경제 생태계는 소비자, 생산자, 유통업자, 금융종사자 등 경제주체(생명체)와 기술, 문화, 금융, 교육 등 환경의 집합적 유기체다. 이런 점에서 디지털 세상(가상 세계)에서 사람을 기술적으로 연결해준 IT 및 인터넷 혁명은 디지털경제 생태계를 구성하게 해주는 기술 환경이었다. IT 및 인터넷 혁명으로 디지털 생태계를 구현하기 위한 기술이 출현한 것이다. 하나의 생태계로서 디지털 세상은 여전히 진행 중이다. 어디까지 왔는가를 이해해야만 디지털경제 생태계를 완성하기 위해 남은 과제를 이해할 수 있다. 인터넷 기술을 보면 디지털 생태계는 **중앙집중 시스템 혹은 위계 시스템**인 산업사회와는 다른 **분산 시스템**의 세상임을 알 수 있다. 이는 컴퓨터의 진화 과정을 보면 쉽게 이해할 수 있다. 컴퓨터는 계산기에서 출발하여 종합적인 정보 단말기로 진화하면서, 즉 다양한 데이터를 처리할 필요성이 증가하면서 데이터 처리 용량을 해결해야 하는 문제에 직면하였다. 단일 컴퓨터로는 해결할 수 없었고, 이 문제를 해결하기 위해서는 거리의 제한을 받지 않으면서도 많은 수의 컴퓨터와 데이터를 교환할 수 있는 수단의 확보가 필요하였고, 이것이 인터넷의 등장 배경이다.

인터넷 기술을 토대로 디지털경제 생태계에 새로운 경제주체들이 등장한다. 첫 번째가 닷컴 사업모델이다. 포털 사업모델, 전자상거래 사업모델 등이 그것들이다. 포털은 (원하는 사이트를 찾아주는) 검색서비스, 뉴스 등 콘텐츠제공서비스, 이메일서비스 등으로 경쟁하였다. 그런데 검색서비스를 기반으로 출발한 야후는 주당 13달러에서 출발해 2000년 초 475달러까지 상승할 정도로 검색서비스 부문의 거인이었다. 그런데 야후는 자신의 하청기업이었던 구글과의 경쟁에서 밀려났고, 2017년 버라이즌커뮤니케이션스에 매각됨으로써 몰락의 길을 걷는다. 야후의 몰락 원인은 검색서비스(프리미엄 다큐멘트 서치)의 유료화(2002), 이메일 서비스(2GB)의 유료화(2004) 등으로 고객이 떠나면서 디지털경제 생태계의 활력을 잃었기 때문이다. 이익 공유를 특성으로 하는 디지털경제 생태계의 특성을 이해하지 못한 것이다.

반면, 1994년 전자상거래를 기반으로 출발한 또 다른 닷컴기업인 아마존은 '지구에서 가장 고객 중심적인 회사'를 미션과 비전으로 내걸었듯이 자신을 매력적인 디지털경제 생태계(플랫폼)로 만들어 성장을 추구하였다. 즉 많은 상품을 취급해 선택지를 늘려 고객 만족도를 높이고, 그 결과로 트래픽이 증가하고 사람이 모이면 판매자가 모이고, 그렇게 되면 다시 선택지가 늘어나고 고객 만족도가 높아져 아마존 자신도 함께 성장하는 방식을 추구했다. 사람이 많이 모일 수 있는 매력적인 플랫폼을 만들어 성장을 추구한 것이다. 매력적인 플랫폼이

됨으로써 아마존은 빅데이터를 확보할 수 있었고, AI 기술을 개발하고, 그 기술로 기존 사업(유통업)의 경쟁력을 강화할 수 있었다.

야후가 몰락한 대신 구글이 검색엔진서비스에서 시작해 AI 기술, 그리고 자율주행차 등으로 진화할 수 있었던 이유도 매력적인 플랫폼을 구축하는 데 성공했기 때문이다. 필자는 구글이 서비스료를 요구해도 지불할 수밖에 없을 정도로 이른바 구글링에 중독(?)되어 있다. 인터넷 혁명 이전까지만 해도 해외에서 발간한 학술 자료를 구하려면 대학 외부의 전문 도서관을 찾아가 일일이 복사해 사용할 수밖에 없었다. 무엇보다 인쇄물은 생산된 시점보다 한참 시간이 지난 후에나 접근이 가능하고, 해외 인쇄물은 배송 시간까지 포함하면 많은 시간이 흐른 후에나 접근이 가능하였다. 그러나 이제는 자료가 생산되자마자 바로 접근이 가능해짐으로써 정보와 지식의 확산은 티핑 포인트를 맞이하게 된 것이다. 즉 구글은 필자에게 커다란 편의를 제공하고 있는 것이다. 많은 투자를 통해 나와 같은 사람들에게 편의를 제공한 구글은 대신 사용자의 구글링 흔적(데이터)을 가져간다. 구글이 (많은 사람에게 편의와 이익을 제공하는) 매력적인 플랫폼이기에 빅데이터를 확보하게 된 것이다. 이 빅데이터는 AI 기술 개발의 원료가 되었고, AI 기술은 기존 사업의 경쟁력을 향상시킬 뿐 아니라 자율주행차의 핵심 기술이 되고 있다. 2010년 이후 전 세계 검색서비스에서 구글이 90%를 차지하고 야후가 3%대까지 떨어진 배경이다.

이처럼 디지털경제 생태계를 구축하기 위해서는 모든 순간 온라인에 모든 것을 연결하는 것이 출발점이었다. 이와 관련된 기술과 사업모델이 2000년대 글로벌 기업들이 관심을 가진 '스마트 모빌리티'이다. 이동 순간을 기술적으로 연결하고, 이동 순간에도 가치를 창출할 수 있는 사업모델이 스마트 모빌리티의 지향점이었다. PC를 이동하는 순간에도 사용하기 위해 와이파이 서비스 기술이, 무선전화기에서 인터넷뿐만 아니라 데이터를 사용하기 위해 스마트폰이 등장하였다. 이동전화기의 스마트화에 절대적으로 필요한 앱을 공급하는 방식은 오프라인 방식과 다를 수밖에 없었다.

애플의 앱스토어 모델은 전통적인 오프라인 사업모델과 디지털 생태계의 사업모델 사이의 근본적 차이가 무엇인지를 보여주었다. 전통적인 기업의 경쟁력은 자신이 보유한 핵심자원에 의해 결정되고, 혁신은 자신만 배타적으로 이용할 수 있는 자신 보유의 자원으로 만들어낸다. 자신이 보유한 자원으로 가치를 창출해 그 이익을 혼자 독점하는 연구개발 방식 같은 폐쇄적 혁신 방식이다. 반면, 앱스토어 모델은 전혀 다른 방식으로 이루어졌다. 앱은 아이디어이고, 아이디어는 사람의 머리에서 나오는 것이고, 사람은 기업 내부보다 외부에 훨씬 더 많다. 애플은 자신이 제공하는 iOS를 활용하여 앱을 개발하고, 그 앱을 아이폰에서 판매해 7(앱 개발자):3(애플)으로 수입을 배분하는 방식을 제안함으로써, 즉 기업 밖의 아이디어를 애플의 아이디어와 연결함으로써 아이폰을 매력적인 스마트폰으로 만들었다. 애플의 가치창출 방식은 이익 공유를 통해 가치를 창출하는 개방형 혁신(open innovation)이었고, 협력적 혁신(collaborative innovation)이었고, 공동창조(co-creation) 방식이었다. 고인이 된 스티브 잡스가 아이폰을 개발하며 '혁신의 아이콘'으로 불린 이유다. 애플이 앱 판매를 통해 한때 영업이익의 3분의 2 이상을 창출했지만, 삼성전자는 여전히 스마트폰 기기 제조업체로 남아 있다. 삼성전자는 (초기에 인기 앱 개발자 수십 명을 고용한 것에서 보듯) 제조업의 폐쇄적 혁신 방식에서 벗어나지 못하고 있기 때문이다.

　스마트 모빌리티, 즉 모빌리티의 스마트화는 스마트카 혹은 커넥티드카 등으로 진화하고 있다. 미래차를 얘기할 때 전기차를 비롯한 친환경차와 더불어 자율주행차와 차량공유서비스를 하나의 패키지로 얘기하는 이유다. 자동차를 스마트폰처럼 사용하려면 운전에서 벗어나야 하기에 자율주행차 기술이 절대적이고, 자율주행차 기술을 향상시키기 위해서는 (순간 제어가 중요하기에 실시간 연결을 가능하게 해주는) 5G 통신기술과 더불어 AI 기술이 절대적으로 요구된다. 그런데 AI 기술의 발달은 빅데이터의 안정적 확보를 요구하고, 이는 플랫폼 사업모델을 요구한다. 기존의 완성차 사업체들이 차량공유서비스에 진출한 이유도 차량 공유서비스가 플랫폼 사업모델이기 때문이다. 완성차는 자신과 가족의 데이터만 제공하지만, 차량공유서비스는 수많은 사람의 데이터를 제공하기 때문이다. 즉 차량공유서비스는 AI 기술을 발전시키고, 그로 인해 자율주행차 기술을 발전시키기 때문이다. 참고로 최근 애플이 현대차에 협업을 제안한 것은 현대차에게 아이폰을 제조하는 팍스콘의 역할(애플카 제조?)을 제안한 것이다. 애플의 모욕적(?)인 협업 제안은 현대차가 차량공유서비스, 즉 플랫폼 사업모델로 빠르게 진화하지 못하고 있기 때문이다. 이처럼 시공간적 연결의 확장과 강화는 데이터의 폭발적 증가, 즉 데이터 혁명을 가져다주었고, AI 기술의 비약적 발전을 가능케 하였다. AI 기술의 비약적 발전은 사물의 지능화를 통해 사물과 사물 간 연결도 가능케 해주었다. 사물인터넷(IoT) 혹은 사물의 인공지능화(AIoT)는 농장 및 공장의 스마트화, 도시의 스마트화 등이 그것이다. 그리고 초연결 세상의 도래는 다시 데이터의 폭발로 이어지는 선순환을 만들어내고 있다.

동시에 구글 모델이나 애플의 앱스토어 모델은 우버나 에어비앤비 등에서 보듯이 플랫폼 사업모델의 기준이 되고 있다. 단지, 기존 시장을 파괴하는 사업모델이냐 아니면 새로운 시장을 만들어낸 사업모델이냐의 차이만 있을 뿐이다. 이처럼 '연결(관계 맺기)'은 디지털 생태계의 출발점이자 가치창출의 전제조건이다. 따라서 디지털 생태계는 오프라인 생태계에 비해 다음의 특성들을 갖는다.

첫째, 디지털 연결은 데이터 창출의 기본요소일 뿐 아니라 가치창출에 필요한 파트너 간 협력과 그를 통한 핵심자원 공유의 필수요소인 것이다. 둘째, 연결을 극대화하기 위해 개방성은 디지털 생태계의 핵심 구성원리가 된다. 셋째, 오프라인에서보다 다양한 사람이 관계를 맺기에 수평적 관계를 특성으로 한다. 따라서 디지털 생태계는 오프라인 생태계보다 호혜적이다. 소통 및 공감 능력이 중요해지는 이유다. 페이스북이 도널드 트럼프 미국 대통령의 인종차별 반대 시위를 비난하는 게시물을 그대로 두기로 하자 (전 세계 사람들의 분노를 고려한) 글로벌 기업들이 페이스북을 상대로 인종차별과 혐오를 부추기는 게시글 관리가 부실하다고 지적하며 대대적인 광고 보이콧에 나섰다. 이것이 2020년 6월 26일 하루 만에 페이스북의 주가가 8.32% 하락하여 시가총액 560억 달러를 날린 배경이다.

요약하면, 개방된 세상에서는 공유와 협력이 중요해지며 신뢰와 연대 등 사회적 자본이 중요하고, 이를 뒷받침하기 위해 운영의 투명성과 구성원의 자율성이 강조된다.

포스트 코로나
경제 생태계로의 이행

코로나 이전(BC)과 코로나 이후(AC)는 다른 사회인가? 다르다면 무엇이 다른가? 코로나 이후 세상이 이전의 세상과 전혀 다른 세상이면 그 단서는 2020년 대한민국의 도약 가능성을 보여준 'K방역'의 내용에 존재할 것이다. 디지털 생태계의 이러한 특성들이 갖는 의미는 코로나19 통제의 해법으로 확인되었다. 디지털 생태계나 코로나19 사태나 모두 연결의 세계와 관련이 있기 때문이다. 무엇보다 초연결 세계에서 감염의 빠른 확산을 특징으로 하는 코로나19 바이러스를 통제하기 위해 봉쇄는 해법이 될 수 없음을 보여주었다. 초연결 세계에서 봉쇄는 경제 생태계 연결망의 붕괴를 의미하기 때문이다. 초연결 세계에서 개방의 유지는 생존을 위해 불가피한 선택이다. 미국이나 서유럽 국가들이 초기에 봉쇄와 차단으로 대응하였다가 경제가 붕괴하자 경제활동 재개로 돌아선 이유다. 이처럼 초연결 세상에서 개방은 선택의 문제가 아니다.

그런데 문제는 개방을 유지할 경우 감염 확산의 위험이 증가한다는 점이다. 따라서 대외적 개방을 위해서는 국가 간 협조가 절대적이다. 자국에서 출국하는 사람들에 대한 철저한 조사로 감염되지 않은 사람에 한해 출국을 허용하고, 입국하는 나라에서도 철저한 조사로 감염병이 외부에서 유입될 확률을 최소화해야만 한다. 그리고 대내적으로 경제 생태계 연결망의 파괴를 최소화하기 위해서는 사회 구성원의 불안감을 잠재우고, 나아가 감염 확산의 최소화를 위한 시민들의 자발적 참여와 협조를 끌어내야만 한다. 불안감을 잠재우려면 감염에 대한 정부의 통제 능력 확보와 더불어 시민들에게 투명한 정보 제공을 통한 신뢰 확보가 요구된다. 그리고 시민들의 자율성 발휘는 '모두의 자유'를 보장하는 연대 의식을 전제로 한다. '패배자'의 문제를 개인 사안으로 간주하고 사회가 포기할 경우 자율성은 발휘되기 어렵기 때문이다.

자율성은 연결망(네트워크)에 참여하는 모든 개체가 합의, 공유한 법을 각자가 스스로 지키며 살아갈 자유를 의미한다. 다시 말해 자율성은 네트워크(연결된 세계) 구성원들 대다수가 동의할 수 있는, 즉 모두의 자유에 필요한 법이나 규칙을 만들고, 그에 따른 각자의 책임을 조건으로 개인의 자유를 누리는 것이다. 그런 점에서 '자율적 인간(Homo Autonomous)'이란 운명을 스스로 결정하는 인간을 의미한다. 연결의 세계에서 가치창출의 필수요소인 협력은 자율성이 뒷받침되지 않으면 지속이 어렵다. 연결된 세계(네트워크)에서 참여자 개인의 이기적 행동은 협력의 장애물이기 때문이다. 그런데 자율성은 '무임승차 문제'나 '집단행동 딜레마'를 발생시키지 않으면서 협력을 도출해낼 수 있다.

즉 협력과 자율성은 떼려야 뗄 수 없는 관계이자 동전의 앞뒷면이다.

이처럼 연결의 세계인 디지털 생태계의 작동원리와 그 구성원에게 요구되는 가치 규범은 초연결 세계에서 감염병의 전염효과를 막는 데 필요한 내용과 동일하다.

많은 사람이 이구동성으로 코로나바이러스 이후의 세상(After COVID19, AC)은 이전의 세상(Before COVID19, BC)과 다를 수밖에 없다고 말한다. 무엇을 근거로 이런 얘기를 하는 것일까? 그리고 무엇이 다른지에 대한 생각도 다 같을까? 무엇보다 코로나바이러스 재난이 진정되면 언제 그랬냐는 듯이 코로나 이전의 세상으로 돌아갈 가능성도 크다. 글로벌 금융위기를 겪었을 때 많은 경제학자가 이제 (거시)경제학은 사망했다고 말했고, 또 많은 사람은 금융위기 이후의 세상은 이전과 다를 수밖에 없을 것이라며 '뉴노멀(New Normal)'을 얘기했다. 그러나 경제를 운영하는 사고는 달라지지 않았고, 세상을 바라보는 패러다임도 근본적으로 바뀌지 않았다.

이번에 '코로나바이러스 이후의 세상'이 이전과는 다른 세상이 될 것이라는 주장들 중에는 아마도 과거 인류 역사를 바꾸었던 전염병에 대한 경험이 작용하고 있는 듯하다. 그래서 많은 사람은 중세 페스트(흑사병)의 유행과 코로나19 재난을 자주 비교한다. 14세기 중엽 유럽 인구의 3분의 1을 죽음으로 이끈 페스트가 기울어가던 중세 봉건제에 결정타로 작용한 것은 대부분이 동의한다. 간단히 생각해도 단기간 내 인구의 급격한 감소는 농노의 사회경제적 지위의 변화와 근대 화폐경제 발전의 가속화, 기술진보의 성격 등 경제 구조에 중요한 영향을 미칠 수밖에 없었다. 또한, 흑사병이 창궐하는 와중에 부를 축적하며 타락의 길을 걷던 로마 가톨릭계의 치부가 드러나면서 종교혁명(1517년)의 도화선이 되었다. 그리고 종교혁명으로 촉발된 종교전쟁(예: 30년 전쟁과 베스트팔 렌조약)은 권력이 분산되었지만, 가톨릭이라는 하나의 종교로 결속되었 던 중세 유럽을 재구성하는 촉매제로 작용한다. 봉건질서는 새로운 신 흥계급 부르주아지의 부상 속에 건설된 절대왕정이라는 과도기를 거쳐 대의제라는 근대 정치체제로 이어진다. 또한, 신과 봉건영주의 권위 추 락은 필연적으로 중세적 세계관의 몰락과 고대 그리스와 로마 시대의 인간 중심 사고의 부활(르네상스)로 이어졌다. 이처럼 중세 질서가 근대 질서로 이행하는 과정에서 흑사병은 이행을 촉진하는 결정적 역할을 하였다. 이처럼 코로나19를 중세에서 근대 질서로의 이행에 영향을 미 친 흑사병에 비유한다는 것은 정치와 경제의 구조 변화, 세계관 및 인 간형의 변화 등 총체적 사회구조의 변화 방향을 전제한다는 것이다.

이런 관점에서 코로나바이러스 이후의 세상 역시 오프라인 산업 생태 계의 퇴조를 가속화시킨다. 또한 산업문명 시대의 중심주의 세계관의 몰 락과 더불어 디지털경제 생태계가 요구하는 호혜주의 세계관으로의 이 행, 그리고 협력과 자율성에 기초한 정치경제의 구조 및 인간형의 변화가 진행될 수밖에 없다. 예를 들어, 코로나바이러스는 비대면 문화를 강화하 며 코로나19 이전부터 진행되어 오던 디지털 생태계로의 이행을 가속화 시킬 것이다. 이는 미국을 대표하는 기업 중 전통 산업 중심으로 구성된 다우지수와 플랫폼 사업모델의 첨단기업 중심으로 구성된 나스닥지수 의 변동에서도 확인된다. 코로나19 재난 이전 최고 수준 대비 다우지수는 2020년 12월 31일 기준 2.9% 회복된 반면, 나스닥지수는 같은 기간 31.1%나 상승했다. 그리고 코로나19 재난을 계기로 기후변화 문제에 대한 인식도 급격히 바뀌고 있다. 시장도 이러한 변화를 반영하고 있다. 기업의 시장가치 면에서 상장한 지 6년밖에 안 된 클린에너지 기업인 넥스테라가 다우 30개 종목에서 에너지기업을 대표하면서 전통에너지의 대표 기업인 엑슨모빌의 기업가치 규모와 엎치락뒤치락하고 있을 정도다.

모든 국가가 지향하는 그린 뉴딜의 과제가 차질없이 추진될 수 있느냐 하는 문제는 디지털경제 생태계로 얼마나 빨리, 성공적으로 이행될 수 있느냐에 달려 있을 것이다. 디지털 생태계로의 성공적 안착이 빠를수록 에너지 및 자원 다소비적 제조업 의존을 축소할 수 있기 때문이다. 게다가 무한 성장을 추구하면서 생기는 불평등 확대는 지속 불가능할 정도로 자원 소비를 증대시킬 수밖에 없다는 점에서 (유엔 경제사회국이 2016년 〈기후변화 회복력: 불평등 해소의 기회〉에서 지적했듯이) 온실가스 감축은 정치적, 경제적, 사회적, 문화적, 인종적 불평등의 해소 없이는 해결이 불가능하다. 즉 기후변화 문제는 불평등한 사회구조와 국제관계의 산물이고, 다시 기후변화는 온갖 불평등을 악화시키고 있기에 기후위기는 '시스템 위기'인 것이다. 이처럼 기후위기 대응, 즉 지속 가능한 사회로의 전환은 새로운 기술적 해결책을 도입하거나 새로운 성장동력을 찾는 정책으로 국한될 수 없고, 전 지구적으로 **'기후변화가 아닌 시스템 변화**(system change, not climate change)'**를 필요로 한다.**

요약하자면 포스트 코로나 생태계로의 이행은 코로나바이러스 재난이 발생하기 이전부터 진행되던 디지털경제 생태계의 작동원리나 가치 규범 등으로 사회질서 및 국제관계를 재구성하는 것임을 보여준다.

2-6 | 고용과 분배 패러다임의 위기

산업사회의 일자리 패러다임은 큰 위기를 맞고 있다. 가장 큰 요인은 기술진보이고, 여기에 글로벌화도 영향을 미치고 있다. 예를 들어, 2000년 이후 미국 제조업 일자리의 급감은 두 요인의 결과물이다. 미국을 중심으로 일자리 시장의 변화를 정리하면 다음과 같다. 첫째, 70년대 말부터 정형화된 블루칼라 일자리(예: 기능직)가 줄어든다. 탈공업화 충격과 일치한다. 둘째, 90년대 후반부터 반복적이고 정형화된 업무를 수행하는 화이트칼라 일자리가 줄어든다. IT 및 인터넷 혁명의 부상과 일치한다. 셋째, 2000년대 이전까지 급증하던 화이트칼라의 비정형 업무(예: 금융부문 노동)가 2000년 이후 완만한 감소 추세를 보인다. 2000년 이후 플랫폼 사업모델의 확산을 중심으로 한 산업 재편 충격과 일치한다. 넷째, 블루칼라의 비정형화된 일자리(예: 건물 청소)가 2000년 이후 급증하다가 2010년경부터 정체로 돌아선다. 2000년 이후 제조업 종사자의 급감과 저임금 서비스 부문 일자리로의 이동, 그리고 2010년경부터 열풍이 불기 시작한 AI 충격과 일치한다.[43]

기본적으로 일자리 충격은 산업사회 고용 패러다임의 종언에서 비롯한다. 첫째, 디지털 생태계를 부상시킨 IT 및 인터넷 혁명 등으로 가치창출에서 무형자산의 역할이 증대함에 따라 기업 매출 증가에 비례해 고용이 증가하지 않게 된다. 예를 들어, (전통적 산업인 자동차와 달리) 게임의 경우 개발 과정에서 노동력의 역할이 집중되고, 개발 후 매출액이 증가한다고 노동력이 비례하여 필요하지 않는다. '디지털 무형재'는 제품 개발 후 무한복제가 가능하기 때문이다. 둘째, (앞에서 지적했듯이) 교육과 생산성의 관계가 약화하고 있다. 경제학 교과서에서는 기업의 고용 기준은 생산성이고, 경력직 직원은 숙련도, 신입사원은 교육 수준이 생산성을 결정한다고 되어 있다. 그런데 오늘날 주요 선진국에서 많은 대학 졸업자 청년들이 취업에 어려움을 겪고 있고, 이런 현상이 갈수록 심화하고 있는 모습에서 보듯이 대학교육이 생산성에 크게 도움이 되지 않고 있다. 기본적으로 산업사회의 교육방식으로 양산하는 노동력이 플랫폼 사업모델이 요구하는 인재와는 거리가 있기 때문이다. 앞에서 AI 세대와 GE 교육의 미스매치라고 표현한 이유다. 90년대부터 '고용 없는 경기회복(성장)', '청년 실업' 등이 주요 선진국 사회에서 부상한 배경이다. 셋째, 기업 주도의 고용 패러다임도 약화하고 있다. 산업사회에서 일자리는 기본적으로 기업이 만드는 것으로 되어 있고, 주주가치의 극대화를 추구하는 기업에 대해 사회적으로 지원하는 이유도 주주가치와 고용 규모 간 상관성이 존재하기 때문이다. 그런데 전통적 기업과 달리 고용축소형 플랫폼 사업모델은 기업가치와 고용 규모의 상관성이 더는 성립하지 않는다. 예를 들어, 2019년 보잉의 고용 규모는 16만 1,100명인 반면 애플의 고용 규모는 13만 7,000명이다. 그런데 2020년 말 현재 애플의 기업가치는 보잉의 약 19배에 달한다. 또한, 2019년 GE의 고용 규모는 20만 5,000명으로 애플의 1.5배이지만 기업가치는 애플의 4%밖에 되지 않는다. 또한, 기업과 노동이 점점 유연화되면서 전통적인 고용과 피고용 관계를 벗어난 노동력의 비중도 증대하고 있다. 그 결과 노동의 조직화에 어려움이 커지고, 노동조합의 협상력은 갈수록 약화하고 있다. 숱한 희생을 치르고 20세기에 정착시킨 현대 노사관계 및 노동권 등이 무력화될 위기를 맞고 있는 것이다. 예를 들어, 기업이 앱을 통해 노동자를 고객에게 연결하는, 이른바 앱 기반의 긱 경제(Gig Economy) 혹은 경제의 우버화(Uberization)가 부상하면서 '조건부 임시고용 노동자(Contingent Workers)'가 빠르게 증가하고 있다. 조건부 임시고용 노동자는 프로젝트 단위로 고용되는 프리랜서, 독립 계약자, 컨설턴트, 기타 아웃소싱 및 비상근직 노동자로 정의된다. 조건부 임시고용 노동자가 부상한 이유는 플랫폼 기반의 경제조직으로 변화하면서 상품이나 서비스 수요의 단기 변동에 대응해 노동력을 조건부로 임시 고용함으로써 유연성의 이점을 확보하고 노동비용을 절약할 수 있기 때문이다. 더 근본적으로는 기술이 진보하면서 장기 고용으로 숙련된 노동력을 확보할 필요 없이 하도급 관계를 통한 외부 계약으로도 전문적이고 숙련된 노동력 확보가 가능하게 되었기 때문이다.

이처럼 고용 관계의 유연화는 전통적인 폐쇄형 기업이나 작업장이 쇠퇴하고 연결을 특성으로 하는 플랫폼 사업모델이 부상한 데서 비롯한 것이다. 이렇게 기업의 내부와 외부가 연결되는, 즉 폐쇄형 기업조직이 개방형 기업조직으로 바뀌는 상황에서 기업과의 고용 관계 및 노동의 성격이 바뀌는 것은 자연스러운 결과물이다. 문제는 코로나19가 촉발시킨 비대면 문화의 부상이 기업조직과 고용 관계의 유연화를 가속화시킬 수밖에 없다는 점이다. 즉 팬데믹에 따른 비대면 경제 활동의 증가로 정규직 고용 관계에서조차 유동성의 증가는 가속화될 수밖에 없고, 그에 따라 기업 내부에서 고정된 시간 동안 이루어지던 노동의 성격도 달라질 수밖에 없다. 예를 들어, 유연근무제는 집과 직장의 경계를 해체한다. 노동에 대한 감독과 통제가 어려워지면서 업무량의 평가와 급여 지급 기준이 시간이 아니라 성과를 중심으로 바뀔 수밖에 없다. 유연 근무시 회사와 직원 사이의 업무 소통 과정에서 회사 측 요구사항과 직원의 업무 실행 내역이 투명하게 드러나기 때문이다. 이 경우 연공서열을 중심으로 급여를 책정하는 호봉제도 사라질 수밖에 없다. 이 같은 변화 과정에서 노조는 힘을 발휘하기가 쉽지 않다. 노동자 자신부터 기존의 승진 및 급여 시스템에 형평성 문제를 제기할 수 있기 때문이다. 즉 기술변화와 사회 재난 등에 따른 불가피한 변화를 거부할 명분이 약하기 때문이다. 예를 들어, 코로나19 확산에 따라 정부가 방역업체와 마스크 제조업체 등을 특별연장근로 업종으로 지정한 것에 대해 양대 노총이 행정소송을 제기했지만 큰 이목을 끌지 못한 것이 단적인 예다. 또한, 유연근무제 확대로 주 52시간 근무제 등 노동시간을 중심으로 한 규제도 힘을 잃기 쉽다. 원격근무가 노동의 한 형태로 자리를 잡아감에 따라 회사 밖에서 개인 사정에 맞춰 자유롭게 업무를 하는 만큼 노동시간의 시작과 끝을 규정하기가 어렵기 때문이다. 고용 관계의 유연화는 고용 관계에 대한 국가의 개입도 약화시킬 수 있다. 기업과 노동자는 연결의 공간적 제약에서 벗어날 것이기 때문이다. 즉 작업장의 경계가 해체된 상황에서 기업은 자신이 속한 지역이나 국가라는 물리적인 제약을 벗어나, 다른 지역이나 심지어 다른 국가에 있는 개인과도 함께 일하는 것이 가능해질 것이다.

게다가 플랫폼 사업모델은 '승자독식의 시장구조'와 (플랫폼 사업모델의 수익을 소수가 독점하는) '플랫폼 독점' 문제를 낳으며 불평등도 심화시키고 있다. 무엇보다 기업 내 노동소득이 차지하는 비중을 하락시켰다. 2000년경 84%까지 상승했던 노동소득 비중은 금융위기 직전 75%까지 하락했고, 그 결과 금융위기 이후 노동소득의 비중은 금융위기 이전 약 30년간 장기 평균치보다 5%포인트 이상 하락했다.[44] 지니계수가 1999년 0.432에서 2006년 0.444로, 18년에는 0.452로 상승한 배경이다. 그리고 소득 불평등은 자산 불평등으로 이어졌다. 2007년 6월 30일에서 2019년 6월 30일 사이에 미국의 상위 10%의 자산 비중은 전체 자산 중 59.7%에서 63.8%로 상승했다.[45] 게다가 AI 기술이 발달할수록 기존의 많은 노동력은 AI로 대체될 것이고, 따라서 AI가 할 수 없는 새로운 업무를 만들어내지 못하는 한 노동소득의 비중은 지속해서 하락할 수밖에 없다. 이는 일자리 대참사와 초양극화의 도래 가능성을 의미한다.

이처럼 일자리의 위기와 고용의 불안정성, 불평등 심화 등은 산업문명 쇠퇴의 결과라는 점에서 고용 및 분배 패러다임의 위기를 해결하기 위해서는 새로운 경제 생태계를 만들고, 그에 필요한 환경을 구축하는 수밖에 없다.

3장

대한민국,
익숙한 것들과
결별해야 할 시간

3-1 | 한국식 산업화 모델, 사망선고를 받다

한국 사회는 지금까지 살펴본 21세기 이후의 산업체계의 지각변동, 그 연장선에서 진행되는 종래와는 다른 차원의 기업조직과 노동의 유연화 추세 등을 제대로 이해하지 못하고 있고, 그렇다 보니 대응은 꿈도 꾸지 못하고 있다. 그저 개별적으로 적응하려 발버둥칠 뿐이다. 이른바 각자도생의 시대를 살고 있다.

한국의 제조업은 한국 경제의 모든 내용을 담고 있다. 한국 사회가 자랑(?)하는 '한강의 기적'도 제조업으로 만든 것이고, 한국 경제의 핵심 특성도 제조업에 담겨 있다. 한국의 경제성장에서 제조업은 절대적 역할을 해왔기 때문이다. 기업의 주력 사업과 수출의 주력 산업 모두 제조업인 배경이다. 따라서 현재 한국의 경제 생태계 문제를 이해하려면 한국 제조업과 한국식 산업화 모델의 특성을 이해하는 것이 필수적이다.

한국은 뒤처진 근대화를 추격하기 위해 '압축적 공업화'를 추구하면서 (제품의 개념 설계-제조-제조 후 과정 등) 제조업 전체 과정 중 '제조' 부문에 집중하였다. 그리고 내수시장의 규모가 작아 수출을 활용할 수밖에 없었고, 수출을 중시한 결과 대외개방을 적극적으로 수용하였다. 그 결과 (제품의 개념 디자인이나 설계 등) 제조업 관련 고부가가치 사업서비스 부문, 소재·부품·장비(소·부·장) 부문, 원천기술 부문 등의 취약성을 구조화시켰다. 제품(개념)의 설계·디자인이 고부가가치 사업서비스 부문이지만, 경험의 축적이 필요하다는 이유로 이를 훗날로 미룬 채 기업의 단기성과만을 위해 인력에 대한 장기투자를 소홀히 하였다. 소·부·장이나 원천기술도 자체 개발보다 수입하는 방식에 의존하였다.

그런데 1992년부터 기술진보, 특히 IT 혁명 등으로 제조업 일자리가 줄어들기 시작한다. 앞에서 지적한 선진국과 달리 한국은 제조업 일자리의 상대적 비중과 절대적 규모의 감소가 동시에 진행되었다는 점에서 '압축적 탈공업화'의 모습을 띤다. 제조업의 일자리 창출 역량이 감소하기 시작하면서 임금노동자의 일자리 증가율이 급감한다. 새로 부상한 정보통신·방송·영상, 사업·과학기술 서비스, 오락·스포츠·예술·여가 관련 서비스 분야에서 만들어진 일자리 증가 속도가 제조업 일자리의 감소 속도를 상쇄하지 못한 결과였다. 그리고 이는 자영업자의 증가로 이어지며 자영업 과잉, 특히 음식·도매·소매·숙박 서비스 등에 집중되며 영세 자영업을 구조화시킨다. 중간임금 일자리 비중이 감소하는 가운데 고임금 일자리 비중은 별로 증가하지 않고 저임금 서비스 일자리의 비중이 증가하는 이른바 '일자리 양극화'가 진행되며 소득 불평등이 심화되었다.

임금노동자 일자리 증가율의 감소와 소득분배의 악화 등은 내수 약화로 이어지며 수출 의존을 증가시킨다. 기업은 수출의 (가격)경쟁력을 확보하기 위해 임금 인상과 고용의 억제, 정규직보다 비정규직 선호, 생산 자동화, 생산기지 해외 이전 등으로 대응했고, 정부는 감세나 환율 정책 등으로 기업을 지원해주었다. 이러한 조치들은 기업의 수출 경쟁력 확보에는 단기적으로 도움이 되었으나, 임금 불평등을 확대시키고 내수 취약성을 구조화시키고 기업과 국가는 수출에 목을 매게 만들었다. 임금 불평등은 결혼율과 출산율을 낮추어 인구구조를 악화시키고, 내수를 약화시킨다. 수출과 내수의 연관성이 약화한 배경이다. 수출 주도 성장방식은 세계경기와 동조화된다는 점에서 세계경기가 나쁠 때마다 직격탄을 맞는다. 그럴 때마다 통화완화나 재정확장으로 대응하지만, 돈을 공급해도 필요한 곳에 가기보다는 부동산 등 자산시장으로 유입되며 자산 불평등만 심화시키고, 재정 투입도 단기 효과에 그친다. 수출을 통제할 수 없는 상황에서 내수를 부양하기 위해 빚내서 소비하게 한다. 대표적인 것이 김대중 정부 때 신용카드 발급 완화 조치와 카드의 무분별 남발, 그리고 이명박과 박근혜 정부 때 부동산 시장 규제 완화를 통한 '빚내서 집 사기' 유도 등이다. 이른바 부채주도성장이 강화된 배경은 금융위기로 글로벌 교역액의 증가율이 크게 감소하면서 수출주도성장 전략이 직격탄을 맞았기 때문이다. 글로벌 교역액 증가율의 급감이 해운업 → 조선업 → 철강업 등으로 연쇄 타격을 입힌 배경이다. 글로벌 교역액 증가율의 급감은 금융위기 이전 30년간, 특히 90년대 후반 이후 가속화된 미국 그리고 영국과 스페인 등 유럽 국가들의 부채주도성장이 금융위기와 유로존 위기로 파산한 결과였다. 이들의 부채주도성장은 한·중·일 그리고

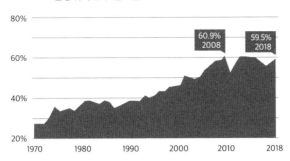

금융위기 전후 글로벌 교역액 추이(GDP 대비 %)

출처: StatistaChart: Has Globalization Passed Its Peak? (세계은행에서 옮김).

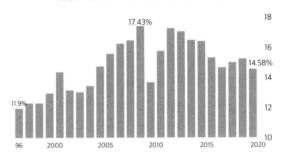

금융위기 전후 미국 수입액 추이(GDP 대비 %)

출처: Trading Economics, United States - Imports Of Goods And Services(% Of GDP)-1960-2019.

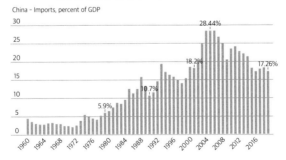

금융위기 전후 중국 수입액 추이(GDP 대비 %)

출처: the Global Economy, China: Imports, percent of GDP.

독일 등의 수출주도성장을 가능케 하였는데 금융위기와 유로존 위기로 이들 국가에서 부채주도성장이 더는 불가능해졌고, 게다가 구조조정으로 구조적 성장 둔화에 직면하였기 때문이다.

그런데 박근혜 정부에서 부채주도성장(빚내서 집 사기 정책)은 파산을 맞이한다. 가계부채 증가는 주택자산 가격 상승과 그에 따른 자산효과(소비 증가 효과)보다 부채상환 부담 증가와 그에 따른 가처분소득의 감소 및 소비지출 감소 효과가 더 커지는 결과를 맞았기 때문이다. 2016년 4분기에 전체 가계 중 하위 90%까지 1년 전에 비해 소득이 후퇴한 배경이다.

게다가 금융위기 전부터 가치사슬에서 제조업 제품의 위상 저하가 가속화되면서 제조업 위기는 주력 제조업 분야로 확대한다. 즉 데이터의 중요성이 강조됨에 따라 이동전화기나 자동차 등에서 '모빌리티의 스마트화'가 진행된다. 스마트폰의 전체 가치에서 전화기 기능의 비중이 낮아지고, 데이터 관련 부문의 비중이 증가한 것이다. 또한, 데이터 확보의 중요성은 완성차에서 차량공유서비스로 자동차의 가치를 이동시킨다. 미국 GM이 2013년 말 완성차 사업의 철수, 그리고 전기차 및 차량공유서비스 사업으로의 전환을 발표하였고, 그 연장선에서 2018년 군산에서 한국GM의 철수는 예상된 것이었다. 여기에 기후변화 등 환경의 중요성이 증대함에 따라 내연기관에서 전기차로 이동하면서 내연기관과 관련된 자동차 부품 산업의 타격도 진행되고 있다. 2020년대 후반으로 전망되던 세계 완성차 시장의 포화상태는 2018년에 이미 도달했다. 선진국 대도시에 거주하는 청년층이 자동차 소유에 대한 필요성을 느끼지 못한 결과다. 한국 자동차 수출량이 2012년 이후,

박근혜 정부에서 한국식 산업화 모델의 사망

수출-제조업-대기업 주도 성장 패러다임의 몰락(단위:%)							
	2010	11	12	13	14	15	16
수출액 증가율	28.3	19.0	-1.3	2.1	2.3	-8.0	-5.9
수출입/GNI	100	114	113	106	99	87	81
제조업 매출액 증가율	18.5	13.6	4.2	0.5	-1.6	-3.0	-0.5
대기업 제조업 매출액 증가율	19.1	14.3	4.1	-1.2	-3.5	-6.2	-2.6

출처: 한국은행, 통계청.

생산량이 15년 이후 감소세로 전환한 배경이다.

제조업의 위기는 수출 증가율이 마이너스(-)로 곤두박질한 2012년부터 생산과 평균가동률 등에서도 확인된다. 10인 이상 사업장 기준 제조업 생산액은 2011년 1,502조 원으로 정점을 찍고 2016년에는 1,415조 원까지 감소하였다. 제조업 평균가동률도 2011년 80.5에서 2016년에는 73.5로 감소하였다. 제조업 평균가동률도 코로나 재난이 발발하기 전인 2019년에 이미 73.2까지 하락하였다. 2017년에 반도체 특수로 잠시 회복되었으나 18년부터 다시 하락세로 반전하면서 지난 10년간 제조업 생산은 정체 상태에 놓여 있다. 제조업에 과잉 의존하는 한국 산업 생태계에서 제조업 위기는 '시스템 위기'를 의미한다. 군산에서 한국GM이 철수하면서 생긴 문제는 해당 사업장의 제조업 일자리 감소에서 그치지 않았다. 협력업체 제조업 일자리의 감소, 지역사회의 식당 등 자영업의 폐업, 지역 상가의 수요 감소, 상가 및 사업장과 관련된 경비, 청소, 건물임대 등의 일자리 감소, 그리고 지역 부동산경기의 침체 등 지역 경제 전체가 흔들리게 된다. 우리나라 산업단지 주변에서 현재 진행되는 상황이다. 이처럼 박정희가 기반을 만든 '한국식 산업화 모델'은 그의 딸 박근혜 때 그 수명을 다하고 사망선고를 맞이한다. 제조업 성장의 중단은 기업 생태계, 산업 생태계, 경제 생태계의 위기를 의미한다.

격차 사회와 불공정의 구조화

경제 생태계의 활력 저하는 사회를 연못에 고인 물처럼 만든다. 대기업-중소기업 임금 격차, 정규직-비정규직 임금 격차, 임금노동자-자영업자 소득 격차를 구조화시킨다. 수출(품)의 (가격)경쟁력을 확보하려는 재벌 대기업이 제조업 생산시설을 해외로 이전하면서 이들에게 부품·소재를 공급하던 국내 중소기업의 협상력은 약화되었다. 이는 수익 축소 → 인건비 인상 억제 등으로 이어졌다. 탈공업화가 진행되기 전인 90년대 초 대기업 종사자 임금의 약 77%에 달했던 중소기업 종사자의 임금이 오늘날에는 절반 밑으로 떨어진 배경이다.[46] 또한, 사람이 직접 제공해야 하는 판매 후 A/S 등 서비스 부문(예: 삼성전자서비스)은 국내로 외주화하여 비정규직을 증가시켰다. 시간당 정규직 임금 대비 비정규직 임금은 70%에도 미치지 못하고 있다. 오늘날 한국 사회에서 비정규직은 2등 혹은 3등 시민으로 살아가고 있다. 그리고 제조업 일자리 감소에 따른 자영업자 증가는 자영업 과당경쟁과 임금노동자 대비 자영업 소득의 감소로 이어졌다. 90년대 초까지 차이가 없던 임금노동자 소득 대비 자영업자의 소득은 오늘날 60%대 초까지 하락했다.

임금 불평등은 낮은 결혼율과 출산율의 원인으로 작용하며 고령화를 가속화시키는 등 인구구조를 악화시키고 있다. 경제활동인구(15~64세)는 문재인 정부가 출범한 2017년 5월에 정점을 찍고 2020년 5월까지 37만 2,000명이 줄어들었다. 65세 이상 인구가 약 243만 명이 증가한 반면, 저출산의 심화로 15~49세는 약 122만 명이 감소했기 때문이다. 그 결과 이주 배경 인구(귀화인+이민자 2세+외국인)를 제외한 순수 국내 인구는 2020년부터 감소하기 시작하였다.

그리고 이들 경제적 취약계층은 금융에서 소외되며 국가가 인가한 은행시스템 이용에서 배제되고 있다. 이처럼 자금조달 비용에서 구조적 차이를 만들어내고 있듯이 금융 소외는 자산 격차의 주요 원천이 되고 있다. 2020년 9월 기준 전체 신용대출 금액 중 약 53%만 시중은행에서 이루어지고 있고, 절반에 가까운 나머지는 2금융권, 3금융권 등에서 이루어지고 있다. 신용등급이 '인간등급'이 될 정도로 금융은 가장 기울어진 운동장인 셈이다. 경기가 후퇴할 때마다 한국은행은 돈을 푸는 방식으로 대응하고 있지만, 화폐유통속도가 1991년 1.4에서 97년 1.0, 2008년 0.8, 2019년 0.7, 2020년 3분기 현재 0.61로 하락해올 정도로 공급한 돈은 돌지 않고 있다. 수익성 추구와 더불어 돈을 필요로 하는 곳에 중개하는 것이 목표인 은행이 자기 역할을 하지 않고 있는 것이다. 그리고 금융안정을 통화신용정책의 목표로 삼고 있는 한국은행은 사실상 자신의 직무를 유기하고 있다. 금융위기의 주요 원인이 소득 불평등이라는 점에서 금융 불균형을 심화시키는 소득 불평등의 완화는 중앙은행의 책무 중 하나여야 한다. 그런데 한국은행은 한국은행시스템을 이용하는 은행에서 소외를 당하는 경제적 취약계층을 방치하고 있다. 완전고용을 첫 번째 사명으로 삼고 있는 미국 연준과 달리 한국은행의 목표에 '고용 안정'을 포함하지 않은 것이나, 통화정책을 결정하는 금융통화위원회 구성에 은행자본과 산업자본의 대변인은 포함한 반면 자영업자나 청년, 노동자의 대변인은 포함하지 않고 있는 것도 한국은행이 경제적 취약계층에 대해 얼마나 관심이 없는지를 잘 보여준다. 즉 한국은행은 중앙은행으로서 모든 국민이 아닌 '가진 자'만 대변하고 있을 뿐이다.

산업 생태계의 활력 저하와 불공정성 등에서 비롯한 소득 및 자산 격차는 자녀의 교육 격차와 소득 및 자산 격차로 이어지며 '금수저-흙수저' 세상을 만들어내고 있다. 그 결과 모두의 미래가 불투명한 상황에서 국민과 국가 모두가 부동산으로 내몰리고 있는 것이다. 청년과 가계 등은 부동산 투기로 미래를 대비하고 있고, 국가는 경제성장을 건설 경기에 의존하고 있다. 특히, 지난 10년(2007~17년) 동안 면적과 가액 모든 면에서 법인의 토지 소유 비중은 증가하고 가계(개인)의 비중이 감소한 것에서 보듯이 부동산 집중은 기업이 주도하고 있다. 기업이 혁신을 위한 투자보다 불로소득에 더 치중하는 현실에서 10대들이 공무원과 더불어 건물주를 장래 희망으로 삼는 것이 전혀 이상하지 않은 것이다. 가계와 기업 모두가 부동산에 인질로 잡힌 현실에서 정부 역시 건설 경기 의존에서 벗어나지 못하고 있다. 박근혜 정부 마지막 해인

2016년 경제성장률 2.9% 중 1.5%, 즉 52% 이상이 건설투자 기여분일 정도로 국가 경제는 기형적으로 운영되며 불균형을 심화시키고 있다.

'한국식 산업화 모델'이 사망선고를 받은 후 문재인 정부가 출범하였다. 수출주도성장이 불가능해졌고, 부채주도성장이 파산한 상태에서 저소득층 및 중산층의 가계 지원을 통한 내수 강화 전략인 소득주도성장 정책은 불가피하였다. 실제로 최저임금과 노동시간 단축 공약의 중단과 유예를 하기 전인 2019년까지 소득주도성장 정책들은 상당한 성과를 만들어냈다. 다음 표에서 보듯이 생산성과 생계수준에 대한 국제 비교가 가능한 1인당 PPP GDP 증가율이 박근혜 정부 때보다 55%나 상승했다. 또한, 고용률이 개선되었고, 모든 가계의 소득을 증가세로 전환시켰을 뿐 아니라 소득분배도 개선되었다. 물론, 충분한 것은 아니었다. 고용의 양은 개선되었지만 고용의 질까지 개선된 것은 아니다. 게다가 40대의 고용률 감소는 소득주도성장 정책의 허점을 드러냈다. 그리고 소득분배 개선도 갈 길이 멀다. '소득분배'의 개선에도 불구하고 재분배 개선 효과는 OECD 평균에 크게 미치지 못하는 수준이고, '저임금 노동자 비중' 역시 17%까지 낮아졌음에도 불구하고 OECD 평균 15.3%(2018년)보다 높은 수준이고, '빈곤율'도 OECD 37개 국가 중 6위로 여전히 높은 수준이고, 특히 '노인빈곤율'은 일정한 개선에도 불구하고 OECD 평균보다 여전히 4배에 가까운 수준이고, '노동시간'도 연간 약 100시간을 축소시켰지만 여전히 OECD에서 두 번째로 많고 OECD 평균보다 304시간 이상 많은 수준(OECD 2위)이기 때문이다.

2019년부터 브레이크가 걸리기 시작한 소득주도성장 정책의 좌초는

OECD 국가들의 노동생산성 증가율

	12-16년	16-19년
OECD 평균	0.8%	1.2%
한국	2.2%	3.4%
미국	0.6%	1.1%
일본	0.8%	1.2%
독일	0.9%	0.6%
영국	0.4%	0.3%
프랑스	0.9%	1.0%
이탈리아	0.2%	0.2%
캐나다	1.0%	1.0%
호주	1.1%	0.6%
오스트리아	0.6%	0.7%
벨기에	1.0%	0.1%
칠레	1.5%	1.5%
체코	1.6%	2.2%
덴마크	1.3%	1.9%
에스토니아	1.4%	4.3%
핀란드	0.9%	0.6%
그리스	-0.7%	0.8%

	12-16년	16-19년
헝가리	-0.2%	3.7%
아이슬란드	1.4%	1.9%
아일랜드	5.1%	4.4%
이스라엘	1.0%	2.0%
라트비아	2.4%	3.3%
리투아니아	0.6%	4.4%
룩셈부르크	1.6%	-1.0%
멕시코	0.7%	-0.6%
네덜란드	0.6%	-0.1%
뉴질랜드	0.1%	0.1%
노르웨이	0.8%	0.3%
폴란드	1.8%	4.8%
포르투갈	0.1%	1.1%
슬로바키아	2.0%	2.2%
슬로베니아	1.0%	2.3%
스페인	0.7%	0.3%
스웨덴	1.1%	1.0%
스위스	0.7%	1.8%
터키	2.7%	2.7%

2015년 달러 기준; 노동시간 당 GDP

출처: OECD. https://stats.oecd.org/Index.aspx?DataSetCode=PPPGDP

고용-가계소득-소득분배 : 박근혜 정부 vs. 문재인 정부

	2016.11	2019.11		2012~16	2016~19
고용률15+	61.2%	61.7%	가계소득 증가율 [1]	연 1.3%	연 5.5%
15~64	66.7%	67.4%	가계소득 증가율 [2]	연 1.8%	연 4.5% [2]
실업률15+	3.1%	3.1%			
15~64	3.2%	3.2%		2016년	2019년
경활참가율15+	63.1%	63.6%	지니계수 [3]	0.355	0.339
15~64	68.9%	69.6%	상위20%/하위20%	6.98배	6.25배
			상대적 빈곤율 [4]	17.6%	16.3%
청년고용률15~29	41.4%	44.3%	66세 + 상대적 빈곤율	45.0%	43.2%
20대	57.7%	59.1%	저임금노동자 비중 [5]	23.5%	17.0%
25~29	69.1%	71.0%			
30대	75.1%	76.6%			
40대	79.8%	78.4%			
50대	75.5%	75.9%			
60대	41.1%	41.3%			
65+	32.0%	35.0%			

1. 4분기 기준

2. 2020년까지 확장하기 위해 3분기 기준, 즉 2016~19년은 2016~20년 기간임

3. 가처분소득 기준 지니계수이고, 0과 1 사이 값을 갖는 지니계수는 0에 가까울수록 평등함을 의미. 즉 값이 작을수록 소득분배가 평등함을 의미

4. 상대적 빈곤율은 가계소득이 중간 50번째 가계소득의 50%도 되지 않는 가계의 비중

5. 국가지표체계, e-나라지표. 저임금노동자란 중위값의 2/3 미만 임금노동자 비중

출처: 통계청, e-나라지표.

예견된 것이었다. 최저임금 1만 원 달성이나 근로시간 단축 공약의 추진을 포기한 이유는 장시간 저임금 노동에 의존하는 광범위한 저부가가치 사업장의 존재라는 암초를 만났기 때문이다. 장시간 저임금 노동에 의존하는 저부가가치 사업장을 구조조정하지 못한 이유는 90년대 초부터 진행된 제조업 위기 속에 산업 재편에 실패하면서 가격경쟁력에 의존하는 수출의존성장 전략의 결과였기 때문이다. 소득주도성장 정책은 공정경제와 혁신성장이라는 두 개의 바퀴에 의존하였지만, 양자는 화학적으로 결합된 것이 아니라 기계적으로 배치된 것이었다. 특히 문재인 정권을 창출한 경제팀은 혁신성장에 대한 전략이 없다 보니 관심을 갖지 않았고, 결국 관료의 수중에 맡겨지게 되었다. 소득주도성장 정책들이 좌초하면서 청와대까지 관료가 장악한 배경이다. 문제는 관료들의 혁신성장은 이명박, 박근혜 정부 때와 차이가 없다는 점이다. 플랫폼경제 활성화(김동연)-데이터경제 활성화(홍남기)로 포장된 혁신성장 정책은 코로나 팬데믹을 맞이하면서 (디지털 뉴딜과 그린 뉴딜로 구성한) '한국형 뉴딜'로 재포장되었다. 그런데 플랫폼경제, 데이터경제, 디지털 뉴딜은 박근혜 때의 창조경제 육성과 대동소이하고, 그린 뉴딜 역시 이명박 때의 녹색성장과 차이가 없다. 차이가 없으면 성과를 기대하기 어렵다. 산업육성 정책은 육성하려는 산업에 대한 정확한 이해 없이는 실패할 수밖에 없다. 역대 정부의 미래먹거리 육성이 제대로 된 성과를 만들어내지 못한 이유다. 환자에게는 마음씨 좋은 의사보다 실력 있는 의사가 필요한 이치와 같다. 공정경제와 혁신성장을 화학적으로 결합시키지 못한 성장전략의 실패가 소득주도성장의 포기로 나타난 것이다.

이중 위기, 청년이
한국의 미래인 이유

우리 사회의 핵심 문제인 격차와 불공정의 구조화는 이 시대 청년이 우리 사회를 가장 비판하는 부분이다. 청년의 미래가 보이지 않는 이유와 국가의 미래가 보이지 않는 이유가 같은 것이다. 이는 당연한 말이다. 한 나라의 20년 후를 이해하려면 그 나라의 20대 청년의 모습을 보면 보인다는 말이 있듯이, 20대가 자신의 꿈을 행복하게 추구하는 나라와 꿈을 사치라고 생각하며 하루하루 힘들게 살아가는 나라의 결과는 미래를 가보지 않아도 명확하게 보인다. 모두가 다 아는 얘기지만 한국 사회의 청년 모습을 보여주는 몇 가지 지표를 소개하자. 청년층 (15~29세) 임금노동자 중 비정규직 비중이 2013년 34.0% → 2017년 35.7% → 2019년 40.4%로 증가세를 보인다. 또한, 6개월 이상 장기실업 상태[47]에 있는 20대(2020년 8월 기준)의 비중이 2013년 8%에서 19년에는 18%로 급증하였고, 특히 20대 후반은 12%에서 21%, 그리고 30대

전반도 13%에서 26%로 지난 6년 사이에 2배 이상 급증하였다. 장기실업 상태는 평생을 저소득층으로 살아가게 한다. 장기실업 중에는 새로운 변화들을 상대적으로 좇아가기 어렵게 되고, 그 결과 저임금 일자리에 고착될 가능성이 크기 때문이다. 장기실업은 이른바 청년 니트족(NEET,* 직업도 없고 훈련과 교육도 받지 않는 청년)의 규모에서도 확인된다. OECD의 〈한눈에 보는 사회 2019(Society at a Glance 2019)〉에 따르면 한국은 2017년 기준 5명 중 약 1명(18.4%)으로, OECD 36개국 중 공동 6위를 기록중이다. 이 시대 청년이 정신적으로 매우 힘든 배경이다. 20대 정신장애(공황장애, 불안장애, 조울증, 우울증) 진료 경험자가 2014~18년 사이에 91% 증가하였는데, 이는 전체 평균보다 약 3배 높은 수준이다.

대한민국의 청년이 행복하지 않은 이유는 희망을 가질 수 없기 때문이다. 대한민국의 '평균 청년'(?)이라고 할 수 있는, 지방의 산업단지 내 제조업에 종사하는 청년노동자들은 학력과 관계없이 저임금, 잔업과 특근, 낮은 복리후생, 현재 일자리의 발전 가능성에 대한 낮은 기대 등으로 이직을 고려하고 있다. 혹 이직을 고민하지 않는 경우라도 현재 일자리에 만족해서라기보다는 현실적으로 이직이 어렵고 다른 곳의 노동 환경도 마찬가지일 거라는 판단에 의한, 즉 다른 대안이 없어 머무르는 경우가 대부분이다.[48] 그래서 청년에게 '대한민국'은 떠나고 싶은 일자리 혹은 대안을 찾지 못해 머무르는 일자리와 거의 동의어처

---

*   Not in Education, Employment or Training

럼 느껴지는 것이다. 연애, 결혼, 출산을 포기하는 3포세대의 '비혼 시대'는 오늘의 대한민국 청년의 자화상을 보여준다. 한 조사[49]에 따르면 대한민국의 19~34세 청년 10명 가운데 8명은 한국 사회를 '헬조선'으로 평가하고 7.5명은 한국을 떠나 살고 싶은 것으로 나타났다. 특히, 한국을 떠나고 싶은 청년은 여성이 10명 가운데 7.9명, 남성이 7.2명으로 나타남으로써 여성의 불만이 더 높은 것으로 나타났다. 이처럼 현재 한국 사회의 청년들은 (의욕을 잃고 무기력한 삶을 살아가는) 일본의 '사토리(得道)' 세대가 되기 직전의 온 힘을 다하는 마지막 청년 세대가 될 가능성이 크다. 우리의 청년 세대가 사토리 세대가 되면 대한민국의 활력은 사라질 것이다.

왜 이렇게 청년은 아프게 살아가야 할까? 가장 핵심적인 요인은 공업화 혹은 고도성장 시기에 일자리와 소득 창출을 주도한 제조업의 역할이 지난 30년간 쇠퇴하며 (대기업-중소기업 종사자, 정규직-비정규직 임금, 임금노동자-자영업자 소득 등) '격차가 구조화'된 결과다. 한국은 1992년에 (상대적 비중 감소가 먼저 시작하고 약 10년 이상의 격차를 갖고 절대적 규모가 감소하기 시작한 주요국들과 달리) 제조업 종사자의 상대적 비중과 절대적 규모가 동시에 감소하기 시작한다. 탈공업화의 충격은 성장률에서도 확인된다. 탈공업화가 진행되기 이전까지 한국은 두 자릿수 성장률을 기록하였다. 1990년과 91년에도 각각 9.9%와 10.8%를 기록하였다. 하지만 성장률이 6.2%로 급감한 1992년 집권한 김영삼 정부는 집권 첫해인 1993년에도 6%대를 벗어나지 못한다. 성장률을 끌어올리기 위해 당시 미국 금융자본이 주도한 금융화 흐름에 자진해 올라탄다. 외국 자본의 유치로 성장률을 2년간 9%대로 끌어올린 결과 김영삼 정부는 재임 동안 평균 8.0%로 방어하였다. 그러나 '공짜 점심은 없다'라는 말처럼 외국 자본의 사용 대가는 외환위기로 이어졌다. 그 후유증으로 김대중 정부 때 성장률은 평균 5.6%로 떨어졌고, 그 이후 노무현 정부 때 4.7% → 이명박 정부 3.3% → 박근혜 정부 3.0% → 문재인 정부 2.0%(전망치)로 내리막길을 타고 있다. 이 추세가 지속할 경우 한국 경제는 다음 정부에서 1%대 그리고 조만간 '성장 중단 시대'을 맞닥뜨려야 할 것이다.

일자리(취업자) 증가율은 1970년대(1970~79년) 연 3.6%, 80년대(1980~89년) 연 2.8%, 90년대(1990~99년) 연 1.6%, 2000년대(2000~09년) 연 1.3%, 2010년대(2010~19년) 연 1.4%로 하락세를 보여오다가 외관상 2010년대는 개선된 모양을 보인다. 그러나 65세 이상 일자리를 보면 90년대 연 4.9%, 2000년대 연 4.5%, 2010년대 연 5.0%로 2010년대 개선은 고령층 일자리에 의한 것임을 알 수가 있다. 65세 이상 고령층의 고용률을 보면 1991년 26.4%에서 2000년 29.4%, 2019년에는 32.9%까지 빠르게 증가하고 있다. 통계청의 〈2020년 고령자 통계〉에 따르면, 지난 2017년 기준 노인의 상대적 빈곤율(중위소득 50% 이하)은 44%에 달했다. 프랑스(3.6%), 노르웨이(4.3%), 독일(10.2%), 캐나다(12.2%), 영국(15.3%), 미국(23.1%) 등 주요국들과 비교할 때 월등히 높을 뿐 아니라 칠레(17.6%)보다도 크게 높은 수준이다. 다음 그림에서 보듯이 한국의 상황은 다른 나라들에 비해 처절하다. 그렇다 보니 늦게까지 일을 하지 않을 수가 없다. 고령화와 더불어 의료비 부담도 증가할

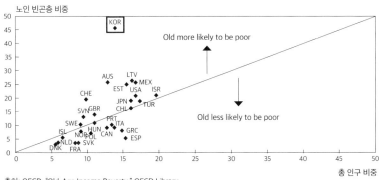

OECD 국가들의 노인 빈곤율, 2016년(평균 12.5%)

출처: OECD, "Old-Age Income Poverty," OECD Library.

수밖에 없다. 65세 이상 고령자 1인당 진료비는 2014년 3,326만 원에서 2018년 4,487만 원으로 연 8%씩 증가하고 있다. 같은 기간 명목 경제성장률 5%를 3%포인트나 초과하고 있다. 향후 경제성장률은 후퇴하고 고령화는 갈수록 빨라질 것이기에 이 격차는 더욱 확대될 것이다.

경제와 일자리 생태계의 활력 저하는 노인 빈곤에 그치지 않는다. 최저임금 인상, 노동시간 단축 등 가장 대표적인 문제인 정부의 노동정책이 유예된 이유도 산업구조의 재편 실패에 따른 장시간-저임금 노동에 의존하는 대규모 저부가가치 사업장의 존재에서 비롯한다. 또 다른 문제는 다른 한편에서 일자리 단기화가 진행된다는 점이다. 전체 취업자 중에서 36시간 미만 취업자의 비중이 91년 6.7%, 97년 7.2%, 2002년 10.5%, 2007년 12.8%, 2012년 14.6%, 2016년 17.0%, 2019년 19.9%로 계속 증가해왔다. 이들 중에서 추가 취업을 희망하는 취업자도 2015년 말 약 46만 명(11.9%)에서 2019년 말에는 74만 명 이상(14.3%)으로 증가하고 있다.

게다가 비정규직, 파견직 직원 중에 출근은 했는데 퇴근을 못하고 일 터에서 목숨을 잃은 사람들, 이른바 산업재해(산재) 사망노동자의 수가 2018년 2,415명에 달할 정도로 OECD 국가 중 대한민국의 산재사망 률은 1994년 이후 통계가 제공되는 2016년까지 23년 동안 21회나 1위 를 차지했다. 위험업무를 저임금 노동력으로 해결할 수 있기 때문이다. 재해를 낮춰 산재보험료를 감면받고, 이에 따르는 책임까지 회피해 비 용을 절감할 수 있는 원청 기업의 이해에 따라 위험업무가 외주화되고 있다. 이러한 위험의 외주화는 수차례 하도급 단계까지 거치면서 노동 조건을 더욱 열악하게 만들고, 특히 비용 절감을 꾀하는 하청 업체들이 숙련공이 아닌 초보 기술만 익힌 저임금 (간접고용) 노동자를 고용하면 서 산업재해의 위험은 더욱 커지고 있다. 기업은 "중대재해처벌법 같 은 처벌강화 입법보다는, 선진국처럼 사전예방 기조로 산업안전 정책을 전환해야 한다"고 주장하지만 비용 절감 때문에 위험을 외주화하는 원 청 기업이 안전에 대해 투자하리라 기대하기 어렵고, 안전 투자를 할 역 량이 없는 하청 업체에게 떠넘기면 노동조건만 악화할 수 있다는 점에 서 설득력이 약하다. 기업의 목소리가 설득력을 가지려면 국가인권위원 회가 2019년 10월 권고한 "위험의 외주화 개선, 위장도급(불법파견) 근 절, 사내하청노동자의 노동3권 보장 등"을 수용해야만 한다. 국가인권 위원회의 권고에 고용노동부 등 정부(기획재정부·산업통상자원부·국토교 통부·중소벤처기업부·과학기술정보통신부·농림축산식품부·해양수산부 등)가 소극적인 이유도 기업의 비용 부담을 고려하기 때문이다.

목숨을 잃진 않더라도 소외되고 차별받는 노동자들도 널려 있다. 대표적인 집단이 여성노동력이다. 지난 10년간(박근혜 정부 때를 제외하면) 개선 추세를 보이지만 남성노동자 임금 대비 여성노동자 임금은 2019년 현재 67.8%에 불과하다(고용노동부, 〈고용형태별근로실태조사〉). 흔히 여성의 경력단절을 남녀 임금 격차의 원인으로 지적하는 경향이 있으나, 경력단절 이전에 동일 조건(출신대학, 전공 등)에서도 임금 차별이 존재하고 있다. 이는 동일노동·동일임금의 혜택을 못 받기 때문이라기보다는 채용 시 차별로 인하여 여성이 노동시장에서 임금과 소득이 낮은 회사와 분야로 할당되기 때문이다.[50] 즉 여성에게 기회가 평등하지 않음을 보여준다. 한편, 여성의 고용률은 산업화 초기 34% 정도에서 탈공업화가 진행되기 시작한 90년대 초에는 46%대까지 상승하고, 2017년부터는 50%를 돌파할 정도로 지속해서 상승해왔지만, 탈공업화 이후 상승 속도는 떨어졌다. 특히 20대 여성의 고용률은 90년대 초 이래(2005년을 제외하고는) 60%를 넘지 못하고 있다. 그런데 97년 외환위기 이전까지 70%대에 있다가 2008년 금융위기 이후 60%대로 하락하고, 금융위기 이후 50%대로 하락한 20대 남성 고용률은 2011년부터 여성 고용률에 뒤처지고 있다. 즉 20대 일자리 문제는 남성과 여성 모두가 겪는 문제임을 보여준다. 30대 여성 역시 20대와 비슷한 추세를 보이다가 2018년부터 60%를 넘어섰다. 90% 안팎을 기록하는 30대 남성 노동력에는 한참 뒤처진다. 하지만 30대 남성 고용률도 2018년부터 90% 밑으로 떨어졌는데 하락세가 지속할 가능성이 크다. 2, 30대 일자리 상황이 악화하고 있음을 보여준다. 여성 고용률 상승을 주도하는 연령층은 50대다. IMF 등 국제기구가 대한민국이 성장률을 끌어올리기 위해서는 여성노동력을 활용해야 한다고 권고하지만, 좋은 일자리가 늘지 않는 상황에서 여성의 일자리를 획기적으로 끌어올리는 것은 어렵다는 것을 의미한다. 여성노동력의 활용을 늘리려면 여성이 경제활동을 할 수 있도록 환경을 개선하는 것도 필요하지만, 일자리의 절대적 부족 문제를 해결해야만 가능하다.

실제로 여성의 경우 고용률이 계속 증가해왔음에도 여성 전체 취업자 중 주당 36시간 미만 노동 취업자 비중이 1991년 10.1%에서 2000년 13.5%, 2007년 17.6%, 2016년 24.4%, 2019년 28.5%로 계속 증가해왔다. 상대적으로 주당 36시간 미만이 증가한 이유는 육아 등으로 풀타임이 부담스러운 여성노동자의 사정도 있겠지만, 일자리 자체도 함께 악화되어 왔기 때문이다. 실제로 36시간 미만 여성 취업자 중 추가 취업을 희망하는 취업자의 규모(비중)도 2015년 말 21만 3,000명(8.9%)에서 2019년 말 32만 4,000명(10.2%)으로 증가하고 있다. 이처럼 '일자리 단기화'는 광범위한 현상임을 알 수 있다.

여기에 많은 직장인은 언제까지 일할 수 있을까 하는 불안 속에서 살아가고 있다. 생산현장의 로봇도입 속도는 세계 최고 수준일 정도로 한국 노동자의 숙련은 현재 진행되는 자동화 기술에 취약하다. 한국 노동자의 숙련이 자동화 기술로 대체하기 쉬운 단순 숙련임을 의미한다. 이는 제조 부문을 중심으로 특화된 한국식 산업화 방식에서 기인한다. 현재의 자동화 기술은 제조 부문의 노동력을 대체하기 쉬울 뿐만 아니라 향후의 AI형 자동화 기술은 서비스 부문 업무 중 저부가가치 부분을 대체할 가능성이 크다. 그뿐만 아니라 의사나 변호사 등 고부가가치 서비스 부문의 일부 업무도 AI가 대신할 것이다. IT 혁명이 중간임금 일자리 축소를 통해 일자리 양극화를 수반했다면 향후 AI 기술의 발달은 저임금 서비스 업무의 축소를 통해 일자리 대참사와 초양극화를 수반할 가능성이 크다.

이처럼 저녁 있는 삶, 양극화 완화, 노동시간 단축, 생명과 안전 보장, 소외와 차별의 완화, 고용 불안 해소 등이 진전되지 않는 중요한 이유 중 하나가 대한민국 경제 생태계가 고인 물과 같기 때문이다. 국가가 늙어가고 활력을 잃어가고 있기 때문이다. 국가의 위기는 대한민국 청년의 모습에 그대로 반영된다. 먼저, 청년층 인구와 청년층 일자리의 감소도 (제조업 종사자가 줄어드는) 탈공업화가 진행된 시점과 일치하는데 이것은 우연일까? 청년층 일자리는 1991년에 549만 6,000개로 정점을 찍고, 2019년 394만 5,000개로 155만 1,000개가 감소하였다. 물론, 이는 인구 감소에서 비롯한다. 청년층 인구는 1991년 1,212만 1,000명으로 정점을 찍고 감소하기 시작하여 2019년 906만 명으로 306만 1,000명이 줄어들었다. 그런데 인구 중 실제 취업자의 비중인 고용률을 보면 1991년 45.3%에서 2019년에는 43.5%로 1.8%포인트 하락하였지만, 2005년까지 (외환위기 충격 기간을 제외하고) 45%선을 유지하다가 그 이후 추세적으로 하락했다.

핵심 이유는 제조업 생태계의 쇠퇴 속에 대안 생태계가 만들어지지 않았기 때문이다. 즉 청년층이 찾는 일자리 분야는 민간 부문에서는 대개 대기업이나 새로운 기술과 관련된 신생기업이다. 그런데 한국 대

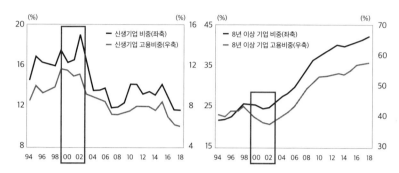

<table>
<tr><td>신생기업 및 고용 비중¹⁾</td><td>8년 이상 기업 및 고용 비중¹⁾</td></tr>
</table>

신생기업 및 고용 비중¹⁾ | 8년 이상 기업 및 고용 비중¹⁾

신생기업 비중(좌축)
신생기업 고용비중(우축)

8년 이상 기업 비중(좌축)
8년 이상 기업 고용비중(우축)

주: 1) 1994~2018년
자료: 전국사업체조사, 저자 계산

주: 1) 1994~2018년
자료: 전국사업체조사, 저자 계산

출처: 오삼일·이상아·강달현, "신생기업 감소와 거시경제적 영향," 한국은행 <조사통계월보>, 2020.7

기업의 주력 사업은 제조업이다. 제조업 일자리가 줄어드는 가운데 90년대 후반부터 2000년대 초까지는 IT나 닷컴 기업 등에서 일자리가 만들어졌다. 그러나 2000년대 초가 지나면서 신생기업의 비중이 감소세로 전환하고, 설립한 지 오래된 기업들의 비중이 높아진다(그림 참조). 기업 생태계가 늙어간 것이다. 앞에서 지적했듯이 닷컴 사업모델에서 플랫폼 사업모델로 진화하는 데 실패하였기 때문이다. 역대 정부의 산업정책은 IT 및 인터넷 혁명이라는 기술혁명과 그에 따른 디지털경제 생태계로의 진화에 대한 이해가 부족했다. 제조업 생태계와 전혀 다른 디지털경제 생태계에 대한 이해 없이 그저 미국 등 해외에서 디지털경제 생태계의 부상으로 등장한 산업들을 만들겠다는 '구호' 혹은 '선언'에 불과했다. 육성산업의 개수가 이명박 정부에서는 17개, 박근혜 정부에서는 19개로 늘어났을 뿐이다. 산업체계를 다양화하려던 시도는 왜 성과를 만들어내지 못했을까? 2000년대 이후 육성하려던 산업들은 대부분 디지털경제 생태계와 관련된 산업들인 반면 육성 방식은 제조업경제 생태계의 틀을 벗어나지 못했기 때문이다. 거칠게 표현하면, 2000년대 이후 역대 정부에서 선정한 차세대 성장동력산업들은 디지털경제 생태계의 조성에 대한 비전 없이 단순히 해외에서 새로 부상한 산업을 육성하겠다는 구호에 불과했다. 사람들은 농업과 제조업이 전혀 다른 산업이고, 제조업 생태계는 농업 생태계와 관련 기술뿐만 아니라 인간형과 그와 관련된 교육방식, 정치 및 경제 제도, 금융시스템, 소유권 등 모든 게 다르다는 것을 이해한다. 지난 200년 이상 경험해봤기 때문이다. 그런데 (당시에 싹이 트기 시작하고 있었고, 아직도 진화 중인) 디지털경제 생태계와 그 새로운 경제 생태계가 요구하는 인간형 및 사회 환경 등을 평생 제조업에 기반을 둔 패러다임과 제도에서 살아온 사람들이 이해하기는 쉽지 않은 일이다.

여기에 제조업의 공백을 메우겠다며 추진한 서비스산업의 선진화 전략은 번지수를 잘못 짚은 방안이거나 낡은 사고의 산물이었다. 먼저, (앞에서 지적했듯이) 제조 부문에 집중한 한국식 산업화 모델은 제품의 설계·디자인 등 제조업 관련 고부가가치 사업서비스 부문의 구조적 취약성을 특성으로 한다. 이 취약성은 기업, 특히 재벌기업의 인적자원(노동력)에 대한 장기투자로 극복 가능한 것인데 단기성과에 집착한 재벌기업은 이를 해외조달로 해결하였다. 재벌기업의 사고와 체질이 바뀌지 않는 한 제조업 관련 고부가가치 사업서비스의 육성이 불가능한 상황에서 서비스산업의 선진화 전략은 경제활동 지원서비스 부문인 교육, 금융, 의료 등에 초점을 맞추었다. 외국인들을 대상으로 한 국제 의료관광 코디네이터나 글로벌 교육서비스, 그리고 녹색산업의 지원을 위한 녹색금융 등이 그것이다. 그런데 경제활동 지원서비스는 일정 규모 이상으로 성장하면 사회에 부정적으로 작용한다.

미국의 의료서비스를 예로 들어보자. GDP 대비 미국의 의료서비스 시장 규모는 1970년 6.9%에서 2016년에는 17.9%로 성장했고, GDP 대비 미국의 건강비용 지출은 1960년 5.0%에서 2013년에는 17.4%로 지속해서 증가하였고, 미국민의 1인당 건강비용도 1970년 355달러에서 2018년 1만 1,172달러로 31배 증가하였다. OECD에 따르면 2018년 기준 미국 국민 1인당 연 의료비는 1만 586달러로 2위인 스위스의 7,317달러, 3위인 노르웨이의 6,187달러를 크게 앞지르고, 우리나라는 3,192달러로 미국의 3분의 1 수준에 불과했다. 게다가 65세 노인인구 및 저소득층에 대해서는 메디케어와 메디케이드라는 공적 의료보장체계를 갖추고 있기는 하지만 (백인 중심 사회인) 미국은 '전국민 의료보장체계가 없는 유일한 선진국'이다. 즉 보험시장이 발달한 미국에는 일률적으로 규정하기도 어려울 정도로 다양한 방식의 민간 의료보험이 존재하며 미국 전체 인구의 60% 정도가 이 같은 민간 의료보험에 가입된 것으로 알려졌다. 문제는 이들 보험의 대부분이 고용주를 통한 보험(Employer-sponsored Insurance)으로 '실업'에 매우 취약하다는 점이다. 즉 고용상태에서는 고용주가 보험료의 80%, 근로자가 나머지 20%를 각 부담하지만, 실업 상태가 되면 고용주는 더는 이 같은 보험료를 부담하지 않는 것은 물론 근로자는 아예 해당 의료보험의 적용을 받을 수도 없다. 세계 최고 수준의 미국민 의료비 지출이 (기대수명이 OECD 국가 중 최하위 그룹에 속할 정도로) 건강 증대로 연결되지 않는 이유이다. 참고로 2017년 미국의 기대수명은 78.6세로 한국의 82.7세는 물론이고 그리스의 81.4세나 포르투갈의 81.5세보다 낮다. 코로나19 사태가 발발한 이후 3개월도 되지 않아 미국에서는 5,000만 명에 이르는 사람들이 일자리를 잃었다. 미국 의료보험체계 상으로는 민간 의료보험제도의 적용을 더는 받지 못하면서도 공적 의료보장도 받지 못하는 '무보험자' 숫자가 급증한 셈이다. 그러다 보니 코로나19에 감염되거나 감염이 의심되는 상황에서도 막대한 의료비용으로 인해 무보험자들은 이를 진단받거나 치료받는 것을 꺼리게 되고, 여기에 마스크 착용이나 사회적 거리 두기, 기본 위생 등에 철저하지 못한 사회문화적 분위기가 맞물려 코로나 사태가 최악으로 치달은 것이다. 문제는 코로나19 이후에도 미국은 근본적 변화를 기대하기 어려울 것 같다는 점이다. 코로나19를 겪으면서도 미국은 의료를 공공성의 관점에서 바라보기보다 여전히 산업과 서비스로 보는 경향에서 벗어나지 못하고 있다. 즉 미국은 자국의 정체된 의료산업 패러다임을 "원격 의료, 소셜 네트워킹, 실시간 커뮤니케이션, 예외적 의료 개입, 셀프서비스 진단 및 자가 관리, AI 및 정보 채팅봇, 유비쿼터스 접근법" 등을 통해 의료의 변화를 촉진하고 이를 의료산업의 성장동력으로 삼으려 하고 있다. 이러한 접근법은 결국 비용 증대를 수반할 수밖에 없고, 비용은 국민과 환자들에게 청구서로 돌아갈 수밖에 없으며, 결국 의료서비스의 사각지대는 구조화될 수밖에 없다.

교육서비스도 마찬가지다. 이명박 정부의 글로벌 교육서비스는 당시 인수위원장이었던 이경숙의 '어륀지' 파문을 낳았다. 이 말은 그대로 영어몰입교육으로 이어졌다. 영어몰입교육은 영어만으로 수업을 진행하는 것을 뜻한다. 영어 수업시간에도 한국어를 함께 썼던 방식을 버리고 영어 외의 과목까지도 영어로 수업을 진행한다는 것이다. 애당초 이명박 정부는 초·중등학교에서 수학과 과학까지 영어로 가르치겠다는 계획을 세워두었다. 이렇게 정부가 영어교육을 통해 '세계화'의 물결에 동참하여 아이들을 국제인으로 기르겠다며 일방적으로 밀어붙인 이 정책으로 영어유치원과 영어마을이 우후죽순처럼 등장하고, 영어 사교육 바람을 일으켜 학부모들의 호주머니를 털어갔다. 그리고 영어몰입교육 정책을 뒷받침하기 위해 만들어진 영어회화 전문강사제도는 최저임금 수준을 크게 벗어나지 못하는 기간제 교사를 양산하였다. 결국 가계의 사교육비 증가와 비정규직 일자리 만들기가 교육서비스 산업의 선진화(GDP의 증가?)였던 것이다. 어륀지 파문은 2019년 조국 교수가 법무부 장관에 지명될 때 조국 후보자 딸의 입시 특혜 의혹과도 관련된다. 조국 후보자 딸이 의혹을 받았던 고려대 '선도 인재 전형'도 영어능력을 강화하려는 이명박 정부의 기조에 따라 만들어진 것이다. 즉 선도 인재 전형은 영어교육 열풍과 발음 사대주의를 풍자해 이른바 '어륀지전형'으로 불렸다. 우리 사회를 흔들어놓은 조국 교수의 장관 임명을 저지하기 위해 제기한, 즉 2010년 조 후보자 딸이 지원한 고려대 선도 인재 전형 역시 이명박 정부의 교육서비스 선진화 정책의 산물이었던 것이다.

이처럼 이명박 정부의 서비스산업의 선진화는 서비스산업 취약성을 근본적으로 해결하는 것과는 거리가 먼 것이었다. 서비스 부문의 생산성이 지속해서 하락한 배경이다. 박근혜 정부의 서비스산업 선진화는 이명박 정부와 차이가 없었다. 그 결과는 OECD 최하위 수준의 노동생산성으로 요약된다. 서비스 부문의 고용 및 부가가치 비중은 1992년 각각 50.2%와 53.9%에서 2015년에는 각각 70.1%와 59.7%로, 탈공업화 이후 20년이 넘는 기간 동안 서비스 부문의 고용 비중은 크게 증가하였으나 부가가치 비중은 줄어들었다. 즉 1인당 부가가치(노동생산성)가 크게 후퇴하였다.

박근혜 정부의 서비스산업 선진화 방안이 이명박 정부와 차이가 있다면 차량공유 및 숙박공유 등 공유경제 '신서비스' 산업의 추진이다. 그런데 박근혜 정부가 공유경제를 신서비스로 규정한 것은 산업을 1차, 2차, 3차로 분류하는 낡은 사고로, 공유경제(플랫폼경제)에 대한 이해 수준을 보여준 것이다. 육성 산업에 대한 잘못된 이해는 산업정책의 실패로 이어질 수밖에 없다. 현재 부상하는 디지털경제 생태계의 플랫폼 사업모델은 서비스산업에 해당하지 않는다. 즉 우버와 에어비앤비 등 플랫폼 사업모델은 (직접 용역을 제공하는) 전통적인 서비스업과 달리 아이디어 및 데이터 산업이다. 예를 들어, 차량공유 플랫폼 사업모델이 전통적인 운송서비스업과 다른 점은 전자의 경우 차량이나 운송서비스 제공 노동력을 하나도 보유하지 않는다는 점이다. 자신이 소유한 차량과 고용한 노동력으로 용역을 제공하는 전통적인 운송서비스업과 달리 신기술(IT, 모바일 기술)을 아이디어와 결합하여 플랫폼을 제공할 뿐이다. 그 플랫폼(이익 공유에 기반을 둔 연결망)을 통해 가치를 만들고, 무엇보다 데이터를 창출하여 AI 기술 등 신기술을 개발하고, 데이터로 새로운 사업을 만드는 것을 지향한다. 한국에서는 플랫폼 사업모델에 대한 이해가 부족했던 결과 차량공유 플랫폼 사업모델은 변형된 운송서비스업(카카오 카풀, 타다)이 되었고, 숙박공유 플랫폼 사업모델은 단순한 숙박앱(야놀자, 여기어때)이 되어버렸다. 문제는 플랫폼 사업모델의 본질을 이해하지 못하고 외형만 베끼다 보니 효과도 제한적이고 사회 갈등도 수반한다는 점이다.

예를 들어, 한국의 모빌리티 사업모델은 외형만 모방한 것이다. 단순하게 표현하면, IT와 모바일 기술을 전통적인 서비스 사업에 결합하여 비용 절감을 추구하는 사업모델이다. 자연스럽게 전통적인 운송서비스업인 택시업계와 갈등을 유발할 수밖에 없었다. 즉 '타다'는 변형된 렌트카 사업이지 이익 공유에 의한 가치창출 원리와 데이터경제의 기반이라는 플랫폼 사업모델과는 거리가 있다.[51] 마찬가지로 가맹 숙박업체와 소비자를 연결해주고 수수료나 심지어 광고료 등을 챙기는 숙박앱의 경우 숙박업체와 이를 이용하는 소비자의 참여를 끌어내야만 이익을 실현할 수 있는 사업모델이다. 즉 차량공유 플랫폼 사업모델과 공통점을 갖는다. 문제는 가맹점의 참여 없이는 지속 불가능한 사업모델이지만 숙박앱의 경우 과도한 수수료나 광고료 등을 챙기면서 가맹 숙박업체의 지속 가능성을 위협한다. 생태계의 핵심 특성 중 하나가 상호의존성이지만 숙박앱은 가맹 숙박업체의 생존 기반을 약화시킨다는 점에서 디지털 생태계와는 거리가 멀다. 가맹 자영업자에 대한 수수료를 인상했다가 후폭풍에 시달린 한국의 대표적 배달앱인 배달의민족 (배민)도 마찬가지이다. 단기적인 수익 극대화를 추구하면서 자신의 수익 원천인 가맹 자영업자를 고사시키는 요인이 되고 있다. 이런 점에서 한국에서 앱 기반의 플랫폼 사업모델이 보여주는 모습은 이익 공유에 기반한 플랫폼 사업모델들이 아니다. 왜 이런 결과가 나왔을까? 플랫폼 사업모델은 데이터를 확보하고 이를 활용해 새로운 가치창출로 연결될 때 혁신으로 자리매김할 수 있다. 그런데 데이터 활용 역량이 부족하다 보니 IT와 모바일 기술로 만들어낸 비용 절감의 이점을 기존 시장을 빼앗고 시장독점력으로 단기 수익 극대화를 추구하며 생태계를 불안정하게 만드는 데에만 활용하고 있다. 그런 점에서 플랫폼 사업모델도, 진정한 의미의 혁신도 아니게 된 것이다. 무엇보다 지속 가능한 생태계를 구축할 수 없기 때문이다.

기본적으로 베끼기 대응 방식에는 왜 한국에서 먼저 앱스토어 모델이나 우버, 에어비앤비 등이 나오지 않는가에 대한 고민이 없다. 추격형 성장전략이 내면화된 결과이다. 그런데 모방 대상에 대한 정확한 이해조차 부족하였다. 박근혜 정부의 창조경제 육성전략이 또 하나의 사례다. 개념조차 제대로 이해하지 못했을 뿐 아니라 더 큰 문제는 일본에서 처참히 실패한 창조산업 육성을 베꼈다는 점이다.

이처럼 청년의 고통과 불투명한 국가의 미래, 인구 오너스* 시대의 도래 등은 늙어가는 경제 생태계에서 비롯한다. 한국 사회가 새로운

---

* Demographic Onus, 생산가능 인구가 줄어들고 부양 인구가 늘어나면서 경제성장이 지체되는 현상

경제 생태계를 만들어야 하는 것은 선택의 문제가 아니다. 생존을 위해 피할 수 없는 숙명이다. 그리고 그 중심에 '청년'이 있다. 포털에 '백수'를 치면 흔히 보이는 용어가 '백수 알고리즘', '백수 n년차', '백수 일기', '백수 일상' 등이다. '아무것도 안 하기 → 죄책감 느낌 → 미래에 대한 공포 → 무기력 → 아무것도 안 하기'라는 이른바 '백수 알고리즘'에는 이 시대를 살아가는 청년들의 아픔이 느껴져 눈물이 날 것 같다.

매일 아침 느지막이 일어난 스스로를 책망하는 것으로 시작하여, 취업 자리를 알아보다가 이내 좌절하고, 알바를 해보지만 무례한 세상에 상처 입기를 반복한다. 그마저도 하지 않으면 더 괴롭다. 하루 종일 집안에 있는 자녀가 눈에 밟히면서도 괜한 잔소리가 아이의 마음을 다치게 하진 않을까 전전긍긍하는 부모님… 그 마음을 모르지 않으면서도 부모님이 던지는 사소한 한 마디가 참 서럽게 박힌다. 답답한 현실에 더해 자랑스러운 자녀가 되지 못한 미안함이 뒤섞여 험한 말도 튀어나온다. 곪아 터진 마음을 외면하고자 게임이나 넷플릭스로 하루를 보내면 자기 전에 눈물이 핑 돈다. 절망스럽고 다 그만두고 싶어진다. 생각의 꼬리를 물다 보면 어느새 새벽이 되고 일찍 일어나 생산적인 하루를 보내야겠다는 다짐이 또 무너진다. 다음 날 아침 또 자책과 자학으로 하루가 시작된다. (이재명 경기지사의 SNS 중에서)

청년이 떠나고 싶은 나라는 또 다른 차원에서 대한민국의 소멸을 의미한다. 통계청의 〈2020년 9월 인구동향〉에 따르면 2020년 2분기 및

3분기 합계출산율이 0.84에 그치고 있어, 2020년 합계출산율도 0.88 이하가 될 것으로 예상된다. 결혼율이 갈수록 크게 감소하고 있기 때문이다. 전후세대(1953~1959년생)의 출생자가 적게는 67만 명에서 많게는 78만 4,000명, 1차(1960~1967년생)와 2차(1968~1976년생) 베이비붐세대의 출생자가 적게는 78만 명에서 많게는 100만 5,000명이었던 것에 비해 30만 3,000명 수준으로 떨어진 2019년에는 사망자 수가 출생자 수를 추월하기 시작했다. 즉 인구의 자연감소가 시작된 것이다. 2020년은 30만 명 이하가 될 것이 확실시되고 있다. 농·어·산촌 공동화나 폐촌 현상 가속화 등은 그 결과물이다. 그리고 2025년에는 65세 이상 인구 비중이 총인구의 20%를 돌파하면서 초고령사회로 진입할 전망이다.

수출주도성장의 종언 속에 줄어드는 내수시장, 부족한 노동력과 활용하지 못하는 노동력의 역설적 공존, 노동시간 단축과 노동시간 추가 필요자의 역설적 공존, 자영업 경영난 심화, 청년 취업난과 고용 불안정 심화, 압축적으로 진행되는 고령화와 높은 고령층 비중의 확대 지속 현상 등을 보면 왜 대한민국 전체가 부동산에 인질로 잡혀 있는지 쉽게 이해된다. 2021년 한국의 주식 투자수익률이 세계에서 가장 높았던 이유는 K방역과 그에 따른 경제 충격의 최소화 요인도 있지만 동학개미운동으로 포장된 '빚투(빚내 주식 투자)' 광풍도 한 요인이었음은 부인하기 어렵다. 부동산 '영끌(영혼까지 끌어모아 대출)' 열풍이나 주식 '빚투' 광풍 모두 불안한 미래를 반영하기 때문이다.

4장

대한민국 대전환,
그 100년의 조건들

지금까지 보았듯이 대한민국의 경제 생태계는 고인 물처럼 활력을 잃어가고 있다. 청년과 국가의 미래가 보이지 않는 것이다. 문제는 경제 생태계의 재구축을 위한 시간이 많지 않다는 점이다. 우리 사회의 고질병 중 하나는 도래하는 위기에 대한 근본적 대응을 하지 않는다는 점이다. 그리고 외부 충격이 현실화될 때 그제야 허둥대며 피해 막기에 급급해한다. 앞바다에서 지진이 나면 동물은 고지대로 이동한다. 조만간 쓰나미가 몰려올 것을 생존 본능(우주신경)으로 알기 때문이다. 그런데 우주신경이 쇠퇴한 인간은 정보가 필요하다. 문제는 정보를 독점하는 정부나 전문가 등이 대중과 정보를 공유하지 않는다는 점이다. 심지어 정부는 자신이 집권한 동안 쓰나미가 몰려오지 않기를 바라거나 할 수 있다면 몰려오지 않도록 조치(?)를 취한다. 그 결과 쓰나미에 희생되는 것은 대다수 일반 국민이다. 2018년 한국GM의 군산 철수는 박근혜 정부 때 예고된 것이었다. 필자는 방송 출연 등을 통해 2014년부터 3~5년 내 한국 자동차산업의 위기를 경고했다. 아무도 귀를 기울이지 않았다. 금융위기 당시 사실상 파산 → 공적자금 투입과 국유화(Government Motors?) → 구조조정 → 2010년 11월 재상장(민영화) 과정을 거쳐 납세자의 돈으로 회생시킨 미국의 GM은 재상장 당시 주가가 34달러 정도였다. 그러나 재상장 후 영업 순이익률이 하락하며 20달러까지 떨어지고 2012년에는 영업이익률이 마이너스를 기록하자 2013년 말 새로 교체된 최고경영자(CEO) 메리 바라(Mary Barra)는 내연기관 기반의 완성차 사업은 중국 시장을 제외하고 정리하여 전기차와 자율주행차량 개발, 차량공유서비스 사업 등으로 사업을 재편하겠다고 발표한다. 그리고 러시아와 인도네시아, 유럽과 인도 등에서 사업 축소 혹은 철수를 해왔다. 즉 유럽 수출을 위한 생산기지 성격이 강한 한국에서 사업 축소나 미래차로의 전환은 예고된 것이었다. GM은 태국·호주·뉴질랜드에서도 철수를 진행하고 있다. 한국에 남아 있는 나머지 생산라인도 GM의 완성차 사업 축소 및 철수, 그리고 미래차 투자 등에 영향을 받을 수밖에 없다.

그런데 2014~17년간 박근혜 정부는 아무 대응도 하지 않았다. 그리고 마침내 2017년 한국GM의 군산 철수와 그에 따른 지역경제 타격이라는 쓰나미가 덮치자 정치인과 정부는 최선을 다하는 쇼(?)를 하였다. 그러나 미리 대응하지 못한 결과로 한국GM의 요구에 끌려가며 국부 유출이라는 피해를 수반할 수밖에 없게 되었다. 자신의 돈이 아니기에 국부 유출에 대해 둔감(?)한 것이라 얘기할 수밖에 없다. 그리고 (앞에서 지적했듯이) 군산에서 한국GM의 철수는 협력업체를 포함 제조업 일자리 감소 → 음식점 등 자영업 몰락 → 건물 등 사업시설의 경비·청소 일자리나 건물임대 관련 일자리 등의 축소 → (실직자가 된 이들 중 일부는 일자리를 찾아 지역을 떠나며) 지역 부동산경기의 침체 등으로 이어졌다.

이러한 일은 한국의 산업단지 주변에서 진행되거나 앞으로도 빈번하게 진행될 수 있는 문제다. 대한민국에서 '제조업 위기'는 (경제 전체를 뿌리째 뒤흔드는) '시스템 위기'이다. 이에 대해 정부와 우리 사회는 어떠한 대비를 하고 있는가? 앞으로도 새로운 쓰나미가 계속 몰려올 것이고, 심지어 '새로운 처음'형의 재난이 발생할 텐데 대한민국은 이에 대해 대비를 하고 있는가? 한마디로 부정적이다. 정책 결정에 책임을 진 이들은 2019년도는 후퇴 국면의 세계경기 탓으로, 2020년은 팬데믹 탓으로 그 책임을 돌릴 뿐이다. 왜냐하면, 현 정부 임기 내에 경제가 붕괴할 확률은 없다고 보기 때문이다. 다음 정부에서 나빠지는 것은 다음 정부 탓으로 돌릴 수 있다고 생각하기 때문이다. 한국을 떠나고 싶다는 청년의 울부짖음에 정책결정자들은 귀를 막고 있는 것은 아니나 무능력으로 외면하고 있다. 환자에게 '착한 의사'는 필요조건일 뿐 충분조건은 아니다. 최고의 정책결정자는 자신이 '훌륭한 의사'라고 생각하지 않으면 자리를 비우는 것이 책임 있는 공직자의 태도다. 무능을 탓하는 사람에게 "당신이 하면 잘할 것인가?"로 반박하며 자리를 보전하는 것은 비겁하다. 자리에 적절하지 않은 사람이 자신의 자리를 채울 사람을 걱정하는 것은 '오만'에 불과하다.

그렇다면 무엇을 해야 하는가? 지난 20년 이상 동안 세계는 농업사회에서 산업사회로의 전환에 비견될 정도의 산업계의 지각변동을 경험하고 있다. 미국 기준으로 볼 때 산업계의 지각변동을 요약하면 다음과 같다. 앞에서 설명했듯이, IT 및 인터넷 혁명으로 90년대 후반 닷컴 기업(야후형 사업모델)이라는 디지털 생태계의 '맹아'가 나오고, 90년대 말부터 2000년대에 플랫폼 사업모델(구글형 사업모델)이 등장하며 디지털 생태계는 틀을 갖춘다. 플랫폼 사업모델로 데이터 혁명 → AI 혁명 → 사물의 지능화로 '초연결 세계'가 등장하며 데이터 및 AI 혁명의 선순환 체계가 구축되었다. 그리고 현재 데이터로 '솔루션'을 만드는 단계에서 멈춘 상황이다. 예를 들어, (앞에서 보았듯이) 구글(알파벳)을 보면 영업이익률(수익성)이 둔화되기 시작한 2010년 이래 2019년까지 적게는 14.6%(2014년)에서 크게는 24.8%(2017년)의 매출액 증가율을 기록하면서 연평균 21%로 성장을 해왔다. 같은 기간 미국의 명목 성장률이 연평균 4.1%인 것을 고려하면 대단한 성취다. 그런데 성장의 원천을 들여다보면 주로 신생 스타트업을 인수하여 팽창한 방식이었다. 구글은 1998년 창업 이래 2004년 구글 지메일, 2005년 구글 맵, 2008년 안드로이드를 론칭했지만, 다른 한편으로 2006년 유튜브, 2008년 더블클릭(광고 관리, 게재 솔루션), 2012년 모토롤라 모빌리티(Motorola Mobility), 2019년 핏빗(fitbit, 스트레스 관리 목적의 스마트워치) 등의 인수로 성장해왔다. 기업의 인수합병(M&A)도 새로운 가치창출에 필요한 수단이지만 2010년대 이후 자체적으로 새로운 수익사업을 만들어내지 못하는 것 또한 사실이다.

그럼에도 불구하고 GE의 쇠퇴와 구글의 성장이 보여주듯이 오프라인경제 생태계에서 디지털경제 생태계로의 이동은 하나의 추세이고, 이 추세를 한마디로 말하면 '데이터경제'로의 이행이다. 플랫폼 사업 모델을 '자산축소형 사업모델(Asset-lite business model)'이라 부르는 이유도 기업 자산의 대부분이 무형자산이고, 가치창출에서 아이디어나 데이터에 대한 의존도가 높기 때문이다. 마이크로소프트, 구글, 애플, 페이스북, 넷플릭스, 아마존 등을 흔히 '공장 없는 (제조) 기업'이라고 부르는 이유다. 정부나 전문가 등이 현실 진단에 실패하고, 정책 대안을 제대로 제시하지 못하는 이유가 현실 세계에서는 데이터라는 새로운 자원이 가치창출의 핵심으로 부상했는데, 이들의 인식 체계는 토지, 노동, 자본 등이 가치창출의 원천이었던 제조업의 경험에 머물러 있기 때문이다.

사실, 전통적인 경제학과 현실 사이의 괴리는 여러 곳에서 확인된다. 플랫폼 사업모델이 성장은 만들고 있지만, 양극화를 더욱 심화시키는 상황에서 전통적인 경제학은 여전히 기업 투자와 성장이 고용의 해법이라고 외치고 있다. 기업가치와 고용 규모의 관계가 무너지고 있음에도 많은 경제학자들은 성장만이 고용 문제의 최고 해법이라고 외치고 있다. 예를 들어, 2019년 22만 3,000명 정도를 고용하였던 디즈니의 기업가치(2020년 11월 30일 기준)는 약 2,680억 달러인 반면, 기업가치가 2,168억 달러에 달하는 넷플릭스는 직원이 8,600명 정도에 불과했다.

대한민국의 현실은 어떠한가? 제조업(오프라인) 생태계라는 낡은 집은 무너지고 있는데, 디지털 생태계라는 새로운 집은 만들지 못하는 형국이다. 자동차산업의 위기에서 보았듯이 한국에서 제조업 위기는 경제 전체가 흔들리는 시스템 위기를 의미한다. 무너지는 집에 깔려 파묻히는, 혹은 추운 겨울날 허허벌판으로 내몰리는 수많은 희생자가 속출하고 있다. 한국은 GE(제조업)형 사업모델을 넘어 야후형 사업모델까지 따라가다가 2000년대 플랫폼 사업모델에서부터 길을 잃고 있다. 일부 플랫폼 사업모델이 출현했으나 모방 수준에 그치고 있다. 그런데 중국만 하더라도 플랫폼 사업모델까지는 미국을 모방하여 좇아가고 있다. 중국의 구글인 바이두, 중국의 아마존인 알리바바, 중국의 페이스북인 텐센트 등이 2000년대 만들어졌고, 플랫폼 사업모델은 모빌리티의 스마트화(스마트폰, 커넥티드 카)와 더불어 데이터 혁명과 AI 기술의 발전을 만들어내고 있다. 그리고 기술표준을 주도할 정도로 중국의 5세대 이동통신(5G) 기술은 AI 기술과 더불어 중국을 자율주행차라는 미래차 개발에서도 앞서 나가게 하고 있다. 게다가 중국의 '2060년 탄소중립' 선언은 전기차 판매량이나 클린에너지 생산 등을 주도하는 자신감 속에서 나온 것이다. 이른바 '한국판 뉴딜'의 양대 축인 디지털 뉴딜과 그린 뉴딜의 가시적 모습이 중국에서는 보이고 있다.

디지털 생태계와 새로운 사회계약

문재인 정부가 목표로 하는 '선도경제'는 '구호'로만 만들어지는 것이 아니다. 한국판 뉴딜의 핵심축인 디지털 뉴딜은 문재인 정부의 '혁신성장'을 재포장한 것에 불과하다. 앞에서 지적했듯이, 문재인 정부의 경제정책 기조의 하나였던 혁신성장은 김동연 부총리 때는 '플랫폼경제 활성화'로, 홍남기 부총리 때는 '데이터경제 활성화'로, 코로나 재난 상황에서 '디지털 뉴딜'로 이름이 계속 바뀌었지만, 이 모든 것은 디지털경제 생태계의 구축을 의미하는 것이었다.

문재인 정부가 출범한 지 (이 책을 쓰고 있는 2020년 12월 기준으로) 3년 8개월이 돼가고 있다. 중국의 경험을 참조할 때, 그리고 후발주자의 이점을 고려할 때, 이 정도 시점이면 야후형 사업모델에서 구글형 사업모델로의 전환이나 데이터 혁명과 AI 기술의 발달, 자율주행차 기술 등에서 구체적 성과가 보이기 시작해야 한다. 그런데 여전히 구호만 보인다. 사실상 '잃어버린 20년'의 연장선이라 해도 과언이 아니다. 변화를 좇아가지 못하면서 내부의 갈등도 깊어가고 있다. 격차가 구조화되는 가운데 전체 파이는 증가하지 않다 보니 사회 내부의 갈등이 심화하는 것이다. 사실, (앞에서 지적했듯이) 한국이 국제사회에서 '기후 악당국'(?)으로 불리면서도 온실가스 감축에 소극적인 이유도 화석연료 의존도가 높은 산업구조와 관련이 있다. 온실가스 감축 목표치를 적극적으로 추진할 경우 한국 제조업의 구조조정이 수반될 것이고, 산업구조조정은 온실가스 감축에 따라 경쟁력을 잃을 산업의 공백을 메울 새로운 성장원을 만들 수 있어야만 한다. 즉 플랫폼 사업모델의 활성화로 산업체계의 다양화를 만들어내야만 가능하다는 것이다.

대한민국이 '잃어버린 20년'을 단순히 좇아가는 것은 의미가 없다. 선두 주자들의 경험을 반면교사로 삼아 새로운 경제 생태계로의 이행 과정에서 발생하는 부작용이나 미해결 과제 등을 동시에 해결해야 한다. 예를 들어, 지금까지 플랫폼 사업모델은 우버나 에어비앤비 등 오프라인과 연계된 지역기반 플랫폼이 전체 매출액의 대부분을 차지하는 방식과 애플의 앱스토어 등에서 보듯이 모든 작업이 온라인에서 수행되며 창의성을 요구하는 웹기반의 매출 방식으로 구별된다. 그런데 후자보다 전자가 대부분을 차지하는 상태다. 그런데 전자의 경우 전통산업을 대체하는 형태로 발전하면서 임시직 증가 등으로 고용의 질을 떨어뜨리고 소득 안정을 저해하는 요인으로 작용하고 있고, 후자의 경우 디지털 플랫폼을 통해 특정 능력이나 기술이 적용되는 새로운 일자리 창출이 가능하고 노동 유연성을 통해서는 비경제활동인구의 노동

참여를 촉진하고 있다. 문제는 후자의 방식은 제한적이라는 점이다. 그러다 보니 디지털 생태계의 모습은 부정적 이미지가 강할 수밖에 없다. 플랫폼 사업모델의 부상이 전체적으로 일자리 및 고용 안정성을 약화시키고, 소득 불평등을 심화시키고 있기 때문이다. 대표적 경우가 전통적 오프라인 유통업계를 몰락시킨 아마존이다. 아마존의 고용 규모는 2007년 1만 7,000명에서 13년에는 11만 7,300명으로, 그리고 다시 19년에는 79만 8,000명으로 증가하였다. 그러나 아마존 일자리 증가의 이면에는 전통적 소매업종의 몰락에 따른 일자리 감소가 수반되고 있다. 혹은 기존 유통업체를 인수한 결과였다. 예를 들어, 아마존은 2017년 10월 26일 발표한 실적 보고서에서 2017년 3분기 말 현재 종업원 수가 54만 1,900명이라고 밝혔는데 이는 전년 같은 기간 30만 명에서 1년 동안 약 24만여 명이 늘어난 것이다. 그런데 이는 순수한 고용 증가의 결과가 아니다. 미국의 유기농 식료품 체인 홀푸드의 인수 때문이었다. 137억 달러의 홀푸드 인수 작업을 종료한 후 아마존이 홀푸드 종업원 8만 7,000명을 자사의 인력에 포함했기 때문이다.

하지만 이 방식은 소득의 대부분이 주주-투자자-최고경영층-핵심 고용원 등 소수에게 배분되고 평균 노동자들은 지대 획득에서 소외되는 '승자독식 시장구조'를 초래하며 불평등을 심화시키고 있다. 금융위기의 핵심 원인 중 하나가 소득 불평등이라는 점에서 탈공업화를 대체할 새로운 플랫폼 사업모델의 확산이 역설적으로 또 다른 위기의 요인이 되고 있는 것이다.

그래서 후자 방식의 확산은 더욱 가치가 있다. 프리랜서를 연결하

는 일자리, 프로젝트나 재능 연결 플랫폼인 업워크(Upwork)나 파이버
(Fiverr), 프리랜서 닷컴(freelacer.com), 크라우드소싱 방식을 디자인 분
야에 활용한 99디자인스(99designs)나 조보토(Jovoto), 기계학습이나 알
고리즘을 개발하는 데이터 과학자에게 모아놓은 데이터를 제공하는 크
라우드플라워(Crowdflower) 등이 연결을 통한 '공동창조' 방식이다. 특
히, 고인이 된 스티브 잡스를 혁신의 '아이콘'으로 만들어준 앱스토어
모델이 대표적인 공동창조 방식이다.

이처럼 대한민국은 디지털 생태계의 구축에 뒤처졌지만, 디지털경
제 생태계로의 이행을 앞서간 국가들의 경험을 반면교사로 삼아 플랫
폼 사업모델의 확산과 더불어 새로운 일자리를 만드는 후자의 방식을
확산시켜야만 한다. 게다가 후자의 방식에서 한 걸음 더 나아가야만
한다. 즉 웹기반 사업모델에 의해 만들어지는 일자리에서 한 걸음 더
나아가 사업모델 자체를 개발하는 일거리를 증대시켜야 한다. 지금까
지의 플랫폼 사업모델 관련 종사자의 개인적 특성이 대체로 젊고 고학
력이라는 점에서 청년의 미래와도 관련되기 때문이다. 이러한 플랫폼
사업모델 개발자를 육성하기 위해서는 플랫폼 사업모델 혹은 디지털
생태계에 적합한 인간형이 필요하고, 사업모델 개발을 위한 기회가 체
계적으로 지원되어야만 한다.

이를 위해 사회는 무엇보다 디지털경제 생태계라는 새로운 경제 생
태계를 만드는 일이 기존과는 다른 새로운 사회, 새로운 시대로의 전
환을 의미한다는 것을 이해해야 한다. 즉 '과거의 눈'으로 접근해서는
안 된다. 근대 산업사회가 농업문명의 눈으로 만들어질 수 없었듯이,

산업문명의 눈으로는 새로운 경제 생태계와 그에 조응하는 사회질서의 구축이 어렵다. 연결된 세계인 디지털경제 생태계와 디지털문명은 출발점이 '경쟁'이 아닌 '협력'이기 때문이다. 협력을 만들어내기 위해서는 신뢰와 투명성, 연대 등 사회적 자본이 절대적이다. 그러한 조건에서라야 협력을 구조화시키는 자율성이 발휘될 수 있기 때문이다. 자율성은 개개인의 자유가 아닌 모두의 자유를 가능하게 한다. 개인의 자유가 다른 개인의 자유와 충돌하지 않는다는, 그리고 실제적으로도 대체로 충돌하지 않았던 오프라인 생태계인 산업사회가 자유를 사회 유지와 운영을 위한 최고 가치와 규범으로 삼을 수 있었다면, 연결의 세계인 디지털경제 생태계에서는 개인의 자유가 독립적으로 작동할 수 없기에 모두의 자유를 추구해야만 하고 이를 위해 협력과 자율은 전제조건일 수밖에 없다.

예를 들어, 코로나19 재난을 인수공통감염병이라 하고, 동물의 생존환경(자연)을 파괴한 결과, 즉 생태계 균형 파괴의 산물이라고 하면서 인류 사회는 산업문명의 방식인 백신과 치료제 개발에만 급급해한다. 물론, 백신과 치료제 개발이 필요하지만, 이러한 접근 방식만으로는 근본적인 문제가 해결될 수 없다는 것을 모두가 안다. 새로운 바이러스가 창궐하면 또 백신과 치료제 개발을 서두르고, 개발의 성과가 나올 때까지 숱한 희생을 반복할 것인가? 즉 코로나19 재난을 근본적으로 해결하려면 사람들이 자연을 착취 혹은 희생하여 인간 세상의 진보를 추구할 수 있다는 계몽주의(중심주의) 세계관에서 벗어나 인간과 자연이 공존하고, 이를 위해 인간과 인간이 공존해야 한다는 호혜주의 세계관으로 바꾸어야만 가능하다. 예를 들어, UN 산하 단체인 '생물 다양성 및 생태계 서비스에 관한 정부 간 과학·정책 플랫폼'*은 '생물다양성과 팬데믹에 관한 워크숍'**에서 인류의 토지 사용 방식이 변화하면서 자연 및 생태계가 급속히 파괴되고 있고, 지속 불가능한 무역 관행과 생산·소비 행태 등이 겹치면서 바이러스로 인한 재난 규모가 커지고 있다고 밝혔다. 현재 지구상에는 '아직 발견되지 않은' 바이러스가 생물체 속에 약 170만 개나 있을 것으로 추정되는데, 인간에게 감염될 가능성이 있는 바이러스의 수가 82만 7,000개에 달할 것으로 추산하고 있다. 또한 최근 들어 토지 사용의 변화, 농업 확장, 도시화, 야생동물의 무역과 소비 등 인간의 무분별한 활동으로 환경이 변하고 바이러스가 종(種)을 건너뛰어 퍼져나갈 수 있는 환경이 조성되면서 바이러스를 중심으로 한 생태계 질서가 무너지고 있다는 것이다. 이에 UN은 팬데믹 예방을 위해 '글로벌 협의체'의 창설을 촉구하고 있다. 팬데믹을 막는 데드는 막대한 비용을 조달하고 국제 무역관행, 식량 문제 등을 협의할 수 있는 기구가 필요하기 때문이라는 것이다. 그러면서 신종 바이러스 예방 조치에 세계적으로 약 16조 달러라는 큰 비용이 예상되지만, 코로나19 팬데믹 사태로 인해 발생하는 천문학적인 규모의 비용을 고려하면 이는 감당할 수 있는 수준이라고 주장했다.

이처럼 디지털문명과 디지털 생태계로의 이행을 위해서는 새로운 패

---

* Intergovernmental Science-Policy Platform on Biodiversity and Ecosystem Services, IPBES
** IPBES Workshop on Biodiversity and Pandemics, 2020. 10. 28

러다임과 가치관, 세계관 등이 요구된다. 주요 나라에서 디지털 생태계로의 이행이 솔루션 단계에서 멈춘 배경이다. 솔루션 문제를 해결하지 못하면 '양극화 없는 성장(growth without poloarization)'은 환상에 불과하다. '솔루션 찾기'란 연결을 통해 새로운 가치를 만들어내는 것으로 정의할 수 있다. 이 과제를 해결하기 위해 데이터는 하나의 수단이다. 또한 산업사회에서는 자연을 포함해 인간의 역할을 기계적 과정에 들어가는 '투입물' 정도로 여겼지만 디지털 생태계에서 인간은 다시 생산의 주체가 될 것을 요구받고 있다. 구체적으로 솔루션을 찾는 일이 전면화된다는 것은 수평적 평등이 보장되는 디지털경제 생태계이기에, 자신의 목표와 과제뿐만 아니라 방법과 자원의 선택까지도 스스로 조사하고, 또한 과제를 해결하기 위해 서로와 상호 작용이 필요한데, 이 과정에서 서로의 정보와 지식과 숙련을 공유하면서 함께 집단적 사고를 해나갈 수 있어야 함을 의미한다. 그리고 필요할 때마다 능동적으로 여러 다양한 형태의 결사체를 구성하여 활동할 능력을 갖추기 위해서는 개인의 행복에만 몰각되는 존재가 아니라 자신의 행복과 타인의 행복을 연계하여 생각할 줄 아는 존재가 되어야 한다.

　이처럼 디지털문명 사회는 지금까지 살아왔던 산업사회와 전혀 다른 사회이다. 따라서 새로운 사회계약이 필요하다. 사회계약은 "시민과 국가 사이의 책임과 권리에 관해 국가 내부에서 통용되는 암묵적 동의"를 의미한다. 산업사회에서 사회계약은 자연권(법)에 기초한다. 그런데 산업사회는 물질문명의 발달을 위해 사유재산을 자연법 사상(재산)으로 정당화시켜준 반면, 그 결과로 발생하는 지배와 피지배 관계라는 불평등은 자연법 사상(자유)과 충돌한다. 즉 부의 불평등은 권력의 집중과 전제주의로 이어지고 이는 자유와 생명 등을 위협할 수 있다. 양자의 충돌을 피하기 위한 장치가 (모든 권력은 국민에게서 나온다는) 민주주의 원리(국민주권 사상)다. 미국 독립선언서에서 인간으로서의 생명·자유·행복추구의 권리를 인권(기본권)으로 규정한 배경이다. 예를 들어, 노동을 해야만 생존할 수밖에 없는 산업사회에서 노동자의 노동조건을 시장에 방치할 경우 노동자의 생존권이 제대로 보장된다는 보장이 없기에 민주주의 장치를 통해 노동권(인간의 존엄성)을 보장한 것이다.

그런데 산업사회의 사회계약이 산업사회와는 전혀 다른 원리로 운영되는 디지털문명 사회와 디지털경제 생태계에서 유효할 수가 없다. 새로운 경제 생태계에 적합한 사회계약의 내용을 이해하려면 디지털경제 생태계의 고유 특성을 이해해야만 한다. 다시 한번 요약하면 다음과 같다. 디지털 생태계의 대표적 사업모델인 플랫폼 사업모델은 연결을 통한 가치창출(Co-Creation) 방식이자 데이터 및 아이디어 집약적 산업이라는 점에서 디지털경제 생태계는 산업 생태계와는 전혀 다른 새로운 인간형을 요구한다. 또한 새로운 사회조직 방식 및 사회운영 원리에 기초한다. 데이터를 활용하여 새로운(다른) 것을 찾아내고, 이를 연결(소통과 협력)을 통해 해결하는 역량인 이른바 4C 역량(Creativity, Critical Thinking, Communication, Cooperation)이 요구되는 것이다. 유형재에 기초한 산업 생태계가 위계적 관계의 세상이고, 폐쇄적 조직에 기초하고, 그 결과 강제성-수직성-경쟁-이익 독점 등을 특징으로 하는 반면,

무형재에 기초하는 디지털경제 생태계는 호혜적 관계의 세상으로 사회조직은 개방적이고 유연성을 특성으로 하며, 신뢰-이익 공유-협력-자율성-연대-수평성 등을 특징으로 하는 전혀 다른 세계다. 이러한 차이를 이해할 때 디지털경제 생태계라는 새로운 경제 생태계에 필요한 사회계약 역시 다를 수밖에 없다는 점을 이해할 수 있다.

그렇다면 디지털경제 생태계로의 순조롭고 바람직한 이행을 위해 사회의 모습은 어떻게 바뀌어야 하는가? 무엇보다 각자가 의미 있는 삶을 살 기회를 주는 사회가 되어야 한다. 사회를 조직하는 핵심 원리는 '공정성'이다. 구글 시대의 공정성은 사회 구성원 각자에게 의미 있는 삶을 살 기회를 제공하는 것이 되어야 한다. 그 이유는 다음과 같다. 대한민국을 포함해 주요 국가들은 '성장 둔화-고령화-최악의 불평등-일자리 참사-통화정책 수단의 고갈-재정의 고갈(=재분배 수단의 약화)' 등 '20세기 함정'이라는 늪으로 빠져들고 있다. 전체 파이가 예전처럼 증가하지 않는 상황, 심지어 파이 증가가 중단될 상황에서 성장은 필요하다. 이처럼 여전히 성장은 필요하나, 성장은 과거의 화석연료 및 자원 다소비적 방식이 아닌 아이디어 집약적 방식이어야 한다. 즉, '공정성장'이 필요하고, 그것을 위해 혁신은 선택이 아니라 필수다. 그런데 디지털경제 생태계로 산업체계가 지각변동 중인 21세기의 혁신은 (자본이 주도한 20세기와 달리) '좋은 아이디어'가 주도하고 있다. 즉 아이디어 집약적 사업모델의 활성화로 산업체계 다양화와 경제 생태계의 전환을 이뤄내야만 '20세기 함정'에서 탈출할 수 있다. 따라서 좋은 아이디어가 넘치는 사회가 21세기를 주도할 수밖에 없다. 그런데 좋은 아이디어는 상대적으로 청년이 주도할 수밖에 없다는 점에서 특히 청년이 좋은 아이디어를 발휘할 수 있는 사회 환경을 조성해주는 것이야말로 진정한 '투자'라고 인식을 바꾸어야만 한다. 좋은 아이디어가 활성화 되지 않는 사회에서 혁신과 성장은 기대하기 어렵기 때문이다. 그런데 왜 좋은 아이디어가 빈곤할까? 청년들의 현실을 보면 생계비를 위해 여러 개의 아르바이트에 치여 살고 있다. 자신의 관심거리를 추구하고 싶어도 아르바이트에 치여 집중할 수가 없다. 절대적으로 부모의 경제적 지원에 의존할 수 있는 소수의 청년을 제외하면 자신의 꿈을 추구할 여건이 되지 않는다. 이러한 상황을 내버려 둔 채 청년에게 좋은 아이디어를 기대하는 것은 비현실적이다. 따라서 사회는 청년을 포함해 개개인이 의미 있는 시도를 할 수 있는 최소한의 기회를 주어야만 한다. 그래서 다음 세대가 살아갈 세상이 더 나아지는 데 기여할 수 있다면 누구에게나 기회와 자유를 보장하는 사회가 되어야만 한다. 그러다가 실패하더라도 툭툭 털고 일어설 수 있는 사회안전망을 제공하는 사회여야 한다. 그리고 성공한 이들은 자신이 벌어들인 몫을 운이 나빠 실패한 이들에게 기꺼이 나누는 사회가 되어야 한다. 이러한 사회여야 새로운 시도가 활성화될 것이기 때문이다.

4-2 | 디지털 생태계와 새로운 인간형, 그리고 교육 혁명

아이디어는 디지털 생태계에서 왜 중요한가? 일차적으로 디지털 무형재의 특성에서 비롯한다. 새롭게 창출된 디지털 무형재의 가치를 결정하는 것은 '아이디어'이기 때문이다. 애플의 앱스토어 사업모델, 우버나 에어비앤비 등의 사업모델의 가치를 결정한 것은 '아이디어'였다. 좋은 아이디어의 원천은 무엇인가? 아이디어란 '다른 것' 혹은 '새로운 것'을 의미한다. 따라서 아이디어의 원천은 '차이'다. 다름이고 다양성이다. 즉 획일주의는 좋은 아이디어의 최대 장애물이다. 디지털 생태계에서 가장 중요한 것은 '새로운 사업모델'을 찾아내는 것이다. 산업계에 지각변동이 일어나면서 사람에게 필요한 역량으로 4C 역량이 강조되고 있는 배경이다. 4C 역량 중 가장 먼저 배치되는 창의성(Creativity)과 비판적 사고(Critical Thinking)의 의미가 바로 '다르게 생각'하고, '다르게 보기'이다. 다르게 생각하고 봐야만 새로운 것이 보이기 때문이다.

플랫폼 기업들이 직원을 채용할 때 중요한 기준 중 하나가 자신이 수행할 업무에 대한 '흥미'를 가지고 있느냐이다. 왜 흥미를 중요시할까? 업무에 흥미를 갖는 사람이 아이디어를 발휘할 확률이 높을 뿐 아니라 해당 업무와 관련된 기술의 변화에 관해서도 관심이 크다. 흥미가 없는 사람은 수행하는 업무에 대해 동기가 유발되지 않기에 아이디어가 나오기 어렵고 업무와 관련된 기술의 변화에도 관심이 적다. 무엇보다 좋은 아이디어는 사무실에 앉아 있다고 나오는 것이 아니다. 자신이 수행하는 업무에 흥미나 관심을 가진 경우 이동 중 지하철 안에서도 나올 수 있고, 식사하다가 떠오를 수도 있고, 산책하다가 자연으로부터 영감을 얻을 수도 있다. 시간과 공간에 묶여 있을 때보다 자유로운 상태에서 나올 가능성이 크다. 따라서 기업은 노동자에게 자유로운 환경을 제공하는 것이 바람직하고, 흥미와 동기유발을 갖는 노동자는 게으름을 피우며 작업을 회피(shirking)할 가능성이 적기에 산업사회에서처럼 감시할 수 있는 작업장에서 일정 시간 근무를 강요할 필요가 없다. 구글 등이 직장(구글플렉스)을 일터와 놀이터가 혼재된 곳으로 만들고, 자율근무를 확장하는 이유도 업무에 동기유발을 가진 노동자는 자율성이 발휘되고, 자율성을 확장하는 것이 아이디어 발휘에 도움이 되기 때문이다. 즉 유연노동 시간의 확장을 통해 한편으로 생산성과 수익성을 증대시키고, 다른 한편으로 노동자의 스트레스 감소와 후생을 증대시키려면 수행하는 업무에 대해 '흥미'를 가져야 하는 것은 절대적이다. 반면, 전통적인 산업사회에서 노동자는 노동을 효용을 감소시키는 것(부의 효용)으로 보았고, 따라서 고용주는 노동에 대한 감시가 필요하였다. 노동자에게 자율성과 동기유발이 결여됐던 이유도 (동질의 상품을 대량으로 생산함으로써 비용을 절감하는) 대량생산체제로 상징되는 산업사회가 각각의 생산 과정에서 물적자본이 요구하는 정해진 업무를 수행할 수 있는 노동력을 원했기 때문이다. 노동자 자신의 판단이나 결정이 개입할 여지가 거의 없었던 것이다.

학생들에게 가끔 농담 반 진담 반으로 구글에 취업시켜줄 수 있다는 말을 한다. 구글이 원하는 인재상을 정확히 이해하고 있기에 구글이 관심을 가지도록 '자기소개서'를 만들어줄 수 있다는 생각에서 한 말이다. 그러면서 학생들에게 설사 입사를 해도 오래 견디지 못하고 퇴사할 거라고 말한다. 우리 학생들이 대학 때까지 받는 교육방식과 교육환경을 생각하면 쉽게 이해되지 않는가? 우리의 교육방식은 정해진 답을 주어진 시간에 최대한 찾아내는 방식이다 보니 아이들에게 '차이'가 없다. 학교에서 교육을 받을수록 공장에서 찍어낸 '상품'과 별 차이가 없게 된다. 대학을 졸업하는 순간까지 자신이 정말 원하는 것이 무엇인지 모르고 사회에 진출하는 경우가 대다수다. 그런데 21세기는 인간과 AI가 공존하는 시대다. AI 기술의 발달로 더는 이미 정해진 답을 찾는 것은 무의미하다.

또한, 구글 등 플랫폼 기업은 직원을 채용할 때 또 하나의 능력으로 다른 사람과 협력을 통해 문제를 해결할 수 있는 역량, 이른바 사회적 기술(social skills)을 요구한다. 4C 역량의 나머지 두 개의 C인 소통(Communication)과 협력(Cooperation)이 그것이다. 문제 해결을 위해서는 기술에 대한 기본적인 이해가 필요하다. 그러나 기술의 융·복합화가 빠르게 진행되며 다양한 기술이 등장하고 있다. 그리하여 한때 21세기에는 다빈치형 인간 혹은 멀티플레이어형 인간이 되어야 한다는 우스갯소리가 유행한 적 있었다. 레오나르도 다빈치가 현 시대에 살고 있다면 십여 개의 박사학위 소유자일 것이다. 평생 학위 한 개 취득하는 것도 힘든데 열 개가 넘는 학위를 어떻게 취득하라는 말인가? 한 사람 혹은 한 기업이 모든 기술을 가질 수 없다면 필요한 기술의 소유자와 연결과 협력을 통해 해결할 수밖에 없다. 예를 들어, 하나의 DVD를 생산하기 위해서는 400개 이상의 필수적인 특허가 관련되어 있고, 컴퓨터 운영시스템이나 PC는 수백 개의 특허가 관련되어 있으며, 스마트폰에는 (2012년 기준) 약 25만 개의 특허가 영향을 미치는 것으로 추정된다. 그 결과 오늘날 주요 생산물 특허의 경우 한 기업이 관련된 모든 특허를 소유하지 못하고 여러 기업이 생산물과 관련된 특허를 나누어 소유하는 경향이 있다.[52] 따라서 연결과 협력이 필수인 시대다. 연결하려면 소통해야 하고, 소통하려면 신뢰와 투명성과 배려가 필요하고, 협력을 만들어내려면 자율성과 연대감 등이 필요하다. 이처럼 자신의 컬러(차이)가 있어야 하고, 공감 역량과 협력을 만들어내는 역량이 필요함을 보여준다. 디지털 생태계의 도래에 따라 새로운 인간형이 요구되는 것이다. 이와 관련해서는 필자가 2020년 8월에 저술한《호모 엠파티쿠스가 온다》를 참고할 수 있다.

사람들이 디지털문명 사회의 구성원으로 살아가기 위해, 그리고 디지털 생태계에 적응하는 데 있어서 꼭 필요한 일이 '교육 혁명'이다. 교육은 "사람을 만드는 일"로 정의되기 때문이다. 조선 시대 교육방식으로 산업화에 필요한 인력을 공급할 수 없을 뿐 아니라 사람들 역시 산업사회에 적응해 살아가기 어려운 것과 같은 이치다. 문재인 정부가 추구하는 한국형 뉴딜의 사실상 양대축인 디지털 뉴딜과 그린 뉴딜은 디지털 생태계와 그린 생태계의 구축을 목표로 한다. 한국형 뉴딜의 추진과 관련하여 김상조 정책실장은 TBS 〈뉴스공장〉에 출연(2020년 7월 16일)해서 한국형 뉴딜은 '대한민국의 새로운 100년의 설계'를 목표로 하는 것이고, 이를 위한 대표적 프로젝트로 '그린스마트스쿨'을 제시하였다. 그는 대한민국에 40년 이상된 노후 학교건물이 5,700동이 있고, 심지어 45년 이상된 건물도 2,800동이 넘고, 이에 대해 지자체의 교육청이 리노베이션(renovation)을 추진하고 있지만 20년이 소요되는데, 이런 상황에서 우리 아이들을 21세기에 대응하는 인재로 키울 수가 없기에 이를 5년 안에 당겨보자는 것이 그린스마트스쿨 프로젝트라 하였다.

그런데 결론부터 말하면 이러한 인식 수준으로는 한국형 뉴딜은 이명박, 박근혜 정부 때의 녹색성장과 창조경제의 재판이 되기 쉽다. 산업화 시대의 '하드웨어 중심적 사고'에서 벗어나지 못하고 있음을 드러냈기 때문이다. 이는 마치 19세기 조선 시대의 서당을 근대형 학교건물로 바꾸면 근대화와 산업화에 필요한 인재가 육성된다는 사고와 뭐가 다른가? 김상조 실장 역시 이명박, 박근혜 정부가 녹색산업과 창조산업을 육성한다면서 벤처자본과 연구개발 중심의 제조업 혁신 방식으로 접근하면서 제대로 된 성과를 내지 못한 것으로부터 교훈을 얻지 못하고 있다. 기존 산업정책에 대해 철저히 복기(復棋)하지 않았음을 보여준다. 이명박 정부의 녹색성장은 오바마 그린 뉴딜의 수입품이었고, 박근혜 정부의 창조경제는 90년대 말부터 추진한 일본 창조산업 육성책의 수입품이었다.

2009~10년 재정부양책으로 추진한 오바마의 그린 뉴딜은 대체로 실패한 것으로 평가된다. 140억 달러의 재생에너지 대출 보증 프로그램에 대한 하원 감독위원회(The House Oversight Committee)의 조사는 "미국 에너지부(Department of Energy) 관료들의 광범위한 기능 오작동, 부주의, 잘못된 관리"를 드러냈다며 "오바마 행정부가 일상적으로 잘못된 경영을 방관했다"고 결론을 내렸다.[53] (전임 대통령 부시 때를 포함해) 오바마 행정부는 주택과 건물의 방한과 풍력 및 태양광 생산자, 전기차 등에 1,000억 달러를 지출했는데, 이 돈의 대부분은 녹색 에너지의 상업적 응용을 가속화하기 위한 연구에 쓰이거나 개별 기업의 은행 계좌에 직접 주입되었다. 이 중 가장 악명 높은 것이 오바마 대통령과 바이든 부통령에 의해 녹색 에너지의 차세대 주자로 여러 차례 선전되고, 5억 3,000만 달러의 납세자 돈을 지원받은 태양에너지 회사인 솔린드라(Solyndra)였는데, 이 회사는 파산하기 전까지 이렇다 할 에너지를 만들어내지 못했다. 오바마 행정부 1기 4년간 벤처자본 투자액은 연평균 294억 달러로 직전 부시 행정부 4년간 연평균 267억 달러와 비교할 때 많이 증가하지 않았다. 이는 닷컴버블과 붕괴가 있었던 1998~2001년의 4년간 연평균 634억 달러의 절반에도 미치지 않는 수준이었다. 금융위기 이후 공격적 통화완화 정책에도 불구하고 벤처자본 투자액이 회복되지 않은 이유는 IT 분야에서 혁신 동력이었던 벤

처자본 모델이 투자 규모와 리스크가 너무 큰 클린테크 분야에서는 작동하지 않았기 때문이다.[54] 예를 들어, 구글이나 아마존을 만드는 데는 약 2,500만 달러 규모의 자본이면 가능했지만, 차세대 태양광 전지나 디지털 조명, 전기차 배터리 등의 사업에는 수십 억 달러가 소요된다. 닷컴버블 붕괴 이후인 21세기에도 벤처자본 모델이 페이스북이나 유튜브 등 새로운 IT 분야의 기업을 만드는 데는 유효했지만 바이오연료 등 클린테크 분야에서는 만족스러운 성과를 만들어내지 못한 배경이다. 재생에너지는 대부분 높은 선행투자 비용과 낮은 운영비용을 특징으로 하는, 즉 장기적인 보상(payback) 흐름을 갖기 때문에 부채 방식의 자금조달이 적합하다. 즉 그린산업의 창출은 고수익-고위험의 문제를 해결해야 하고, 이는 벤처자본 모델과 다른 금융모델의 필요성을 의미한다. 그린산업과 IT산업의 차이를 이해하지 못한 결과 오바마 행정부의 그린 뉴딜은 '그린 거품'에 직면하게 된 것이다.[55]

이처럼 특정 산업을 육성하려면 해당 산업의 특성을 정확히 이해해야 거기에 부합하는 정책이 나올 수 있다. 일본의 창조산업 육성 실패가 대표적 경우다. 일본은 산업정책이 매우 발달한 나라다. 선진국 중에서 산업화에서 뒤처졌던 일본은 제조업 육성에서 놀라운 성과를 만들어냈다. 제조업이라는 산업에 대해 정확히 이해했기 때문이다. 일본의 '네트워크 자본주의', 특히 '정부-은행-기업'간 유기적 협력체계가 일본 산업화 성공을 뒷받침했던 것이다. 90년대 초 자산시장 붕괴 이후 일본은 과감한 기업 및 금융의 구조조정보다 한편으로는 재정투입과 건설투자에 의한 경기부양을, 다른 한편으로는 금융 지원으로 기업과 금융이 회생할 시간 벌기로 대응하였다. 그러나 '삽질 프로젝트 (shovel-ready project)'인 건설투자는 국가채무를 급증시켰고, 금융완화 는 '좀비기업 급증 → 생산성 및 성장 둔화 → 금융완화 지속 → 좀비 기업 증가'의 악순환을 만들어 일본은 '잃어버린 10년'을 겪게 된다. 뒤늦게 90년대 말부터 산업재편, 즉 산업 구조조정을 추진한다. 한편 으로는 기업을 통폐합시키고, 다른 한편으로는 새로운 성장원으로 창 조산업 육성을 추진하였다. 전자는 상당한 성과를 만들어냈으나 산업 구조조정은 전자만으로는 달성되지 않는다. 비만이나 고지혈증 같은 병으로 건강이 악화될 경우 식이요법으로 살을 빼는 것도 필요하지만, 건강식과 운동 등으로 체력을 강화하지 못하면 건강은 회복되지 않고 무기력해질 수 있다. 기업과 산업 구조조정도 수익성이 없고 성장 가 능성이 낮은 사업은 정리하고, 수익을 낼 수 있는 사업에 자원을 집중 하여 새로운 성장원을 만들어낼 때 성공할 수 있다. 일본의 산업 구조 조정이 성공했다면 일본경제는 장기불황에서 탈출했을 것이다. 일본 의 창조산업은 1999~2011년 사이에 매출액, 창조산업 고용 규모, 창 조산업 관련 기업체 수가 각각 -14.3%, -14.0%, -26.9%로 축소되었 는데, 특히 제조업 관련 창조산업의 실패는 끔찍하였다. 각각 -45.6%, -50.5%, -50.3%로 감소했다.[56] 산업 구조조정의 실패는 일본 제조업 경쟁력의 후퇴와 일본 제품의 세계시장 점유율의 지속적 감소 등으로 이어졌다. 일본의 산업생산과 소매판매가 지난 30년간 정체한 이유다. 일본이 창조산업 육성에 실패한 원인이 무엇일까? 제조업과 전혀 다른 성격을 갖는 창조산업을 제조업의 사고로 접근했기 때문이다.

제조업과 창조산업의 차이는 제조업의 혁신 방식인 연구개발의 효과성 약화에서도 확인된다. 연구개발 투자는 혁신으로 이어지지 않고 있다. 즉 연구개발 지출과 기업성과 사이의 관계는 크게 약화하였다. 예를 들어 부즈앤컴퍼니(Booz & Company)가 2005년부터 매년 전 세계에서 연구개발 투자가 가장 많은 1,000개 상장회사를 조사한 결과 연구개발 지출이나 특허 보유 건수는 기업의 재무성과와 유의미한 상관관계를 갖지 못했다.[57] 지출이 많다거나 특허 보유 건수가 많다고 해서 기업의 재무성과가 획기적으로 좋아지지는 않았다는 뜻이다. 예를 들어 애플은 전체 매출액의 3.1%를 연구개발에 투자했는데 이는 컴퓨터와 전자산업 평균의 절반에도 미치지 못하는 수준이다. 참고로 삼성전자의 2010년 매출 대비 연구개발비 비중은 애플의 약 2배 수준인 6.09%였다. 그런데 애플의 재무성과는 5년간 주주 총수익률(total shareholder return, TSR)이 64%로 업계 최고였다. 애플은 (한때 전체 영업이익의 68%를 가져다주었던) 앱스토어 사업모델이라는 혁신을 만들어내기 위해서 연구개발비에 많이 지출할 필요가 없었기 때문이다. 실제로 지출과 수익성 간 상관성의 약화는 애플의 기간별 수익률을 비교해도 확인된다. 애플의 매출액 대비 영업이익률과 매출액 대비 연구개발 지출액의 비중을 보면 2011년에는 각각 31.2%와 2.24%, 2012년에는 각각 35.3%와 2.16%, 2013년에는 각각 28.7%와 2.62%, 2014년에는 각각 28.7%와 3.33%를 기록했다. 수익률과 연구개발 지출액의 비중 간에 상관관계가 보이지 않을 뿐 아니라 오히려 역의 관계까지 확인된다. 아이디어 및 자원의 연결을 통한 플랫폼 사업모델의 개방형-협력형 혁신, 즉 공동창조 혁신은 폐쇄형 혁신 방식인 연구개발 지출로 나오는 것이 아니기 때문이다. 앱스토어 사업은 아이디어 업종인 반면, 스마트폰 기기 제조업체인 삼성전자는 제조 업종인 것이다.

하드웨어에 집중하는 그린스마트스쿨 프로젝트로 그린 뉴딜과 디지털 뉴딜이 만들어질 수 없는 이유이다. 하드웨어는 생태계의 물리적 환경에 불과하기 때문이다. 땅을 파서 인공풀장을 만든다고 강 생태계가 만들어지는 것이 아닌 것과 같은 이치다. 디지털 생태계가 만들어지려면 아이들이 스스로 과거에 없던, 새로운 답을 찾아 나갈 수 있도록 돕는 교육시스템의 혁신이 절대적으로 필요하다. 또한 지역의 차이, 부모 소득의 차이 등이 영향을 미칠 수 없는 물리적 교육환경의 구축을 위한 투자와 더불어 4C 역량을 갖출 수 있게 하는 교육방식의 혁신 등이 추가될 때 그린스마트스쿨의 목표는 이루어질 것이다.

대한민국의 교육시스템은 여전히 수능을 잘 치르기 위한 교육에 매달리고 있는 것에서 보듯이 산업사회에서 한 발자국도 벗어나지 못하고 있다. 2020년 수능을 앞두고 영국 BBC*는 대한민국의 부모들은 수능이 대학 입학은 물론이고, 사회 진출, 심지어 자녀의 미래까지 결정한다고 생각하며 대개 4세 때부터, 심지어 상당수는 2세 때부터 수능 준비를 시작한다는 보도를 내보냈다. BBC 홈페이지에서 가장 많이 읽힌 인기기사 10위 안에 랭크된 것을 국내 언론은 담담하게 보도했지만, 대한민국 교육의 민낯을 드러낸 것 같아 얼굴이 화끈거렸다. 수십

---

* South Korea: The life-changing exam that won't stop for a pandemic. 2020년 12월 2일자

권의 책을 쓰고 기억나지 않을 정도의 글을 쓰고 인문·사회 과학에서 가장 수학을 많이 사용하는 경제학 교수를 30년 넘게 한 필자가 수능의 언어영역과 수리영역의 문제를 제대로 풀 수 없다면 필자의 부족함 때문일까? 무엇보다 수능 점수가 21세기에 필요한 좋은 아이디어, 공감 역량, 협력 역량 등과 무슨 관계가 있는가? 현재 한국의 교육은 21세기를 살아갈 청년들을 시대 부적응자로 만들고 있다.

문제는 사회구성원 대부분이 교육 혁명의 필요성을 인정함에도 변화를 만들어내지 못하고 있다는 점이다. 모노컬러형 인간으로 줄 세우기 악순환을 끊기 위해 필자는 '2년 교양과정의 공영화'를 제안하고자 한다. 대학 서열화 완화를 위해 가능한 한 곳에서 고등학교 졸업 후 모든 학생을 대상으로 교양과정 2년을 이수시킨 후 전공 심화 교육을 원하는 학생들만 대학 3학년 과정으로 편입하게 하는 것이다. 교양과정에서는 (헌법 및 법률, 기본권, 민주주의, 평등, 정치, 차별 없는 세상과 차이에 대한 인정을 위한 각종 교육, 성범죄 방지, 가사 등) 공동체 및 타인과의 공존 교육, 기초적인 경제 및 금융 교육, 직업 교육, 취미 교육 등을 생각할 수 있다. 소통과 협력 역량을 함양시키기 위해 총학생회, 동아리 등 자치 공동체를 운영한다. 학비, 숙식비, 교재비, 강의료 등 모든 비용은 국고 혹은 자치단체가 분담한다. 정규 수료과정을 마치면 2년 학점을 부여하고, 이후 전공 지원자는 대학 3학년으로 편입을 허용한다. 대학교육의 정상화로 초중등 교육과정이 정상화되면 교양과정 중 일부 내용은 중등 과정에 흡수시키고 교양과정에서는 경제 및 금융 교육과 직업 및 취미 교육 등을 강화할 수 있을 것이다.

4-3 | 디지털 생태계와 새로운 기본권들

제조업에 과잉 의존한다는 점에서 산업체계의 다양성이 결여된 대한민국은 미래는 물론이고 생존도 불확실한 상황이다. 따라서 디지털 경제 생태계를 구축하고, 이를 기반으로 그린 생태계로 이행하는 것은 대한민국의 운명이다. 문재인 대통령이 한국형 뉴딜을 말하면서 '대한민국 대전환'과 '새로운 100년의 설계'를 거론한 이유다. 디지털문명 사회로의 이행에서 선두 국가가 되자는 것이다. 문제는 '대전환'과 '새로운 100년'에 걸맞는 인식과 철학이 필요하다. 그런데 앞에서 지적했듯이 대통령의 표현과 달리 한국형 뉴딜을 정책적으로 추진하는 청와대 참모나 정부 부서의 인식은 산업사회의 사고 틀에서 한치도 벗어나지 못하고 있다.

대한민국의 대전환이나 새로운 100년의 설계는 사회질서를 재구성하는 것을 의미한다. 문명 전환으로 인식해야 한다는 뜻이다. 새로운 사회질서와 문명 전환을 의미하기에 새로운 사회계약을 필요로 하는 것이다. 미국 등 주요국이 코로나19 재난에서 드러낸 무력감을 반면교사로 삼아야 한다. 모두가 알고 있듯이 미국은 2차 세계대전 이후 통신, 우주, 국방, 보건 전반에 걸쳐 우리 현대 경제의 기술적 기반을 구축했다. 그런데 그 후 미국은 자동차의 운전대에서 잠이 들어버렸다. 면역학과 전염병의 기초과학을 위한 실용적 응용을 개발하는 투자에 소홀하였다. 즉 코로나19 대유행은 혁신의 길을 잃어버리면 앞에서 선도하던 리더도 추락할 수 있다는 사실을 보여준다. 미국은 왜 혁신의 길을 잃어버렸을까? 산업사회에서 만들어진 시스템과 새로운 가치창출 방식 간의 부조응의 결과였다. 게다가 일부 시스템은 궤도 이탈까지 하면서 기존의 기능조차 악화되었다. 예를 들어, 1970년대 이후 금융화가 진행되면서 금융중개 기능은 크게 약화되었다. 그 결과 오늘날 미국의 스타트업들(startups)은 더 나은 미래를 건설하는 데 필요한 초기의 투기적 혁신자금 확보에 어려움을 겪고 있다. 금융이 장기적 가치 창출에 필요한 자금을 지원하기보다 분기별 수익 창출을 요구하고 있기 때문이다.

대한민국의 대전환을 위해서는 청년이 숨을 쉬게 해주어야 한다. 청년이 활력이 넘치게 해주어야만 한다. 따라서 100년의 설계는 무엇보다 청년이 활력이 넘치도록 만드는 데 초점을 맞추어야 한다. 앞에서 언급한 교육 혁명과 고등학교 졸업 후 의무적으로 '교양과정 2년'을 이수하게 한 후 대학 진학을 결정하게 하는 '교양과정의 공영화'를 바로 시도해야 하는 이유이다.

동시에 청년이 활력이 넘치게 하려면 사회는 무엇을 해야 하는가? 청년을 무기력하게 만드는 요인을 제거해주어야 한다. 현재 청년이 겪는 고통은 '한국식 산업화 모델'의 수명 종언에서 비롯한다. 앞서 지적했듯이 제조업 역할은 쇠퇴하는 가운데 디지털 생태계로의 진화가 지체되면서 자본주의 사회에서 살아가기 위한 필수 수단인 일자리 부족에서부터 자존감이 무너지고 있다. 청년의 일자리는 디지털경제 생태계와 관련된 산업에서 만들어질 수밖에 없다. 코로나19 재난으로 오프라인 산업과 디지털 산업의 격차는 더욱 벌어지고 있다. 그리고 이러한 격차는 앞으로도 지속될 수밖에 없다. 예를 들어, 비대면 문화는 확산할 수밖에 없다. 이러한 추세를 볼 때 80년대 이후에 태어난 밀레니얼 세대와 Z세대는 대한민국의 '희망'일 수밖에 없다. 그런데 지난 1년 사이에 (2020년 11월 기준) 청년층(15~29세) 일자리는 24만 3,000개가 줄었다. 그중에서 20대 전반의 일자리가 약 12만 7,000개 줄어들었다. 30대 일자리도 19만 4,000개가 줄어들었다. 디지털경제 생태계를 주도할 수 있는 연령층이 시들어가고 있는 것이다.

시장과 정부가 일자리를 만들지 못하는 상황에서 이들이 스스로 일거리를 만들게라도 해야 한다. 이는 (디지털경제 생태계의) 일거리를 만드는 데 필요한 자유시간을 지원하는 것을 의미한다. 그러기 위해서는 노동시간의 축소, 즉 '생존' 압박을 덜어주어야 한다. 구체적으로 주거를 중심으로 의식주와 통신 등의 비용 지원이 필요하다. 그러면 최소한의 아르바이트를 하고, 여유 시간(자유시간)을 자신의 관심사를 일거리로 전환하는 데 투입할 수 있을 것이다. 무엇보다 청년에 대한 이러한 지원이 '복지'가 아닌 '사회적 투자'라는 것을 똑바로 인식해야만 한다. 단순히 청년 개인의 문제가 아니라 활력을 잃어가는 대한민국의 산업 체계를 다양화하고, 대한민국의 미래를 만드는 일이기 때문이다. 이런 점에서 사회는 아이디어를 가진 사회구성원들, 특히 젊은이들의 아이디어를 혁신으로 잇는 기회를 사회적 투자 차원에서 지원해주어야 하고, 최소한의 지원은 사회구성원들이 당당하게 누릴 '21세기의 새로운 경제 기본권'으로 인식되어야만 한다. 동시에 향후 일거리는 AI가 하지 못하는, 아니 AI를 활용하여 새로운 업무를 만들어내는 것이어야 한다. 즉 다양한 것을 연결(협력)하는 상상력이 넘치게 하려면 시야를 넓혀주어야 한다. 새로운 것과 다른 것을 찾아내기 위한 재료, 즉 데이터가 필요하다. 그런데 플랫폼경제에서 뒤처진 우리 사회에 데이터는 절대적으로 부족하다. 우리는 데이터 확보와 다양한 플랫폼 사업모델의 개발 등을 동시에 해결해야만 한다. 이 두 가지 과제를 동시에 해결하기 위해 우리 사회를 어떻게 재구성해야 할지를 살펴보자.

첫째, 데이터 접근권(공유)을 새로운 기본권으로 접근해야만 한다. 일부 플랫폼 사업모델이 확보한 데이터는 플랫폼에 연결된 참여자의 기여물이라는 점에서 사업체의 독점물이 아니다. 데이터는 공공재라는 인식이 필요하다. 무엇보다 (앞에서 지적했듯이) 데이터는 정제해야만 사용할 수 있는 '원유(crude oil)' 같은 것이기에 데이터를 독점한다고 해서 수익을 독점할 수 있는 것은 아니다. 글로벌 플랫폼 기업들이 방대한 데이터를 독점하고서도 새로운 수익원을 만들어내지 못하는 현실을 이해할 필요가 있다. 예를 들어, 한때 (최고경영자 중 한 명이 무료 오픈소스 프로그램을 '암'이라고 부를 정도로) 기술 장벽의 대명사였던 마이크로소프트(MS)는 2020년 4월 21일, 세상에 데이터를 해방시키기 위한 새로운 운동에 동참한다고 선언했다. 이것은 무엇을 의미할까? MS가 얼마나 투명하게 데이터를 개방할지는 두고 봐야겠지만, 이 선언은 데이터의 독점보다는 개방이 지속 가능한 플랫폼 사업모델일 뿐 아니라 혁신에도 도움이 된다는 인식의 산물이다. MS는 (이미 애플이 도입한) 운영시스템(OS)의 핵심 기능에 리눅스를 편입시키는 방향으로 가고 있는 것으로 보인다. 오픈소스 플랫폼 개발이 불가피하기 때문이다. MS의 이러한 인식 변화는 디지털 생태계에서 살아남기 위해서 데이터 개방을 통해 정체된 혁신의 돌파구를 마련하겠다는 생존 대응 전략으로 이해할 수 있다.[58] 개방형 혁신, 즉 공동창조 방식으로 혁신을 만들었던 플랫폼 사업모델이 어느 순간 혁신을 만들어내지 못하고 성장이 둔화되는 전통적 사업모델의 함정에 빠진 이유를 '데이터 독점'에서 찾은 것이다.

따라서 디지털경제 생태계의 활력에 필수조건이자 '생각의 생태계(Thinking Ecosystem)'를 만들어내는 데이터 개방이 다양한 플랫폼 사업모델의 개발을 촉진할 수 있다. 데이터 공유는 무엇보다 민간기업의 자발적 동참이 필요하지만, 생각의 생태계가 활성화되기 전까지는 정책적으로 인센티브(예: 플랫폼세 일부 면제)를 제공함으로써 동참을 확산시키는 노력도 필요하다. 그러나 플랫폼 사업모델의 확산이 빈곤한 한국 사회에서는 새로운 차원의 플랫폼 사업모델의 구축이 필요하다. 가능하면 분산과 공유를 특성으로 하는 블록체인형 '지역공유플랫폼'을 구축하자. '지역순환형 디지털 플랫폼'은 지역사회의 '지자체-생산자-소상공인-소비자' 모두가 주체로 참여하고, 지자체는 지역화폐 발행과 정책 홍보 등을 할 수 있다. 플랫폼 관리자는 지역의 사회적 경제조직이 담당하며 지역화폐와 상품을 구매하여 거래 중개뿐만 아니라 콘텐츠 공급 역할까지 한다. 생산자의 유통비용을 지역소비자 홍보넷(예: 맘카페/개인 SNS 마케팅 등) 등 지역소비자에게 지역화폐로 배분하는 이익 공유 방식으로 생산자와 소비자를 연결한다. 이를 통해 지역에서 생산한 상품의 소비를 활성화함으로써 대기업의 지역경제 지배를 완화하고, 지역화폐 도입으로 전통시장, 골목상가 활성화에도 기여할 수 있다. 그러나 무엇보다 지역공유플랫폼으로 확보한 데이터를 지역주민에게 개방함으로써 창업 활성화와 일자리 창출을 지원할 수 있다. 지역공유플랫폼으로 지역경제가 활성화될 경우 지역사회의 주민자치는 강화되고, 세계화 시대(초연결 세계)를 주체적으로 대응하는 방식인 자기 색깔을 갖는 지역사회(로컬)의 형성이 가능하고, 풀뿌리 민주주의의 강화는 지역주민의 주체적 참여를 통해 기후변화 문제 등에 적극적으로 대응하게 할 것이다.

둘째, 자신의 능력으로 주택을 소유할 수 없는 국민에게 질 좋은 공공임대주택을 공급해야 한다. 특히, 청년에 대한 초장기 공공임대주택의 공급은 경제적 부담 때문에 결혼이나 출산을 하지 못하는 이들을 위해서도 반드시 필요하다. 한국은행의 분석[59]에 따르면 결혼율을 결정하는 경제적 요인 중 첫 번째가 임금 불평등, 그리고 두 번째가 주거비용으로 나왔다. 동시에 무주택자 중 주택구입 능력이 되지 않는 이들에 대한 안정적 주거조건의 제공은 (복마전이 된) 대한민국 부동산시장의 정상화와 관련 있는 문제다. 부동산시장을 정상화하기 위해서는 주택을 소유하기 어려운 국민에게 질 좋은 공공임대주택을 공급해주면서, 비정상적인 투기수요를 차단해야만 한다. 즉 다주택 소유자가 주택 소유의 부담이 커서 소유할 필요성을 못 느낄 정도로 세 부담을 늘리되 다주택 소유자에게 처분할 시간을 주고, 그동안 질 좋은 공공임대주택의 공급에 총력을 기울여야 한다. 특히, 다주택 고위공직자의 '부동산백지신탁'이 선행되어야 한다. 그래야만 정부 정책에 대한 신뢰를 확보할 수 있다. 이를 전제로 중앙정부와 지자체 등이 조성하는 신도시에 개발 공급하는 주택은 가능한 공공임대주택이어야 한다. 이런 점에서 무주택자 누구에게나 제공하는 보편적인 장기 공공임대주택인 경기도의 기본주택 개념을 (일부 보완하여) 전국적으로 확산시킬 필요가 있다. 경기도 기본주택은 (1)위치는 역세권 등 핵심지역, (2)임대료는 중위소득의 20% 이내, (3)대상은 모든 무주택자 등을 특징으로 한다. 지자체가 운영하다 보니 원가보전 구조에 기반해 임대료를 책정하고 있다. 2020년 기준 1인 주택 28만 3,000원에서 5인 주택 63만 4,000원을 책정하고 있다. 기초생활수급자에 대해서는 중앙정부의 보조를 전제로 주거급여 수준으로 제공할 필요가 있다.

셋째, 산업문명 시대에서 디지털문명 시대로 전환하기 위해 기본소득의 도입은 절대적이다. 기본소득 도입의 필요성은 오래전부터 있었다. 예를 들어, 존 스튜어트 밀은 (생산물의) 배분에 있어서, 노동 능력이 있든 없든, (생산물 중) 최소한의 일정량은 공동체의 모든 구성원의 생존을 위해 우선 할당하고, 나머지 생산물은 노동, 자본, 재능의 세 가지 요소 사이에 일정 비율로 공유되어야 한다고 주장했다. 또 헨리 조지는 비싼 의료비나 학교 중퇴율, 범죄 증가 등에서 보듯이 빈곤을 방지하기 위해 사회는 막대한 비용을 부담하는데 불평등은 모든 사람의 재산인 지구(토지)를 극소수가 소유한 결과에서 비롯한다고 보았다. 따라서 토지 소유자에게 세금을 부과하고, 그 세금을 모든 사람에게 배당금으로 돌려줘야 한다고 주장하였다. 토지배당금은 지구에 사는 모든 사람이 당연하게 누려야 할 권리라고 본 것이다.

그러나 기본소득에 대한 최근의 논의는 로봇과 AI 기술의 발전 등 4차 산업혁명으로 인한 일자리 소멸 가능성 및 소득분배의 지속적 악화 등을 배경으로 한다. 즉 2016년 4차 산업혁명과 일자리 소멸을 논의한 세계경제포럼은 이듬해인 2017년에 대안의 하나로 기본소득을 다뤘다. 이로 인해 4차 산업혁명과 그 대안으로서의 기본소득은 세계적으로, 특히 한국 사회에서 큰 관심을 받게 되었다. 2016년 스위스에서는 모든 국민에게 월 300만 원의 기본소득을 지급하자는 법안을 국민투표에 부쳤다가 부결되었다. 핀란드, 미국, 캐나다 등 세계 각지에서 기본소득과 기존 복지제도의 장단점을 비교하는 실험이 진행되었다. 우리 사회의 기본소득 논의도 2016년부터 활발해졌다. 당시 민주당 대선후보였던 이재명 성남시장이 공약으로 기본소득을 내세웠다. 그리고 성남시와 서울시는 비록 대상이 일부 청년으로 한정되고 적은 액수의 단기간이었지만 기본소득에 근사한 형태의 수당을 지급했다. 잠시 주춤했던 우리 사회의 기본소득 논의가 이번 코로나 사태를 계기로 다시 부상했다. 몇 가지 이유가 있다. 우선은 사회안전망의 구멍이 심각하기 때문이다. 현행 사회안전망에서는 급여를 받으려면 일정 조건을 충족해야 한다. 법령으로 정하는 조건은 모든 상황을 고려할 수 없다. 그래서 도움이 절실하지만 배제되는, 안전망의 구멍이 존재하기 마련이다. 구멍이 작아서 배제되는 사람이 극소수라면 그래도 큰 문제는 아니다. 하지만 우리 사회안전망에 뚫린 구멍은 너무나 크다. 기존 체계를 보완해가는 식으로는 메꾸기가 요원하다. 그래서 기존과는 전혀 다른 접근, '조건 없는' 기본소득이 대안으로 떠오른 것이다.

기본소득 도입을 반대하는 가장 단순한 논리가 근로 유인의 저하이다. 그런데 이러한 주장은 지속적인 성장을 목표로 한 산업사회의 경험에 집착한 결과다. 즉 산업사회에서 사람들은 노동을 통해 경제적 부의 창출에 기여하고, 그에 대한 반대급부로 생존에 필요한 임금소득을 획득한다. 결국 이 논리에 따르면 무조건 현금을 지급하는 기본소득은 근로 유인을 저하해 경제 규모의 축소로 이어질 수 있다. 그런데 도입 필요성을 주장하는 쪽에서는 4차 산업혁명에 따른 일자리 충격을 고려하면 기본소득 도입이 일할 의욕을 저하할 가능성은 낮다고 반박한다.

그러나 기본소득 도입의 필요성과 관련하여 이러한 논란이 놓치고 있는 더 중요한 점이 있다. 2000년대 이후 산업계는 지각변동이 진행 중이다. 탈공업화는 산업화를 이룬 사회의 공통적인 현상이다. 제조업 종사자가 8~9%에 불과할 정도로 가장 먼저 탈공업화를 경험한 미국에서 2000년 이후 제조업의 역할은 빠르게 쇠퇴하고, 플랫폼 사업모델이 확산하는 등 디지털경제 생태계가 부상하였다. 그런데 제조업 생태계와 디지털경제 생태계는 전혀 다른 세상이다. 산업사회에서는 생산과 소득 등에서 노동시간은 중요한 기준이다. 산업사회는 노동과 여가가 분리된 세상이다. 그러나 좋은 아이디어가 가치 창출에서 중요한 역할을 하는 데이터경제, 그리고 일률적이고 사무적인 업무는 인공지능형 컴퓨터가 수행하는 시대에서 사람들이 갖춰야 할 가장 중요한 기술은 창의성이다. 그런데 창의적 아이디어는 (제조 제품의 생산물처럼) 노동시간과 일대일의 비례관계를 갖지 않고, 노동시간에서보다 여가(자유시간)와 놀이에서 나온다. 즉 자유시간(여가)도 노동시간과 더불어 사회의 경제적 부의 창출에 기여할 뿐 아니라 자유시간의 기여도는 갈수록 증대할 수밖에 없다. 심지어 사람에 따라서는 생애 단 하나의 가치 있는 아이디어로 인류 사회에 이바지하기도 한다. 즉 창의적 아이디어는 노동시간 투입에 비례하여 나오지 않기에 노동시간 투입에 기초한 소득 배분은 문제를 갖는다.

무엇보다 창의적 아이디어는 자신이 좋아하는 일을 해야만 나올 수 있기에 아이들에게 충분한 자유를 주어 자기의 길을 찾게 해주어야 한다. 예를 들어, 훌륭한 디자이너들은 자연에서 영감을 얻기에 사무실에서보다 산책할 때 아이디어가 잘 나온다고 말한다. 그리고 아이들은 놀이를 통해 다른 아이들과 교류하는 방법을 배우고 창의성을 키운다는 점에서 놀이와 배움은 같은 개념이다. 즉 상상력과 창의성의 원천인 놀이 없이는 문화의 진화가 불가능하다. 실제로 인류 세계는 놀이로 이야기를 만들고 문화를 창조하였다. 일찍이 요한 호이징하(Johan Huizinga)는 1938년에 출간한《호모 루덴스(Homo Ludens)》에서 놀이는 문화의

한 요소가 아니라 문화 그 자체가 놀이의 성격을 가지고 있다고 역설하였다.

한국의 아이들이 창의성이 떨어지는 이유도 아이들의 삶에서 놀이시간, 자유시간이 감소한 것과 관련이 있다. 그런데 한국 사회에서 부모들은 자녀들이 노는 모습을 보면 불안해한다. 산업사회 이데올로기에 포로가 된 기성세대는 놀이는 그냥 시간 낭비라고 생각하기 때문이다. 사실, 교육(education)은 어원 에두케레(educere, 끌어내다)의 의미에서도 보듯이 학생들의 잠재력을 끌어내는 것이다. 그런 점에서 주입식 교육은 진정한 의미에서 교육이 아니다. 교육은 학생들에게 자유를 주고 스스로 생각할 시간을 주어야 한다. 그렇게 했을 때, 학생들은 창의적인 아이디어를 내고, 문제를 찾아내 해결하는 능력을 키울 수 있다. 아이들에게서 놀이시간과 자유시간을 빼앗는 한국 교육은 시대를 역주행하는 것이다.

이처럼 산업사회와 전혀 다른 세상의 도래로 기본소득도 종래의 복지 차원이 아닌 경제정책의 의미로 재해석된다. 이를 위해 기본소득을 너무 경직적으로 이해하지 말아야 한다. 실제로 기본소득 개념은 계속 진화중이다. 무엇보다 기본소득의 규모는 생계에 필요한 최소한의 소득이 아니다. 모든 사람에게 최소 생계비를 지급할 수 있는 국가는 사실상 없다. 인류 사회의 생산력이 뒷받침되지 못하기 때문이다. 한국 사회에서도 1인당 최소생계비는 한 달에 100만 원은 되어야 할 것이다. 연 600조 원 이상이 필요하고 GDP의 30%가 넘는 규모이다. 따라서 기본소득 규모는 기본소득만으로는 충분하지 않아 다른 일을 해야 할 정도의 금액이다. 생계에 필요한 소득 중 일부 소득을 지급함으로써 일에 대한 유연성이나 일자리를 선택할 자유도를 높이는 것이다. 즉 기본소득을 지급받음으로써 임금이 높으면서 자기가 가장 만족하는 일을 선택할 것이다. 예를 들어, 높은 수입을 얻을 수 있는 주 20시간의 일자리와 15시간의 자원봉사 활동을 결합할 수 있다. 선택 옵션이 늘어나면 행복도가 증가한다. 자기가 좋아하는 일을 하거나 사회에 공헌할 기회가 많아지기 때문이다. 또한, 흔히 말하는 기본소득의 5가지 요건(무조건성, 보편성, 정기성, 개별성, 현금성)에 얽매일 필요도 없다. 특정 연령층에 먼저 도입할 수도 있고, 현금 대신 일부를 지역화폐 등을 도입하는 것도 열어놓을 필요가 있다.

기본소득 도입의 필요성은 다음 두 가지로 압축될 수 있다. 첫째, 산업사회의 종언(탈공업화)에 따른 일자리 양극화에 의해 소득 불평등이 심화되고 일자리 증가율도 하락하는 등 노동소득의 비중이 하락하면서 수요 부족이 구조화되고, 그에 따라 저성장이 고착화한다. 이런 상황에서 기본소득은 수요 강화에 이바지함으로써 성장 개선에 기여할 것이다. 둘째, 기술진보(AI형 자동화)에 따라 종래의 많은 노동 업무가 로봇으로 대체되고 있다. 그 결과 로봇이 할 수 없는 업무를 만드는 것이 중요 과제로 부상한다. 즉 창의적 아이디어를 요구하는 업무 만들기가 4차 산업혁명 시대에는 핵심 과제다. 이는 창의적 아이디어를 많이 확보하는 사회만이 지속 가능할 수 있음을 의미한다. 따라서 정부는 창의적 아이디어가 많은 사회를 만드는 과제를 갖고, 이를 위한 투자를 해야 한다. 이러한 투자는 산업사회 때의 SOC 투자와 같은 성격을 갖는다. 창의적 아이디어는 자유시간과 관련이 있다는 점에서 투자는 자유시간에 대한 지원을 의미한다. 즉 자신의 관심을 일거리로 만들고 싶은 사람들에게 일거리를 만드는 데 필요한 자유시간을 지원하기 위해 기본소득을 제공한다. 자유시간을 확보하려면 노동시간을 줄여야 하는데 그에 따른 수입(임금소득)의 감소분을 보전해주어야 한다. 이처럼 기본소득은 사회의 '혁신 활성화'와 좋은 일자리 창출에 기여한다는 점에서 선택의 문제가 아니다. 구글 시대의 경제 기본권이 되어야하는 이유이다.

기본소득 도입의 최대 장애물은 세대 차이다. 일본이나 한국 사회에서는 '일을 하지 않는 것은 부끄러운 일'이라는 인식이 강하고, 그로 인해 사람들은 무슨 일이든 해야 한다는 강박을 가지는데 이는 산업사회의 이데올로기에 포로가 된 결과다. 즉 산업사회 이데올로기가 체화된 기성세대는 일자리를 찾아 돈을 벌어오지 않으면 사람 구실을 못하는 것으로 생각하는 경향이 있다. 그 결과 기성세대는 모든 사람이 평생 아침부터 저녁까지 일할 수 있는 일자리를 제공하는 사회를 만들어야한다는 생각이 강하다. 문제는 기술 발전과 혁신으로 생산 과정에 필요한 인간 노동의 양이 점점 더 적어지고 있다는 점이다. 예를 들어, 기술적으로 로봇이 사람 대신 여러 분야에서 활약하며 농업이나 제조업, 서비스업 같은 일을 대체하는 상황에서 우리는 노동의 역할이 무엇이어야 하는가 하는 질문에 직면한다. 이에 대한 해법은 노동시간의 축소와 일자리 공유, 그리고 이 과정에서 (기본소득을 받은) 개개인이 하고 싶은 일에 집중하는 것이다. 이를 통해 개인의 행복과 사회 이익의 동시 추구가 가능해진다. 사람들이 더 큰 자유(시간)를 갖게 되면 자기 삶의 의미와 보람을 찾는 데 더 많은 시간을 쓰고, 그 결과 개인은 행복을 추구할 수 있게 되고 사회에는 혁신 활동이 활발해질 것이다.

기성세대의 또 하나의 우려는 인간은 자유로운 시간이 늘어나면 TV만 보며 해이해진다는 것이다. 하지만 한 조사에 의하면, TV 시청 시간이 긴 곳은 미국·터키·일본 등처럼 노동시간이 긴 나라들로, 피곤한 상태에서 여유 시간에 할 수 있는 일은 고작 TV 시청 정도였던 것이다.[60] 오히려 노동시간이 짧은 나라일수록 자원봉사 활동에 참여하고, 어린아이나 고령자를 돌보고, 작곡이나 예술 분야에서 활약하는 사람이 많다. 이처럼 사람들은 사회적으로 가치 있는 일을 하고 싶어 한다. 실제로 주요국들에서는 노동시간이 줄어들면서 늘어난 여가시간에 학습과 돌봄, 사회참여를 통해 새로운 가치를 만들어가고 있음을 확인할 수 있다. 게다가 인간은 빈곤선을 넘어서면 돈을 효율적으로 활용한다. 즉 사람들은 자기 인생에서 무엇을 얻고 싶은지를 스스로 결정할 자유가 있으면 돈을 낭비하지 않는다. 그렇다 보니 유럽이나 미국 등에서조차 기본소득에 대해 산업사회에서 대부분을 살아온 기성세대는 반대가 높고, 밀레니얼 세대 이후에서는 지지가 높은 것으로 나타난다.

기본소득의 의미를 이해하는 것은 재원 마련 방식에도 영향을 미친다. 기본소득은 전체에게 지급한다는 일종의 공적 부조라는 점에서 세금으로 충당할 수밖에 없다. 세금 충당 방식은 크게 두 가지로 나눈다. 하나는 소득세, 비과세 감면을 없애고, 기존 소득세제를 단순하고 누진적인 방향으로 개편하여 재원을 마련하는 방식이다. 이 방식의 경우 세금을 더 내는 사람은 일부 고소득계층에 한정되고, 중상위 이하 소득 계층은 내는 세금보다 받게 될 기본소득이 더 많아진다. 하지만 진짜 어려운 계층, 예를 들어 생계급여에 의존하는 극빈층은 혜택에 변화가 없다는 단점을 갖는다. 또 하나는 새로운 세원을 만드는 방식이다. 대표적 방안이 국민 모두의 것인 토지에 대한 국토보유세(기본소득 토지세)로 기본소득의 재원을 확보하는 방식이다. 재산세와 종부세로 구성된 현재의 토지세는 다른 나라에 비해 너무 낮기에 비주거 주택이나 사용 목적을 벗어난 기업부동산 등 투기투자용 토지는 증세하되 증세분 전액을 지역화폐로 전 국민에게 균등환급하자는 주장이다. 시뮬레이션 결과 절대다수의 국민은 토지세를 아예 안 내거나, 토지가 있어도 내는 토지세보다 환급금이 더 많은 것으로 확인되기에 조세 저항도 크지 않을 것이라고 주장한다. 이처럼 기본소득토지세는 토지 불로소득 환수를 통한 부동산 투기 억제와, 이와 더불어 불평등 완화와 소비 확대에 따른 경기부양이라는 장점을 갖는다.

4차 산업혁명 시대의 분배시스템으로 의미를 부여한다면 로봇세의 도입도 고려할 수 있다. 예를 들어, 로봇이 대체한 노동자의 지난 연간 수입을 '참고 급여'로 사용하여 동일한 사회보장비용을 추출하자는 것이다. 이를 통해 불평등을 완화하고 자동화에 따른 노동력 대체 효과가 내포하는 사회적 비용을 상쇄하자는 것이다. 그런데 기본소득을 혁신 활성화의 핵심 수단으로 인식한다면 '경제정책'으로 추진할 수도 있다. 예를 들어, 연구개발 예산 배정이나 연구개발 세액공제가 제조업 시대에 혁신 활성화를 지원하기 위한 경제정책이었듯이, 아이디어가 혁신의 핵심 수단인 데이터경제 시대에는 기본소득 지급이 혁신 활성화 정책이기 때문이다. 혁신 활성화를 통해 생산성 증대와 좋은 일자리 창출, 그리고 경제성장에 도움이 된다면 국가 예산으로 배정할 수 있기 때문이다. 정부가 2020년 연구개발 예산에 24조 원, 일자리 예산에 약 26조 원을 투입하였다. 마찬가지로 소득세제 개편과 새로운 세원 발굴, 그리고 예산 배정 등을 조합하면 생계유지에 필요한 최저소득 중 '의미 있는' 일부를 기본소득으로 지원하는 것이 가능하다.

이처럼 기본소득의 재원을 조세체계의 개편, 새로운 세금의 도입으로 충당할 수도 있지만, 혁신에 필요한 사회적 투자라면 예산을 배정하는 방식도 필요하다. 그리고, 앞에서도 말했듯이, 초기에 재원 확보가 불충분하고, 사회 갈등(세대 갈등)이 크다면 청년 세대만을 대상으로 지급하는 방식으로 시작하고, 사회 전체의 파이가 증가함에 따라 확대할 수 있을 것이다. 예를 들어, 20세부터 34세 사이에 스스로 새로운 시도를 할 준비가 되었을 때 5년을 선택하고, 월 30만 원씩 지급해주는 것에서 시작할 수 있을 것이다. 2020년 10월 기준 20~34세 인구는 약 974만 명이고, 이들 중 최대 50% 범위 내에서 지원을 해준다면 소요 재원은 GDP 대비 1%도 채 되지 않는다.

무엇보다 기본소득 도입으로 우리 사회의 공정성 강화와 더불어 '미래 만들기'라는 핵심 과제 두 가지를 해결할 수 있다는 점에 주목해야 한다. 반복하지만, 많은 사회구성원이 의미 있는 새로운 시도를 해야만 미래를 기대할 수 있다. 즉 사회 전체 차원에서 노동시간의 축소는 미래를 만드는 사회적 투자에 해당한다. 기본소득은 혁신의 시드머니

(seed money)인 것이다. 창업에 도전하는 이들을 보면 창업이 (비유하면 낭떠러지에 서 있는) 마지막 선택이 될 경우 (초조감 등으로) 실패할 가능성이 크지만, 최소한의 비빌 언덕(?)이 있다고 생각하면 성공할 가능성이 큰 것으로 확인된다.

넷째, 기본소득과 더불어 기본대출이 필요하다. 새로운 시도를 하려면 최소한의 자금이 필요하다. 금융은 가장 기울어진 운동장이다. 신용등급이 인간등급일 정도로 신용등급의 차이로 처음부터 공정한 게임이 불가능하다. 즉 중앙은행과 은행시스템은 국가가 만들고 허용했음에도 불구하고 모든 국민이 은행시스템을 평등하게 이용하지 못하고 있다. (2020년 3분기 기준) 전체 신용대출액(695조 1,555억 원) 중 67% 이상이 시중은행 밖에서 이루어지고 있다. 한국 사회에서 신용등급 6~7등급 이하는 시중은행에서 신용대출을 받는 게 어렵다. 2018년 12월 기준 전체 신용등급 평가 대상자의 약 20%가 신용등급 6등급 이하에 해당한다. 심지어 2금융권에서 돈을 빌릴 수 없는 사람들도 상당하다. 18년 12월 기준 대부업 이용자는 221만 명 이상 달했고, 불법 대부업 이용자도 41만 명에 달했다(금융위원회의, 〈19년 하반기 대부업 실태조사 결과〉). 특히 큰 문제는 사회생활을 시작해야 하는 20대 청년층의 대부업 이용 규모(2014~17년 기준)가 거의 1조 원에 달하고 이용자도 30만 명에 달한다는 사실이다. 그리고 대부업체를 이용한 청년층 중 상환을 제대로 하지 못하는 비율(연체율)도 4~6%에 달하고 있다. 높은 금리를 이용하고 있다는 점에서 자연스러운 결과다. 2017년 6월 말 기준 20대 대부업 이용자의 약 90%가 25%~34.9%의 높은 금리를 이용하고 있다. 금융위원회 등 관계기관의 조사에 따르면 청년 약 5명 중 1명이 대출을 경험하였으며 대출 용도는 학자금이 가장 높은 비중(53.2%)을 차지하였지만, 생활비나 주거비, 대출상환 목적의 대출도 약 40%에 달하고 있다. 청년층이 상환하기 어려운 고금리 대출을 이용하고, 그 결과 채무불이행자가 될 경우 정상적인 사회생활이 어려울 수밖에 없다. 이러한 청년들은 취업에 어려움을 겪을 수 있고, 실업 기간이 길어질수록 숙련이 고갈되고, 질 낮은 일자리에 고착됨으로써 사회로부터 문제 있는 노동력으로 분류되어 평생소득이 저하된다. 즉 장기적 고용 불안의 요인이 된다. 게다가 경험 축적의 기회 박탈과 동기 상실은 우울증이나 스트레스 등 정신적 장애로 이어질 수 있고, 기업조직의 생기와 활력을 저하시키고, 청년 세대의 조세부담 능력 감소로 국가 재정수입 기반을 약화시킬 것이다. 예를 들어, 앞에서 지적했듯이, 최근 우울증, 조울증, 불안장애, 공황장애 등 각종 정신질환 증가율 1위가 20대이다. 즉 개인과 기업조직, 국가의 미래 성장잠재력이 훼손될 것이다.

이처럼 생산가능인구 중 거의 20%는 은행시스템의 혜택을 받지 못하는 현실이다. 은행은 수익성을 추구하지만, 동시에 필요한 곳에 자금을 공급하는 자금 중개 기능을 하라고 많은 특혜를 받고 있다. 가장 낮은 금리인 중앙은행의 기준금리를 이용할 수 있고, 경영 위기 시 무제한 유동성 지원을 받을 수 있고, 뱅크런(bank-run, 예금인출사태)을 막아주기 위한 예금보장제 등의 혜택도 받고 있다. 예금보장제가 소비자를 위한 것으로 알고 있는 이들이 많은데, 실은 소비자보다 은행이 받는 혜택이 더 크다. 은행이 파산했을 경우 고객은 일정 한도 내에서 보장을 받지만, 은행은 주주가 모든 손실을 부담하지 않고 납세자의 돈인 공적자금으로 해결하기 때문이다. 한마디로 땅 짚고 헤엄치기다. 그런데 (화폐유통속도가 탈공업화가 시작된 1991년 1.39에서 최근에는 절반도 되지 않는 0.61로 떨어질 정도로) 자금 지원을 떠맡은 은행의 역할은 실종된 상황이다. 특히 외환위기 이후 외국인 주주가 은행을 장악하면서 단기적인 수익 추구에만 매몰되어 본연의 역할을 외면하고 있다. 은행이 제대로 역할을 하지 않을 경우 영업정지나 인가취소의 권한을 가진 금융위원회(정부)가 직무유기를 하는 것이다(은행법 53조). 또한, 은행시스템이 중앙은행과 한몸이라는 점에서 은행시스템에서 배제된 사람은 중앙은행의 발권력의 혜택에서 배제된 것이다. 즉 중앙은행이 제대로 운영되지 않는 것이다. 실제로 (재정 운용을 회원국의 영역에 남겨놓은) 유럽중앙은행(ECB)을 제외한 대부분 중앙은행에서 완전고용과 물가안정을 통화신용정책의 목표로 설정하고 있는 반면, 한국은행은 물가안정만 목표로 설정하고 있다. 한국은행이 경제적 취약계층에 상대적으로 무관심한 이유다. 사실, 완전고용과 물가안정은 계급적 타협의 산물이다. 자산가에게는 물가안정이 중요하지만, 취약계층에게는 상대적으로 완전고용이 더 중요할 수밖에 없기 때문이다. 한편, 한국은행은 금융위기 이후 금융안정을 새로운 목표로 추가하였다. 그러나 1년에 두 번 〈금융안정보고서〉를 국회에 제출하는 소극적 역할에서 그치고 있다. 금융 불안정의 최대 원인이 소득 불평등이라는 점에서 소득 불평등의 개선에 적극적 역할을 수행하지 않는 것은 한국은행의 직무유기다. 많은 연구가 보여주듯이 소득 불평등과 가계부채의 증가가 공진화를 하고, 가계

신용(부채)의 증가는 금융위기의 핵심 요인으로 작용한다. 한국의 경우도 2002~17년 사이에 상위 10%의 소득이 차지하는 비중이 37.5%에서 50.6%로 약 13%포인트가 상승하는 동안 (가계신용 기준) 가계부채의 비중도 GDP 대비 59%에서 79%로 약 20%포인트 상승했다. 한 연구에 따르면 중앙은행의 정책금리 인하는 고소득층의 소득 비중을 증대시키는 반면 저소득층의 소득 비중을 하락시킴으로써 소득 불평등을 악화시키는 것으로 나타났다.[61] 중앙은행의 통화정책이 계층 간에 차별적으로 영향을 미치고 있는 것이다. 따라서 중앙은행의 발권력을 모든 국민이 평등하게 이용하게 해야 한다. 즉 '중앙은행의 민주화'가 필요하다. 중앙은행의 목표를 완전고용과 물가안정, 소득 불평등 개선 등으로 설정하고, 통화신용정책의 의사결정기구인 금융통화위원회의 구성을 청년, 소상공인, 노동자계급 등을 대표하는 사람들로 보강해야 한다.

중앙은행의 민주화 이전에라도 국가 재정을 활용하여 금융의 불공정성을 완화시킬 필요가 있다. 사실 중앙은행은 국가권력과 은행자본 이해의 결탁물로 탄생했다는 점에서 국가 재정과 금융은 동전의 앞뒷면을 구성한다. 즉 (사실상) 상환할 필요가 없는 국채 인수를 통해 재정을 지원해주는 대신 은행은 자신의 은행권을 조세 납부 수단으로 인정받음으로써 법정화폐 권한을 획득하였다. 즉 (금의 보증 없이) 신용 창출이 가능해진 것이다. 따라서 중앙은행의 발권력 혜택을 받지 못하는 국민을 국가 재정으로 지원해줄 수 있다. 은행시스템이 국가의 '생산물'임에도 은행시스템에서 배제되는 사람의 권리를 복구해주자는 주장이 '기본대출권'이다. 기본대출권은 국민의 기본권이라는 주장은 공식적으로는 이재명 경기도지사가 처음 제기하였다. 우량 대기업, 고액 자산가, 고소득자 등이 누리는 2%가량의 저리장기대출 기회를 대부업체 대출금 수준인 1,000만 원 내외 규모로 국민 모두에게 나눠주자는 것이다. 참고로 2020년 6월 말 기준 개인신용등급(CB) 1등급에 대한 시중은행의 신용대출 금리는 2% 안팎이다. 저축은행 정기금리 수준으로 대출을 해주면 대출받아 '돈놀이'하는 것을 차단할 수 있다.

이렇듯 기본대출은 일종의 '기본자산'으로 이해할 수 있다. 기본대출에 따른 여러 가지 효과는 다음과 같다. 첫째, 급전이 필요한 사람이 카드론이나 대부업체 등을 이용하지 않을 수 있다. 둘째, 창업을 하고 싶은 사람들이 5명이 모이면 5,000만 원까지 장기간 저리로 이용할 수 있다. 즉 개인당 1,000만 원에 대한 2% 이자인 연 20만 원 정도는 상환에 부담을 갖지 않기에 장기간 안정적으로 활용할 수 있다. 셋째, 복지 사각지대를 찾아내는 정보를 확보할 수 있다. 예를 들어, 생활고로 목숨을 끊은 '송파 세 모녀', 굶어 죽은 채 발견돼 사회에 충격을 준 '봉천동 탈북 모자'와 같은 사건을 사전에 예방할 수 있을 것이다. 1,000만 원을 모두 소진한 사람이 이자 비용을 상환하지 못할 경우 위험신호로 간주될 수 있기 때문이다.

일부에서는 기본대출을 도입할 경우 채무불이행 금액에 대한 국가 부담이 급증할 것을 우려한다. 그런데 무엇보다 의도적으로 상환을 하지 않아 채무불이행을 하는 사람은 거의 없다. 사회경제 생활에 지장을 초래하는 위험을 감수하면서 이 정도 대출금을 의도적으로 상환하지 않는, 이른바 '도덕적 해이'가 일어날 가능성은 크지 않기 때문이다. 둘째, 금리가 낮아 상환 가능성이 높아진다. 특히, 장기간 저리의 이자만 상환하기에 만기 이전에 이자를 상환하지 못하는 사람은 거의 없다. 만기 이전에 이자를 상환하지 못할 정도가 되는 사람에 대해서는 일자리 지원 대책으로 상환을 유도할 수 있다. 이러한 경우를 모두 제외한 이후 채무불이행 금액은 최대 4,000억 원* 정도에 불과할 것으로 추정된다. 물론 4,000억 원이 적은 금액은 아니지만, 은행시스템에서 소외된 국민에게 이 정도 지원하는 것은 국가의 의무이다. 은행시스템에서 배제되는 국민에 대한 지원 비용을 문제 삼는 것은 기업이나 은행 등에 대한 정부 지원 규모를 고려할 때 공평하지도 않다. 1997년 11월~2018년 12월까지 공적자금 지원 총액은 168조 7,000억 원이며 이 중 116조 8,000억 원이 회수되었다. 즉 회수되지 않은 돈이 약 52조 원이었다. 서민금융의 채무불이행율이나 채무불이행 금액 규모를 문제로 삼는 사람 중 기업이나 은행 지원에 문제 삼는 사람은 거의 없다. 물론, 이 정도의 기본대출권 보장으로 경제적 취약계층의 자활이 가능하다는 것도 아니다. 기본소득이나 기본주택과 더불어 기본대출권은 사회구성원에게 최소한의 권리를 보장하는 것이고, 자활을 위해서는 일자리 보장이 뒷받침되어야만 한다.

이와 별도로 금융 소외의 출발점인 한국은행의 민주화는 반드시 필요하다. 즉 모든 국민이 금융에 대한 평등한 접근권을 갖게 하기 위해서는 중앙은행과 중앙정부가 독점한 통화공급과 재정의 독점권을 분산시켜야 한다. 사실 그동안 중앙은행의 통화공급 통제력은 약화돼왔다.

---

* 2018년 말, NICE 신용평가 기준으로 전체 개인신용평가 대상자에서 신용거래를 필요로 하지 않는 사람과 신용거래자 중 1등급을 제외한 약 1,352만 명 기준

시중은행은 (자산의 유동화 기법이 발달하면서) 시장에서 자금을 조달할 수 있게 되었다. 게다가 블록체인 기술의 발달로 화폐의 다원화도 불가피하다. 물론, 블록체인 기술에 기반을 둔 암호화폐는 데이터 활용 역량이 정상궤도에 올라야 활성화될 수 있다. 암호화폐의 가치 안정성은 블록체인 플랫폼이 추진하는 사업의 실질가치가 뒷받침되어야 하기 때문이다. 블록체인 플랫폼 사업의 실질가치는 데이터의 분산과 공유, 그리고 이익 공유 등에서 승자독식 문제를 갖는 기존의 플랫폼 사업모델보다 진보적이나 데이터를 공유하는 참여자들이 실질가치를 높이는 데 기여할 수 있어야만 생태계의 지속 가능성이 보장된다.

반면, 지역공공은행은 중앙정부의 권한만 분산시키면 당장이라도 가능하다. 주요국들과 달리 중앙정부에 권한이 집중된 한국의 경우 지역공공은행 설립의 최대 장애물은 기재부가 가진 승인권이다. 중앙정부 독점권의 약화 때문에 민간 지역은행은 허용하면서 지역공공은행의 설립을 반대하는 것은 기득권 사수와 다름없다. 지역공공은행의 가능성과 필요성에 대한 논리는 다음과 같다. 국가의 조세권이 뒷받침되어 중앙은행이 발행하는 통화(신용)가 법정화폐가 될 수 있었듯이, 지방정부가 가진 조세권을 바탕으로 지역공공은행을 만들 수 있다. 즉 지방정부 및 지역주민의 출자금을 자본금으로 하고, 지자체 예산과 지역주민 예금으로 신용을 창조하여, 지역주민이 직접 관리하고 통제하면 중개수수료와 운용비용도 낮출 수 있다. 미국이나 유럽 등에서 지역공공은행이 뿌리를 내리는 이유도 신용평가 역량이나 운용비용 등에서 상업은행보다 경쟁력이 있기 때문이다. 무엇보다, 지역공공은행은 주민을 위한 공공사업, 예를 들어 사회적이고 공공적인 프로젝트에 자금을 공급함으로써 지역사회의 문제 해결과 혁신에 기여할 수 있을 뿐 아니라 지역의 금융 약자들을 위한 자금 수요에도 적극적으로 대응할 수 있다. 다시 말하지만, 지역공공은행의 장애물을 해결하려면 중앙정부의 허가가 필요하기에, 이는 결국 지방분권의 문제와 관련이 있는 것이다.

　다섯째, 일자리 국가보장제의 도입이 필요하다. 디지털 생태계로의 이행에도 불구하고 사회는 기본적으로 자본주의 원리로 운영되고 있기에 노동권은 사회구성원에게 여전히 기본권의 의미를 갖는다. 시장 영역이 해결하지 못하는 노동의 권리를 방치하는 것은 국가의 직무유기다. 즉 시장이라는 제도는 모든 사람의 일자리를 해결하지 않는다. 경제가 활발할 때 혹은 시장이 정상적으로 작동할 때라도 (국가마다 정도의 차이가 있지만) 일정한 실업자가 존재한다. 시장을 절대적으로 신봉하는 주류 경제학조차 장기적으로 변하지 않는 실업률 이른바 '자연 실업률'이 존재한다고 말한다. 2018년 미국 연준이 추산한 자연실업률은 4.1~4.8%였다. 그러나 2018년 첫 두 달만 4.1%였고 나머지 열 달은 4.1%를 하회하였다. 다음의 두 그림은 연준이 추산한 장기 자연실업률 추이와 실제 실업률을 보여준다. 자연실업률 개념이 그다지 설득력을 갖는 것처럼 보이지 않는다. 이 개념은 본래 보수적인 경제학자들이 재정정책의 유효성을 부정하기 위해 만든 것이기 때문이다. 자연실업률 개념의 적합성과 관계없이 미국에서는 지난 50년간 최소 3.5% 이상의 실업률이 존재해왔다. 이는 시장이 3.5% 규모의 실업 문제를 해결할 수 없음을 의미한다. 즉 최소 3% 정도의 실업은 시장에 의해서 해결이

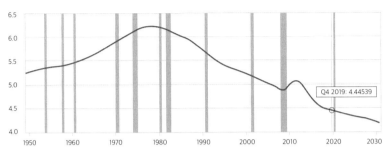

연준이 추정한 미국의 장기 자연실업률 추이

출처: Fed. Reserve Bank of St. Louis, Natural Rate of Unemployment (Long-Term)

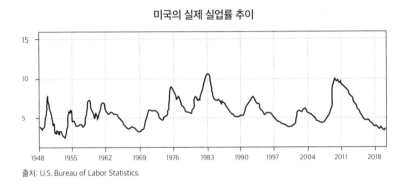

미국의 실제 실업률 추이

출처: U.S. Bureau of Labor Statistics.

안 된다는 사실을 보여준다. 실업의 존재는 많은 사회적 비용을 유발한다. 고용보험이 대표적이다. 특히 장기 실업자의 경우 개인과 사회 모두에게 치명적인 상처와 비용을 유발한다.

　미국은 대공황을 겪고 나서 실업과 수요 부족 등 자본주의의 구조적 결함에 대해 눈을 뜨기 시작했다. 그 연장선에서 고용에 대한 국가의 책임을 강조하는 '1946년 고용법', '1978년 험프리-호킨스 완전고용법(완전고용과 균형성장법)'을 제정한다. 1946년 고용법은 연방정부가 민간

기업과의 협력을 통해 "최대의 고용, 생산, 구매력"을 추구하도록 규정하였다. 사실, 1946년 고용법의 원안은 미국 국민에게 보장된 권리로 확립된 완전고용을 달성하기 위해 연방정부가 모든 권한을 다할 것을 의무화시킨 '1945년 완전고용법'이었다. 자본주의 사회에서 사람들은 임금노동자나 자영업자, 고용주 중 하나로 살아가야만 하고, 그 연장선에서 모든 사람이 일자리를 갖는 것을 권리로 규정하고 있기에 완전고용은 국가의 책임인 것이다. 그러나 완전하게 고용을 보장하는 데 불편을 느낀 재계와 보수파 동맹들이 장악한 의회의 장벽을 넘지 못해 '의무화'는 제거되었다. 1946년 고용법의 모호한 표현에 불만을 품고, 국가의 경제정책을 강화하고 구체화한 시도가 '1978년 완전고용법'이다. 1978년 법은 대공황 때 적용되었던 것처럼 실업을 줄이기 위한 공공 일자리 창출 대책을 규정하고 있다. 연준이 통화정책의 목표로 완전고용과 물가안정을 동시에 설정한 배경이다.

한국은 어떤가? 한국은행의 통화신용정책의 목표에 완전고용은 존재하지 않는다. 2020년 정기국회에서 일부 정치인이 '고용안정'을 한국은행의 목표에 추가하려는 움직임을 보이자 국내 보수언론들은 자신의 무지를 드러냈다. 조선일보(2020년 11월 11일자)는 "취업난도 한은탓"이라는 제목의 기사를 내보내며 '무지'를 자랑했고, 동아일보(2020년 11월 3일자)도 "한국은행이 고용안정까지 맡는다고?…법안 추진에 전문가 '난색'"이라는 제목의 기사를 쏟아냈다. 이들의 주장대로라면 완전고용을 연준의 통화신용정책 목표의 1순위로 설정하고, 노동경제학 전문가를 연준 의장으로 임명했던 미국은 비정상적 나라가 된다.

한국도 2000~19년간 평균 실업률은 3.7%이다. 이러한 실업은 시장이 해결하지 못하는 일자리 문제인 것이다. 물론, 취업자 중에서도 상당한 노동자는 (단시간 노동, 일용직, 임시직 등으로서 종사상 지위가 불안하거나 반실업 상태의 영세사업자로서 사실상의 실업 상태인) 불완전 취업 상태에 있다. 일자리 문제의 근본적 해법은 산업재편과 관련된 것이지만 산업재편과 더불어 국가는 일할 의사가 있는 사람에 대해 최종고용자(employer of last resort)의 역할을 해야만 한다. 그런데도 현실에서 국가의 일자리 보장은 너무 소극적이다. 정부는 2019년에 통과시킨 2020년 본예산에서 일자리 예산으로 25조 5,000억 원을 투입하였다. 일자리 예산은 매년 증가하고 있다. 그렇지만 일자리 정책의 성과는 피부에 와닿지 않는다. (앞에서 지적했듯이 기업 주도의 일자리 창출 패러다임이 약화하는 상황에서도) 기업을 지원하는 관성적인 방식이 되풀이되기 때문이다. 시장(기업)을 매개로 일자리 문제를 해결하지 못하는 상황에서 정부는 시민사회와의 협력을 강화할 필요가 있다. 한국의 경우 약 2,500만 규모의 경제활동인구(15~64세 기준)의 3% 노동력에게 최저임금(주휴수당 포함 월 179만 5,310원) 일자리를 만드는 데 필요한 예산은 16.2조 원(2019년 GDP의 0.8% 수준)에 불과하다. 시민사회의 다양한 사회적 경제조직(예: 사회적 기업, 마을기업, 협동조합 등)이 사회서비스와 관련된 사업과 일자리를 만들고 이에 대한 임금을 전액 지원해주어도 2020년 일자리 예산의 64%면 가능하다. 경제활동인구의 4%에 해당하는 일자리를 보장해주는 데 소요되는 자금은 21.6조 원으로 2020년 일자리 예산의 85%에 불과하다. 경제활동인구의 3~4%에 해당하는 일자리를 시민사회의 협력으로 국가가 보장해줄 때 부수적인 효과도 발생한다. 무엇보다 시민의 삶의 질이 향상되고, 사회적 자본은 증가한다. 관이 제공하지 못하는 지역사회의 서비스가 강화되면서 지역주민의 삶의 만족도를 높이고, 지역주민 간 유대감도 증가시키기 때문이다. 특히, 기본소득과 결합될 경우 많은 사람이 자신이 하고 싶은 일을 추구할 가능성이 높아진다. 그 결과 개인의 삶의 질도 높아질 뿐 아니라 사회의 다양성도 확장되고 혁신도 활성화된다. 둘째, 노동시장의 실업 해소는 민간기업이 고용하는 일자리에 대한 임금 인상 압박으로 작용한다. 실업자가 감소하면서 기업들이 최저임금 수준으로는 노동력을 구하기가 쉽지 않기 때문이다. 셋째, 고용보험 비용도 최소화된다. 경제위기가 도래하지 않는 한 경제가 정상 상태에 있을 때 실업이 거의 해소되기 때문이다. 넷째, 실업의 해소는 총수요를 증가시킴으로써 내수가 강화되어 경제성장에도 도움이 된다. 소비성향이 큰 저소득층의 소득이 증대하기에 소비가 증가하여 경제도 활성화되기 때문이다. 다섯째, 경제성장으로 국가의 세수도 증가할 것이다. 여섯째, 최저임금 수준의 일자리를 제공함으로써 기본대출의 상환 가능성을 높인다. 물론, 사회적 경제조직들의 도덕적 해이를 최소화하기 위해 사회적 경제조직 간 경쟁도 필요하다.

K방역이 밝혀준 K경제의 가능성

대한민국이 디지털경제 생태계를 완성한다면 그것은 세계를 선도할 새로운 경제 모델이 될 뿐 아니라 디지털문명 사회로 가장 먼저 진입할 것이다. 이른바 'K경제'로 불릴 것이다. 대한민국 사회는 2020년 K경제의 실현 가능성을 경험하였다. 대한민국 국민만 제대로 느끼지 못하지만, 코로나 재난이라는 위기 속에서 대한민국의 매력은 급상승했다. 예를 들어, 2020년 진단키트 등 바이오헬스(K방역)의 수출금액은 지난해에 비해 54% 이상 증가했다. 화장품(K뷰티) 수출금액도 약 16% 증가했다. 전체 수출금액이 7% 이상 감소한 것에 비교하면 대단한 약진이다. 하반기부터는 해당 제품들의 수출단가도 크게 증가하고 있다. 이는 한국 상품의 매력도가 높아졌다는 것을 의미한다. 앞에서 지적했듯이 코로나 재난 과정에서 보여준 K방역의 해법이 디지털경제 생태계의 특성과 정확히 일치한다는 점에서 대한민국이 디지털문명을 선도

할 가능성이 있다.

　코로나 재난 앞에 산업문명을 주도했던 국가들이 무력감을 드러냈듯이 코로나 재난은 문명의 전환을 요구한다. 연결의 세계에서 전염효과는 공존할 것인가, 공멸할 것인가의 선택을 요구하고 있다. 개인의 자유는 불가능하고, 모두의 자유가 불가피함을 의미한다. 즉 코로나19는 연결된 세계에서 살아가는 인류에게 삶의 방식을 자율과 협력의 원리로 재구성할 것을 요구하고 있다. 구분과 분리가 가능하다는 중심주의 세계관에 기초한 산업문명의 세계와 달리 구분과 분리가 불가능한 연결의 세계는 (K방역의 경험이 보여주듯이) 협력과 자발적 참여(자율성)가 절대적으로 필요하고, 협력과 자율성을 도출해내려면 투명성과 신뢰와 연대가 전제되어야 하며, 자율성이 발휘되지 않을 경우 책임에 대한 엄격한 조치가 필수불가결하다. 즉 연결의 세계에서 방역과 경제 두 마리 토끼를 잡으려면 (K방역에서 보았듯이) 개방성, 즉 경제 생태계의 연결망을 유지해야 하고, 개방에 따른 감염 확산 리스크를 차단하려면 정부와 사회구성원이 각자 자신의 역할을 철저히 해야 한다. 즉 정부는 감염병 진단과 확산 차단의 능력을 보여주어야 하고, 이 과정에 대한 투명한 관리를 통해 사회구성원의 신뢰를 확보하고, 모든 구성원을 끝까지 포기하지 않는다는 연대감을 보내야 한다. 그래야만 사회구성원의 불안감이 해소되고, 자발적 참여와 협력이 발휘된다. 대한민국 정부와 방역당국은 결코 슈퍼맨이 아니었다. 대한민국은 주요국처럼 세계 최고의 의료기술을 가진 것도 아니고, 충분한 공공의료시스템이 뒷받침된 나라도 아니다. IT 인프라의 지원과 메르스 경험의 학습 효과 등이 있었지만 시민들의 자발적 참여와 협력, 그리고 이를 끌어낸 정부 지도력과 방역팀의 헌신이 함께 만들어낸 결과였다. 산업문명을 만들어낸 서구 사회의 하드파워 대신 대한민국은 소프트파워로 '기적'을 만들어낸 것이다.

그런데 한국 사회에서 시민들의 자발적 참여와 협조는 어떻게 해서 가능했을까? 시민의식은 문화와 깊은 관련이 있다는 점에서 높은 수준의 시민의식은 한국인의 문화, 즉 '눈치 문화'와 관련이 있다. 중요한 점은 사회 전체의 분위기를 읽고 자신의 개성이나 개인주의적 행동을 자제할 줄 아는, 즉 "독자적 자아(independent-self)와 관계적 자아(relation-self)의 균형을 추구"[62]하는 한국인의 '눈치 문화'가 숱한 희생을 치른 민주주의의 발전과 공진화되었다는 사실이다. 눈치란 타인의 표정이나 생각 등을 읽는 능력으로 정의된다. 유니홍(Euny Hong)은 눈치를 "조화, 신뢰의 관계를 구축하기 위해 타인의 생각과 느낌을 가늠하는 미묘한 기술"로 정의한다. 즉 한국인에게 눈치는 타인에 대한 배려를 통해 생존을 가르치는 기술이다. 그런데 한국인의 '눈치 문화'는 한때 개성의 부족이나 열등감 등 사회 발전에 부정적인 것으로 인식되었다. 예를 들어, 비민주적인 위계질서가 지배하고, 주변 강대국에 쉽게 휘둘렸던 시절에 '눈치 문화'는 개성 발휘의 장애물이자 사대주의의 폐해 등으로 이어졌다. 그러나 국민을 배신한 불의한 국가권력을 심판한 '촛불시민혁명'은 비민주적인 풍토를 청산하고 국민의 자긍심과 국가의 자존감을 세우는 계기가 되었다. 한국 국민들은 촛불문화제에 참여하면서 스스로를 정화하였다. 공동체에 대한 기여와 책임의식을 갖게 된 것이다. 그리고 동참하는 시민들에 대한 강한 신뢰와 연대를 느꼈다. 즉 '촛불'은 사회와 역사의 변곡점을 만들었을 뿐 아니라 문화의 변곡점이기도 하였다. 한국인이 '자율적 인간'으로 진화한 것이다. 강제 격리와 봉쇄를 하지 않으면서 감염병 방역에 성공하려면 자율성과 협력은 절대적 조건이다. K방역은 한국인이 주요국의 국민들과 '다른 인간'이었음을 의미하는 것이다. 촛불시민혁명의 연장선에서 제국주의와 군국주의 향수를 가진 일본 극우 정권의 경제침략을 막아내면서 한국인의 '눈치 문화'는 또 한 번 업그레이드되었다. 일본의 경제침략 과정에서 일본 제품 불매운동이나 일본 여행 자제 등으로 대응하며 사회 전체의 단합을 위해 개인주의적 행동을 자제하는, 즉 공동체에 대한 자기 책임성을 실현하는 경험을 하였기 때문이다. 그 결과 경제 규모 세계 3위 국가의 경제 압력을 이겨냈을 뿐 아니라 일본경제에 오히려 타격을 입힘으로써 '누구도 건들 수 없는 나라'의 시민이 되었다는 자긍심을 얻은 것이다.

한국의 높은 시민의식 수준은 해외에서도 K방역의 일등공신으로 주목받았다. 프랑스 의회 상원의 제1당인 공화당이 한국의 코로나 관리와 관련한 보고서(〈코로나19 감염병 관리의 모범사례: 한국〉, 2020년 5월 7일)[63]에서 한국이 코로나 관리에서 모범이 된 이유로 한국인들의 시민의식을 뽑은 배경이다. 보고서는 (익명성 보장을 전제로 한) 투명한 정보 공개가 한국시민의 공동체 정신이 발휘되도록 하였고, 그 결과 정부 대책이 성공적으로 작동하였다는 내용으로 구성되었다. 이처럼 서구에서 들어온 개인주의와 한국인 고유의 '눈치 문화'가 균형적·입체적으로 결합하면서 자율성과 협력을 한국의 새로운 사회규범으로 변화시키고 있는 것이다. 이처럼 한국 방역모델(K방역)의 성공을 결정했던 높은 시민의식은 우연이 아닌 민주주의를 지키고 발전시키기 위해 치른 희생의 결과물이었다.

이처럼 어떤 위기가 닥쳤을 때 공동체가 보이는 행동의 이면에는 그 구성원들의 보이지 않는 저변의 의식과 문화가 결정적인 역할을 한다. 즉 구성원의 의식 수준과 그와 밀접한 관련을 맺고 있는 문화는 한 사회의 문제해결 능력을 결정짓는다. 이른바 사람들이 스스로 협력을 통해 공적 관계의 조직을 만들어 상호 이익과 공통의 목표를 만들어내는 능력인 '사회 역량(social capacity)'에 영향을 미친다. 사회 역량의 구성 요소에는 신뢰, 협력, 포괄성과 개방성 등이 있다. 모두 K방역에서 주요 역할을 한 요인들이다. 한국의 '눈치 문화'의 진화가 사회 역량을 성장시킨 것이다. 즉 K방역의 성공은 '개방성과 연결성-투명성-신뢰와 연대-(사회적 거리 두기, 마스크 구매 자제 등) 자발적 참여와 협력의 유도' 등 바로 사회 역량이 성장한 결과물이다. 나아가 K방역은 국제사회에서 한국에 대한 신뢰를 높임으로써 한국에 대한 봉쇄 해제로 이어졌다. 국제사회의 연결망을 복원시킨 것이다.

그렇다면 K방역에서 중요한 역할을 한 한국의 사회 역량은 어디에서 비롯한 것일까? 사회 역량은 한 사회의 자치 능력이 결정한다. 그리고 자치의 수준은 사회 구성원의 자율성과 협력의 수준에 달려 있다. 구성원의 자율성과 협력을 이끌어내는 것은 그 사회의 문화와 관련 있다는 점에서 한국인 '눈치 문화'의 진화 과정을 추적할 필요가 있다. 모든 문화와 마찬가지로 (조화, 신뢰의 관계를 구축하기 위해 타인의 생각과 느낌을 가늠하는 능력인) 눈치는 개성을 억압하는 부정적 측면과 공동체의 목표를 위해 개인주의적 행동을 자제할 줄 아는 긍정적 측면의 양면성을 갖는다. 따라서 억압이 작동하는 상황에서 눈치는 개인의 차이가 무시되거나 심지어 비굴함으로 작용하며 위계질서를 재생산시킨다. 그러나 개인의 자유가 허용되는 상황에서 눈치는 공익을 위해 개인의 자유를 스스로 자제하는 자율성의 원동력이 된다. 따라서 '눈치 문화'의 진화 과정을 이해하려면 사회의 기본적 운영에 영향을 미치는 민주주의의 진화 과정을 이해할 필요가 있다.

2016년 세계의 주인공은 한국인이었다. 2016년 서울 광화문광장에서는 박근혜의 탄핵을 촉구하는 수백만 시민의 촛불집회가 이어졌다. 시민들은 어깨를 겯고 헌법 1조 1항을 노래했다. "대한민국은 민주공화국이다." 그리고 마침내 박근혜의 탄핵을 관철시켰다. 외국인들을 감동시킨 촛불집회는 평화롭게 진행되었을 뿐 아니라 집회 후 시민들은 집회 중에 생긴 길거리의 촛농을 긁어내고 거리의 모든 쓰레기를 스스로 치우는 성숙한 시민의식을 보여주었다. 집회 후 쓰레기를 치우는 차원에서 그치지 않고 집회가 진행될수록 쓰레기 배출량은 점점 줄어들었다.[64] 관할 관청인 중구청이 촛불집회가 열리는 토요일마다 시민들에게 나누어준 100ℓ 공공 쓰레기봉투를 일부 시민은 우편으로 다시 돌려보냈고, 우편물 안에는 "집회 후 빠른 청소로 교통통행 재개를 위해 노력하시는 모든 분들께 감사드립니다" 하고 적은 손편지까지 들어 있었다.[65]

촛불집회 후 촛농을 제거하고 있는 촛불 시민들

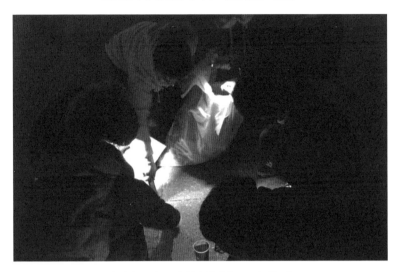

출처: 연합뉴스, "100만명 모여 평화집회 마무리 중…시민의식 성숙했다," 2016년 11월 13일.

　기업과 유착한 정부는 국민이 아니라 기업을 위해 일했고, 이를 되돌리기 위해 안정적이고 평화적으로 민주주의를 요구하는 한국인의 모습에 감동한 외국인들도 촛불집회에 동참하였다. 기적이 만들어지는 역사적인 사건에 동참하고 싶었던 것이다. 외국인들은 국내 정국이 불안정한 상황에서도 혼란스러운 모습을 보이지 않고 평화적인 방법으로 박근혜의 퇴진을 요구하는 한국인의 모습에 이구동성으로 찬사를 보냈다. 수백 만의 사람이 거리로 몰려나오는데도 큰 사고 없이 정돈되고 차분하게 시위하는 모습이 외국인에게는 한편의 '드라마'였던 것이다.[66] 신자유주의와 세계화 등으로 민주주의가 전 세계에서 후퇴하는 가운데 민주주의를 지켜내기 위해 한국인들이 보여주는 성숙한 시민의식은

봉쇄 전날 거리에서 최후의 파티를 즐기는 영국인

출처: Reuters, People party on a street as pubs shut for the night due to tier 3 restrictions in Soho, as the spread of the coronavirus continues in London, Britain, December 15, 2020.
https://in.reuters.com/news/picture/last-night-before-lockdown-in-london-idUSRTX8GDEL

놀라움 자체였다. 세계인에게, 특히 자신들을 민주주의의 고향이라고 생각하는 서양인에게도 '한국 민주주의(K민주주의)'는 산업화보다 더 큰 기적이었다. 영국 〈이코노미스트〉의 정보분석기구(EIU) 기준으로 보더라도 2019년 한국의 민주주의 순위는 아시아 국가 중에서는 1위이고, 세계 167개 국가 중 미국(25위), 벨기에(33위), 이탈리아(35위)보다 앞선 23위다. 미국과 영국, 그리고 심지어 독일과 프랑스 등의 민주주의의 한계는 다음 사진들이 잘 보여준다.

그렇다면 이렇게 민주주의를 수호하려는 한국인의 에너지는 어디에

미국과 영국에서 코로나19 확산에 따른 '봉쇄'에 저항하는 시위

출처(상 좌우): BBC, 2020년 4월 20일; Sky, 2020년 11월 29일.
https://www.bbc.com/news/world-us-canada-52348288
https://news.sky.com/story/covid-19-anti-lockdown-protesters-clash-with-police-in-london-12144977
출처(하 좌우): Aljazeera, 2020년 11월 18일; France24, 2020년 11월 1일.
https://www.france24.com/en/europe/20201101-fresh-lockdowns-fuel-angry-protests-as-covid-cases-climb-across-europe
https://www.aljazeera.com/news/2020/11/18/thousands-of-germans-protest-against-merkels-coronavirus-plans

서 비롯한 것일까? 한국의 민주주의 역사는 오래되었지만 분단 상황이 민주주의를 억압하는 요인으로 작용하였다. 아시아 최초의 성공한 시민혁명으로 일컬어지는 4·19혁명으로 독재정권을 타도했음에도 불구하고 또 다른 독재정권에 의해 민주주의가 '살해'당했던 것은 '분단'에

기인한 것이었다. 3선 개헌으로 성이 차지 않은 박정희 체제는 계엄령 선포, 국회 해산, 유신 선언과 유신헌법 통과로 종신 통치의 길로 나갔다. 군부독재에 대한 저항을 (경찰과 군, 정보기관 등이 가진) 물리력을 동원해 탄압하고 재벌과 유착하여 금권으로 체제를 유지하였다. 이 과정에서 박정희 체제는 자신과 가족의 안위만을 생각하고 사회 정의에 관해서는 관심을 두지 않도록 국민을 짐승화시키는 전략을 동원하였다. 사람과 짐승은 자기보존을 위한 식욕, 후손 번식(자신의 재생산)을 위한 성욕이라는 공통점을 갖고 있다. 하지만 짐승은 동물 본능(우주 신경=자연순응력)에 의존해 자연 속에서 살아가고 사람은 인간 본능이 만들어내는 사회질서를 자연질서에 일치시키며 살아간다. 그리고 사회 질서는 인간의 본성에서 우러나오는 마음씨, 즉 선천적이며 도덕적인 능력인 사단(四端)에 의해 만들어진다. 주지하듯이 사단(四端)은 인(仁)·의(義)·예(禮)·지(智)의 단서(端緒)가 되는 네 가지 마음, 즉 인(仁)에서 우러나는 측은지심(惻隱之心), 의(義)에서 우러나는 수오지심(羞惡之心), 예(禮)에서 우러나는 사양지심(辭讓之心), 지(智)에서 우러나는 시비지심(是非之心)을 말한다. 공동체의 다른 구성원에 관한 관심이나 배려, 잘못된 것에 대한 부끄러움, 옳고 그름에 대한 구분은 한마디로 말하면 '정의감'이다.

박정희 정권은 자신의 권력 유지에 최대 장애물인 국민의 정의감을 말살시키는 조치들을 사용하였다. 고문, (정권에 저항할 경우 주변 사람들에게 불이익을 주는) 협박, 회유 등과 더불어 국민들의 정의감을 고취시키는 내용의 대중가요나 드라마 방영을 금지하고, 국민이 쾌락을 좇도록 이른바 3S 정책에 의한 우민정책을 실시하였다. 국민의 정치적 무관심을 유도함으로써 지배자가 마음대로 국민을 조작해 정권에 순치(馴致)하게 만든 것이다. 그리하여 평범한 많은 국민은 자신(과 가족)만의 물질적 행복을 생각하게 되었고 친인척은 물론 형제 관계에서조차 소원해지는 등 공동체에 관심 없는 '동물'이 되어 갔다. 그러나 동물이 되기를 거부하는 사람들의 정의감, 특히 상대적으로 순수성을 유지하는 청년들의 정의감에 족쇄를 채울 수는 없었다. 마침내 1979년 10월 부마항쟁*을 계기로 박정희는 자신이 신뢰한 중앙정보부장 김재규에 의해 비극적으로 살해당하며 '18년 권력'의 막을 내린다.

그런데 그 많은 희생에도 불구하고 박정희 정권은 전두환 정권이라는 또 다른 군부독재로 대체된다. 그러나 장기 군부독재를 무너뜨린 한국인은 또 다른 군부독재를 받아들일 수 없었고, 전두환 군부는 국민 저항에 부닥친다. 전두환 군부는 국민 저항을 무자비한 폭력으로 짓밟으면서 '국민의 짐승화'를 시도한다. 그리고 자신의 범죄에 대한 국민적 저항을 최소화하기 위해 '광주'라는 지역을 의도적으로 선택한다. 그러나 광주 시민들은 군부독재의 겁박에 굴하지 않고 저항(5·18 광주민주화운동)하다가 자신들을 지켜주어야 하는 군인에 의해 목숨을 잃는 등 수많은 희생을 치렀다. 5·18 광주민주화운동이 군부독재를 막아내지는 못했으나 그 희생은 결코 헛된 것이 아니었다. 한국 사회의 문명 수준을 끌어올리는 분기점으로 작용하였다. 즉 5·18 광주민주화운동

---

* 1979년 10월 16일부터 20일까지 부산 및 마산 지역을 중심으로 벌어진 박정희 유신독재에 반대한 시위

은 한국 사회가 새로운 문명으로 진입하는 출발점이었다. 사람을 짐승화하려 했던 군부독재의 야만과 폭력을 거부하고 목숨으로 정의를 지켜냄으로써 국민들이 동물로, 짐승으로 살아가는 것을 막아준 일종의 '구원(salvation)'이었다. 즉 한국 사회는 5·18 광주민주화운동에서 희생당한 영령(英靈)들에게 '집단적인 부채'를 갖게 된 것이다. 5·18 광주민주화운동의 희생으로 살아남은 국민은 짐승의 삶을 살아갈 수 없게 된 것이다. 전두환 정권의 무자비한 탄압에서도 민주화 운동을 지속할 수 있었던 원동력이었다. 즉 민주화 운동 과정은 한국민을 정화시켜 시민의식 수준을 끌어올리는 최고의 원천이었다. 이처럼 한국인의 시민의식 수준을 결정한 한국 민주주의(K민주주의)는 서구 주요국의 민주주의와는 결을 달리한다.

1987년 6월항쟁'과 그 결과물인 대통령 직선제 쟁취, 문민정부로의 전환, 그리고 마침내 평화적 정권교체가 이루어졌다. 이 과정에서 국민은 정치의 대상이 아닌 '주체'로 부상하였고, 국민의 주체적 참여는 '참여정부'를 만들어냈다. 참여정부의 출범은 한국 현대사에서 커다란 의미를 갖는다. (한국 사회를 지배하거나 영향력을 유지하려는 외세의 이해에 기생해 자신의 특권을 유지하려는) '매판적 특권층'이 수백 년간 지배해온 한국 사회에서 국민을 주인으로 등장시킨 사건이기 때문이다. 국민은 비주류 정치인 노무현을 집권 여당의 후보로 만들어냈고, 한국 사회의 주류를 상징하는 이회창 후보와의 싸움을 승리로 이끌었다. 이처럼 한국

사회에서 민주화 운동은 매판적 특권층이 주류를 형성한 한국 사회의 지배구조에 균열을 가하기 시작한 것이다. 그러나 한국 사회의 주류는 노무현 대통령을 대통령으로 인정하지 않고 끊임없이 권위를 훼손시키며 심지어 탄핵까지 시도하였다. 국민은 탄핵으로부터 대통령을 지켜냈지만, 주류의 집요한 공격 앞에 참여정부는 무너지고 권력을 매판적 특권층에게 다시 빼앗겼다. 그 후 한국 사회는 '반동의 시간'을 맞이한다.

그런데 노무현 대통령은 자신을 던져 한국인을 다시 한번 '구원'하였다. 이른바 '지켜주지 못해 미안해(지못미)'는 한국민을 '누구도 흔들 수 없는 나라'의 촛불 시민으로 태동시킨 힘이다. 촛불 시민은 '촛불시민혁명'과 '촛불 정부'를 만들어냈다. 문재인 대통령이 2017년 9월 19일(현지시간) 국제협력 및 분쟁해결 분야의 세계적 연구기관인 미국 대서양협의회(Atlantic Council)가 시상하는 '2017 세계시민상'*을 수상하면서 "이 상을 지난 겨울 내내 추운 광장에서 촛불을 들었던 국민께 바치고 싶다"며 "민주주의의 위기에 희망을 제시한 촛불 시민들이야말로 노벨 평화상을 받아도 될 충분한 자격을 갖고 있다"고 수상 연설을 한 배경이다.

촛불시민혁명에 의해 촛불 정부가 집권한 이후 한반도의 전쟁 위기 상황이 남북 및 북미 정상회담이 이어지며 평화 분위기로 바뀌자 위기의식을 느낀 매판적 특권층은 '경제폭망'설로, 그리고 제국주의 시절에 향

---

* 세계 시민의식 구현과 민주주의 발전 등에 기여한 인사에게 주는 상

수를 가진 일본 군국주의 정치세력은 2019년 7월 반도체 관련 핵심 부품에 대한 수출 규제를 발표하며 문재인 정부를 흔들었다. 그러나 '지못미' 감정이 체화된 촛불 시민은 경제폭망설의 허구성을 지적하며 흔들리지 않았고, 일본에 대해서는 내부 단결을 통해 일본 제품 불매운동으로 대응하였다. 아베의 경제 도발을 '21세기판 임진왜란'으로 규정한 촛불 시민은 '21세기판 의병' 역할을 수행한 것이다. 일본의 경제 도발은 철저히 실패하였고, 오히려 한국이 일본에 대한 경제 의존을 줄이는 기회가 되었다. 예를 들어, 달러 기준 일본 수출액은 2019년 상반기는 1년 전에 비해 212억 1,756만 달러 감소했고, 이중 한국에 대한 수출액 감소는 36억 3,346만 달러였고 이는 전체 감소액의 17.1%에 해당하는 규모였다. 그런데 하반기에는 1년 전에 비해 112억 9,896만 달러 감소하고 한국에 대한 수출액은 33억 8,943만 달러 감소했는데 이는 전체 감소액의 30.0%를 차지하였다. 엔화 기준 일본 수출액도 (1년 전에 비해) 상반기보다 하반기에 약 8,000억 엔 더 감소하였다. 수출 감소는 (내수가 정체된 상황에서) 생산 감소로 이어질 수밖에 없고 2019년 4분기의 생산액도 1년 전에 비해 6%나 감소하였다. 그 결과 일본의 실질 GDP는 (1년 전에 비해) 상반기에는 4조 4,325억 엔 증가에서 하반기에 2조 300억 엔 감소로 전환되었다. 이처럼 일본 경제침략은 일본 자신에게 피해를 증가시켰다. 기업의 피해가 증가하자 사실상 수출을 허용하는 등 수출 규제는 의미가 없어졌다. 앞에서 지적했듯이, 실제로 일본의 경제침략이 있었던 2019년 구매력 기준 1인당 GDP에서 일본을 추월함으로써 일본에 대한 의식의 식민지성을 벗어날 가능성이 커졌다. 즉 세계 경제 규모 3위인 일본의 경제 도발을 물리침으로써 일본이 입힌 식민지 경험의 트라우마에서 벗어날 수 있게 된 것이다. 이 모든 것이 민주주의를 지키기 위해 치른 희생으로 성장한 시민의식의 결과물이었다. 즉 한국 민주주의야말로 일본 극우세력의 경제침략 위기를 막은 불매운동과 코로나19 재난 속에서 K방역을 끌어낸 원동력이었던 것이다.

민주주의를 지키고 더 성숙시키기 위해서는 매판적 특권층의 공격을 방어하는 차원에서 머물 수 없었다. 매판적 특권층의 카르텔을 끊어 이들의 힘을 약화시키고 사회를 정상화시킬 수밖에 없다. 그 첫 번째 조치가 매판적 특권층의 방패막이 역할을 하는 검찰에 대한 개혁이었다. 개혁에 대한 반발은 자연스러웠다. 문재인 정부의 검찰 개혁의 상징인 조국의 법무부장관 임명 반대와 검찰 개혁이 충돌했고, 조국 가족의 희생을 대가로 한국 사회는 공수처법(고위공직자범죄수사처 설치 및 운영에 관한 법률)을 통과시킬 수 있었다. 둘째, 위기감을 느낀 매판적 특권층은 개혁을 막기 위해 개정된 선거법을 악용하여 (총선 승리를 통한) 국회 장악을 시도하였다. 촛불 시민은 이들의 '반란'을 진압하기 위해 정당(더불어 시민당)을 만들어 4·15총선을 치렀고 대승을 거두었다. 코로나19 재난이라는 '위기' 상황에서도 선거 승리를 만들어낸 힘도 성숙한 (촛불)시민의식에서 나왔다.

K방역에서 민주적 시민성과 수평적 개인주의가 결정적 역할을 한 것은 통계분석에서도 확인된다. 예를 들어, 프랑스의 기 소르망은 2020년 4월 27일에 프랑스 주간지 〈르푸앵〉과의 인터뷰에서 이런 말을 했다.

"유교문화가 선별적 격리 조치의 성공에 기여했다. 한국인들에게 개인은 집단 다음이다." 한국이 방역에 성공한 이유가 정부 말을 고분고분 잘 듣는 국민성 덕분이라는 애기이다. 그러나 통계분석 결과에서는 권위주의 성향, 순응적인 성향, 집단주의 성향 등이 방역 참여에 미치는 영향력이 (통계적으로) 확인되지 않았다. 오히려 권위주의 성향은 방역 참여에 소극적인 영향을 미쳤다는 게 다소 확인되었다. 반면, '자유로운 개인인 동시에 공동체에 기여하는 좋은 시민'을 의미하고, 공동체의 중요한 일에 참여하며 만들어진 '민주적 시민성'이 강할수록 방역 참여에 더 적극적이었음이 확인되었다.[67]

한국인의 시민의식 수준에 대한 K민주주의의 영향은 문화를 매개로 이루어진다. 군부독재 시절 문화는 우민정책의 도구였다. 그러나 한국 사회가 민주화되면서 한국 문화도 전환점을 맞이한다. 군부독재의 종언은 90년대 대중문화 발전으로 연결되고, 민주 정권인 김대중 · 노무현 정부는 "지원은 하되 간섭은 하지 않는다"는 문화예술정책으로 문화 전반을 지원하였다. 그 결과 K드라마를 넘어 K팝, K무비까지 전 세계로 확산되고 있다. 1999년 중국의 〈북경청년보(北京青年報)〉에 '한국 유행이 밀려온다'라는 기사가 게재되었다. 해당 기사의 내용은 한국의 드라마 및 대중음악이 중국 젊은층에게 인기를 얻자 그 현상을 스케치한 것이다. '한류'는 1999년 문화부에서 한국의 인기 가요를 모아서 만든 음반인 〈韓流-Song from Korea〉에 처음 사용되었다.[68] 즉 외환위기라는 경제위기 상황에서도 김대중 정부의 민주주의 심화 노력이 만들어낸 결과였다.

K드라마와 K팝 등 한국 대중문화 열풍으로 시작된 한류는 이제 아시아인뿐 아니라 전 세계인의 눈과 귀를 사로잡으며 한국 문화 전반을 대표하는 브랜드로 자리 잡았다. 즉 오늘날 한국 문화(K문화)는 이미 선망의 차원을 뛰어넘어 학습의 대상이 되고 있다. 당연한 것으로 여겨지는 우리의 일상생활 자체가 다른 나라, 심지어 선진국에서까지 벤치마킹하고자 하는 대상이 되고 있는 것이다. 소수 문화에서 주류 문화로 부상한 것이다. 여기에 뮤지컬 〈오페라의 유령〉이 한국에서 유일하게 공연될 수 있었던 상황이 보여주듯이 K방역의 힘이 한류와 K문화의 매력을 끌어올리고 있다. 한국 민주주의(K민주주의)에 차이가 존재한다면 한국인의 문화(K문화)에도 차이가 있을 것이다. K문화에는 K방역의 핵심 요인들이 모두 내포되어 있다. 첫 번째는 개방성이다. 한국은 세계화를 적극적으로 추진한 국가이다. 개방은 불평등을 심화시킬 수 있기에 사회안전망 등 사회보장의 강화가 필요하다. 대표적 경우가 K방역에서 빛을 발휘한 한국의 건강보험제이다. 비효율과 형평성 문제를 갖고 있던 건강보험은 2000년에 각 조합의 통합을 통해 비로소 전국민 건강보험이라는 온전한 모습을 갖추게 된다. 당시까지 건강보험제는 227개 지역의료보험조합, 139개 직장의료보험조합 및 공무원, 사립학교 교직원 의료보험관리공단이 별도로 운영되다 보니 조합마다 재정 상태도 달랐고 보험료 역시 최대 4배가량 차이가 났다. 한국 사회의 개방성은 한류의 해외확산 요인으로 작용하였다. 예를 들어, K팝의 생산과정을 보면 더는 한국의 대중음악이라는 틀에 매이지 않고 세계적으로 보편화된 음악으로 확산하는 국제화 전략이나 프로듀싱의 글

로벌화 같은 열린 전략을 사용하였다. 둘째, 소통을 적극 활용하였다. 소극적 소비자에서 적극적 참여자로의 변화, 조직화된 팬덤 활동, 팬덤의 위상 변화 등 팬 문화의 변화를 적극 수용한 것이다. 방탄소년단(BTS)의 매력으로 팬들과의 연대감과 공감, 즉 뛰어난 소통 능력을 애기하는 배경이다. 셋째, 힐링과 공감을 담은 콘텐츠는 연대감을 느끼게 해준다. BTS는 사랑 이야기가 주류인 기존의 음악 시장에 진정성 있는 메시지와 스토리를 담은 콘텐츠를 꾸준히 내놓고 있다.

반면, 2019년 5월 칸 국제영화제 황금종려상을 시작으로 2020년 2월까지 비영어권 영화가 받을 수 있는 모든 상이라 할 수 있는 151개 해외 영화상을 손에 넣고, 아카데미상이 시작된 1929년 이후 해외에서 제작된 작품(비영어권 영화)으로는 처음으로 그것도 감독상·각본상·국제영화상·작품상 등 주요 4개 부문의 상을 받은 〈기생충〉의 성공 요인은 K문화의 과제와 방향을 보여준다. 〈기생충〉이 자본주의의 사회 모순(빈부격차) 비판이라는 보편적이며 시의적절한 주제를 창의적이면서도 유머러스하게 담아낸 작품이듯이 창의성과 재미는 우리 사회가 채워야 할 과제이다. 이는 사회의 다양성을 더 확장시키는 문제이기도 하다. 실제로 글로벌 시장이 주목하는 K무비와 K드라마의 매력은 무엇보다 '장르의 융합'에 있다. 다양성은 국제 영화 시장의 변화에서도 확인된다. 한류 영화, 인도 영화, 나이지리아 영화 등 주변부의 탈중심화된 지역적 중심들이 성장하고, 여기에 넷플릭스 등의 새로운 배급 플랫폼이 지역적 거점으로부터 벗어나 전지구적인 수요자들과 만날 수 있는 환경을 만들어내면서 영화 시장의 다원화가 가속화하고 있다.

오스카는 이러한 추세의 변화를 수용한 것이다. 다원화는 여전히 획일주의가 지배하는 한국 사회에 나아갈 방향을 보여준다. 이는 '눈치 문화'의 한 축인 '독자적 자아'가 개개인의 고유한 '컬러 만들기' 차원으로 확대되는 것을 의미한다.

K문화는 그 원천인 K민주주의를 세계에 조용히 확산시키고 있다. 오클라호마 털사에서 열린 미국 도널드 트럼프 대통령의 2020년 6월 20일 대선 유세는 K팝의 힘을 보여준 사례이다. 트럼프 진영은 유세를 앞두고 100만 명 이상이 참가 신청을 했다고 홍보했으나 지역 소방 당국에 따르면 실제로 유세에 참가한 사람은 6,000명 가량이었다. 해당 유세장은 1만 9,000명을 수용할 수 있는 것으로 알려져 있다. 이는 SNS 틱톡을 사용하는 10대들과 K팝 팬들이 유세장을 비울 목적으로 대규모 가짜 참가 신청을 했기 때문인 것으로 알려졌다. 미국의 대표적인 진보 성향 의원인 알렉산드리아 오카시오코르테스는 트위터에 K팝 팬들에게 "정의를 위한 싸움에 기여한 데 감사를 표한다"[*]고 썼다.

지구상의 많은 부모들이 하드록이나 힙합을 좋아하는 자녀들을 염려스러운 마음으로 바라본다. 젊은이들의 대중음악이나 대중문화는 기성세대를 향한 반항과 시대적 저항을 담고 있다. 그런데 K팝은 변화를 만들어내고 있다. K팝을 사랑하는 팬들은 마이너리티를 자처하고, 집회 후 휴지를 주우며 촛불 참여정신을 몸소 보여주는 등 반듯하다. 시각적 현상을 특성으로 하는 서양 대중음악 및 대중문화와 달리 K팝

---

[*] KPop allies, we see and appreciate your contributions in the fight for justice too ─ Alexandria Ocasio-Cortez (@AOC), 2020년 6월 21일

은 메시지 중심이다. 그리고 반대와 저항보다 바른생활을 몸소 실천한다. 십대 K팝 팬들은 바른생활을 배우기 때문에 전 세계 부모들은 K팝으로 걱정이 사라진 것이다. 한류가 지구촌 사회의 자정의 원동력으로 임무를 수행하고 있는 것이다.

마지막으로 문화가 사람들의 생활 및 행동 양식을 규정한다는 점에서 K문화는 K경제에도 영향을 미친다. 실제로 한류 바람을 타고 콘텐츠 수출도 급증했다. 한국국제문화교류진흥원에 따르면 2018년 한류 관련 콘텐츠 수출액은 전년 대비 22.8% 늘어난 44억 2,500만 달러를 기록했다. 증가폭도 갈수록 커지고 있다. 2016년엔 전년 대비 13.6%, 2017년엔 15.5% 늘었다. 또한, 글로벌 한류 열풍과 함께 한국 연예인의 미적인 모습이 해외에 노출되면서 한국 뷰티서비스산업(K뷰티)에 대한 세계적인 관심 또한 증가하고 있다. 여기에 촛불혁명 이후 보여준 수준 높은 한국인의 시민의식에 대한 세계인의 호감이 한국 관광산업 발전에 좋은 조건이 될 가능성이 높아지고 있다. 촛불혁명 이후 평화롭게 민주주의를 살려냈고, K방역이 보여준 수준 높은 시민의식 등으로 한국인에 대한 정서적 호감과 공감이 높아지면서 세계인은 시간과 비용을 들여 우리나라를 찾을 것이기 때문이다. 물론, 최상의 인터넷 속도와 광대역망, 콘텐츠 생산 능력 등을 갖춘 한국이 넷플릭스라는 콘텐츠 유통 플랫폼에 의존하는 문제는 여전한 과제로, 이는 K경제 즉 디지털 생태계로의 진화 문제와 관련이 있다.

요약하면 공공의료가 서유럽보다 취약한 한국이 K방역의 성공을 만들어낼 수 있었던 요인, 즉 정부의 민주적인 리더십과 방역팀의 헌신,

높은 시민의식 수준 등의 뿌리는 '홍익인간'과 '이화세계'라는 한국인의 DNA에서 비롯한다. 문재인 대통령이 새로운 국제사회 리더십의 필요성을 느끼고 국제사회에 K방역의 3대 원칙인 개방성, 투명성, 민주성을 제시하면서 그 연장선에서 연대(필요한 사람에게 방역과 의료 물품의 제공)와 국제 공조(정보와 데이터의 공유), 국제 협력(필수적 경제·인적 교류 유지) 등의 필요성을 제기할 수 있었던 배경이다. 구체적으로 국제회의에서 정부는 국제사회의 개방성을 최대한 유지하기 위해 필수여행 허용과 백신 개발의 국제공조 등에 대한 합의를 지속적으로 추진했다. 한국이 제시한 새로운 국제사회 리더십은 대한민국에 대한 매력을 높였다. 국제공조와 협력이 없으면 국제사회는 공멸할 수밖에 없다는 점에서 어느 국가도 부정하기 어려웠다. 또한 공조와 협력이 없으면 경제 연결망의 파괴가 수반될 수밖에 없고 이는 모든 국가의 경제 피해로 이어질 수밖에 없기 때문이다. 일례로 대외적 개방성을 유지하려면 자국에서 해외로 나가는 사람들에 대해 철저히 검사를 한 후 출국을 허용하는 노력을 해야 한다. 이것이 바로 자율성이 초국가 단위에서 실현되는 모습이다.

5장

K평화,
대한민국 대전환의
마지막 조건

이처럼 '새로운 처음'의 시대를 살아가는 인류 사회는 누가 먼저 적응하느냐에 따라 미래의 주도권이 결정될 것이다. 지금까지 영향력을 보여준 미국, 영국, 프랑스가 과거에 안주하고 있다면, 앞으로는 세계를 이끌 국가의 순서가 바뀔 수 있다. 모든 것이 연결된 세계에 필요한 새로운 문명의 등장은 필연적이다. 그래서 K방역의 경험은 의미가 있다. 연결의 세계에서 살아갈 수 있는 길을 보여주었기 때문이다. 연결된 세계에서 생존의 해법을 보여준 K방역이나 초연결 세계인 디지털 생태계는 '개방성과 연결성-투명성과 신뢰와 연대감-자율성과 협력'이라는 특성을 공유한다. 예를 들어, 코로나19 대유행으로 재택근무 혹은 원격근무가 삶의 중심으로 들어왔다. 사실, 원격근무 혹은 (장소와 시간에 구애받지 않고 일하는) 스마트워크의 도입은 코로나19 이전부터 이슈였다. 민간기업이야 성과를 가지고 노동자의 근무 결과를 평가

한다고 하지만, 공공서비스 혹은 사회서비스 분야에서 원격근무는 쉽게 정착되지 못하고 있다. 신뢰가 핵심인 원격근무는 조직문화가 변해야 하고, 직원의 의식도 변해야만 가능하다. 한 공간, 한 사무실에서 일하던 직원이 사무실이 아닌 다른 공간에서 일하려면 리더에게는 직원에 대한 신뢰가, 또 직원에게는 책무가 필요하다. 또 '9 to 6'가 아닌 노동시간의 유연성을 갖기 위해서는 직원들은 시간을 자신의 것으로 만들어 통제할 수 있는 능력이 있어야 하기 때문이다.

우리는 코로나 재난을 겪으면서 정말 필요한 것은 경제력이나 군사력 같은 하드파워가 아니라 신뢰, 연대, 협력 등의 사회적 자본과 그것을 가능케 하는 리더십이라는 것을 알게 되었다. 그리고 그 리더십은 소통과 공감을 만들어내는 역량에서 나온다는 사실도 보여주었다. 마찬가지로 모든 것이 실시간으로 연결되는 디지털경제 생태계의 세계 역시 연결이 새로운 가치를 만들어내는 원천이고, 다양한 연결을 만들어내는 상상력은 소통과 공감이 뒷받침될 때 가능하다는 사실을 보여준다. 그런 점에서 디지털 생태계 세상은 (경제력이나 군사력 등 물리력이 주도했던) 산업문명 세계와 달리 소통과 공감을 바탕으로 다양한 협력(연결)을 만들어낼 수 있는, 그런 상상력을 가진 '사람'을 많이 보유한 국가가 주도할 수밖에 없을 것이다. K방역이 자율성과 협력의 발휘로 가능했고, 자율성과 협력은 K민주주의와 '눈치 문화'(K문화)의 결합물이었다는 점에서 대한민국은 새로운 경제 생태계로의 이행에 필요한 사회 역량을 갖춘 국가라 할 수 있다. 사실 이러한 사회 역량은 한국인의 DNA다. 한국 최초 국가의 이념형(理念型)인 홍익인간(弘益人間)과 사회상(社會像)인 이화세계(理化世界)가 바로 연결의 세계가 요구하는 이념형 및 사회상과 정확히 일치하기 때문이다. 홍익인간과 이화세계를 현대적으로 해석하면, 인간 세상 모두를 이롭게 한다는 홍익인간은 이익 공유와 연대 의식 등이 체화된 인간형을 의미하고, 모두가 받아들일 수 있는 이치로 세상을 다스린다는 이화세계는 "연결된 세계의 구성원들 모두가 동의할 수 있는, 즉 모두의 자유에 필요한 법이나 규칙을 만들고, 그에 따른 각자의 책임을 조건으로 개인의 자유를 누리는" 자율성의 세계를 의미한다. K방역이 성공할 수 있었던 이유는 결코 우연이 아니라 엄청난 희생을 치르고 이루어낸 K민주주의와 K문화 덕분이었다.

대한민국의 미래는 서로 이어져 있는 '두 개의 산'을 넘어야만 열린다. 하나의 산은 (지금까지 지적해온) 새로운 경제 생태계로의 이행이고, 또 하나의 산은 지구상에서 유일하게 연결이 끊어진 한반도를 연결하는 일이다. 즉 한반도는 초연결 시대의 지구에 남아 있는 유일한 '비정상의 공간'이라는 점에서 시대 흐름과 역행하는 곳이다. 그런 점에서 한반도 분단은 지속 불가능하다. 그런데도 분단의 벽은 쉽게 넘어서기 어려워 보인다. 분단구조를 지속시키는 요인은 (독립적으로가 아니라 서로 연결되어 있음을 전제로) 우리 내부와 남북 사이, 그리고 국제사회 모두에 존재하기 때문이다. 그렇지만 분단의 벽을 허물지 않는 한 한반도 평화와 우리 민족의 미래는 담보할 수 없을 뿐 아니라 동북아 및 국제사회의 평화 역시 보장되기 어렵다. 분단구조를 해체하기 위해서는 분단의 핵심요인을 이해해야만 한다. 대한민국을 대륙과 단절된 사실상의 '섬'으로 만든 분단은 자유민주주의 대 인민민주주의라는 "민주주의 방법론"의 차이, 즉 체제 경쟁의 희생물이다. 그리고 분단을 고착시킨 한국전쟁은 체제 경쟁의 물리적 충돌인 국제전쟁의 대리전 성격을 갖는다. 한반도 분단을 '세계의 장벽'이라 부르는 이유다. 문제는 체제 경쟁이 전쟁으로도 해결되지 않았다는 점에서 분단을 해결하려면 남북을 포함해 한반도에 이해관계를 가진 국가들이 동시에 수용할 수 있는 대안체제의 마련이 필요하다. 매우 어려운 과제로 들릴 것이다. 그러나 이것이 피할 수 없는 인류 사회에 대한 한민족의 역사적 과제임을 받아들여야만 한다. 우리 자녀와 민족의 미래가 달려 있는데 힘들다고 안 할 수 없는 것 아닌가? 반면, 지구상에 유일하게 끊어진 남북을 연결하고 통합한다는 것은 **인류 세계에 새로운 시대가 열린다는 것**을 의미하기도 한다.

첫째, 대한민국 안에서 분단을 유지하려는 요인은 무엇이고 누구인가? 현상을 유지하려는 집단을 보수라 할 때 '한국적 보수'가 분단을 유지하려는 집단이라 할 수 있을 것이다. 역사학자로서 필자는 한국적 보수를 '매판적 보수'라고 규정한다. 이들의 뿌리는 매우 깊다. 임진왜란과 병자호란이라는 양란까지 거슬러 올라가기 때문이다. 지배 엘리트 세력이 통치의 정당성을 가지려면 적어도 외부의 침략으로부터 백성의 생명과 재산을 보호해주어야 한다. 적어도 서양에서는 봉건시대부터 2차 세계대전까지 그랬다. 그러나 이 땅의 지배 엘리트는 양란 때 자신의 역할을 하지 못하고, 자신의 기득권을 유지하기 위해 외세의 주구 노릇을 선택하였다. 이러한 선택은 일제하에서 그리고 오늘날 분단하에서까지 지속되고 있다. 그래서 필자는 한국적 보수를 서양의 보수와 다른 매판적 보수라고 하는 것이다. 대한민국에 대한 외세의 지배 혹은 영향력을 받아들이면서 그 속에서 자신의 기득권을 재생산시키는 집단이다. 그렇다 보니 우리 공동체의 이익에는 관심 없는 외세와 공통점을 갖는다. 외세가 국내에서 자기 국민의 이익을 관철한다면 매판적 보수는 공동체의 공적 자원을 개인의 사적 이익을 위한 수단으로 삼는다. 매판적 보수라는 특권층 카르텔의 중심에 있는 검찰은 '일제 법체계의 주구'에서 시작하여 해방 후에는 경찰과 더불어 친일정부의 주구, 군사 독재정권의 충견과 망나니 역할을 해오다 보니 여전히 국민을 통제와 수사 및 처벌의 대상으로 보는 것이다. 한국 검사는 일본 검찰 실무를 따라 배우고, 심지어 사건을 기획한 시나리오에 끼워맞추고 언론에 정보를 흘려 여론을 조작하는 일본 특수부검사의 수사방법을 롤모델로 삼아 조직과 기득권을 확대해올 정도로 의식이 식민지화되어 있다. 이처럼 한국적 보수가 분단을 유지하려는 힘은 근본적으로 외세에서 오기에 한반도 문제에서 외세의 이해를 해결하는 과정에서 함께 해소될 것이다. 트럼프의 한반도 셈법 앞에 한국의 보수 세력이 강 건너 불구경하는 모습으로 전락했던 배경이다.

둘째, 장기적인 한반도 평화 정착과 평화 통일의 필요조건은 남과 북의 단결과 남북한 합의다. 문제는 남북 간 합의가 국제 정치적 원심력(미·중 패권 경쟁)에 의해 견제를 받는 현실에서 한반도 평화 정착 마련이 가능한가 하는 점이다. 따라서 국제사회의 협력 도출 또한 장기적인 한반도 평화 정착과 평화 통일의 충분조건이 된다. 이는 남북이 합의하고, 국제사회의 협력을 도출할 수 있는 '새로운 가치'에 기초한 '대안체제'의 마련이 충분조건임을 의미한다. 그런데 청년과 대한민국의 미래는 우리 민족의 미래와 별개일 수 없다. 만약 서로 다르다면 우리는 선택의 문제에 직면할 것이다. 즉 청년과 대한민국의 미래 청사진과 우리 민족의 미래 청사진이 서로 다르다면 그것은 잘못 설계된 것일 수밖에 없다. 이런 점에서 다행스럽게 (지금까지 앞에서 소개한) 청년과 대한민국의 미래를 결정할 새로운 경제 생태계의 세상은 자율과 협력 그리고 호혜성 등에 기초한다는 점에서 (통제를 통해 협력과 평등을 추구하는) 북한 사회주의 체제가 수용할 수 있다. 그리고 자율과 협력, 호혜성에 기초한 경제 생태계의 핵심은 '개방성-투명성-연대-협력'의 가치이고, '솔루션'을 만들 수 있는 '인간'이라는 점에서 갈등 없이 국제사회의 환영을 받을 수 있다.

현재 체제 경쟁은 하드파워를 둘러싼 경쟁으로 대한민국이 미국이나 중국 등과 하드파워를 경쟁하는 것은 불가능하고 또한 무의미하다. 국가 안보에 필요한 적절한 국방력과 달러 등을 확보하면 될 것이다. 최근 대한민국의 매력을 높인 것은 세계 10위의 경제 규모가 아니라 촛불시민혁명으로 '세계시민상'과 '에버트 인권상' 등을 수상케 한 K민주주의였고, 코로나19 재난 속에서 보여준 국제사회 모두와 함께 자유를 만들어가겠다는 미래 가치에 기반을 둔 국제사회의 새로운 리더십이었고, 〈기생충〉의 봉준호 감독이나 BTS, 손흥민 선수 등이었다. 내전을 겪고 있는 아르메니아와 아제르바이잔의 소녀들이 SNS에 '한글'로 평화를 촉구하는 모습이나 전 세계 BTS 팬들이 인종차별 반대 운동에

전 세계에 미치는 K팝의 영향력

출처: 전북의 소리, "역사가 되풀이 되지 않게 놔두지 마세요", 2020년 10월 28일
http://www.jbsori.com/news/articleView.html?idxno=2083&fbclid=IwAR01CWDUaQEdnZC6F-7Lc-mtmH5r1MO7KrKKSrlBraaHVyA-ySijHGU1spk

동참하는 모습 등은 K팝이 전 세계 사회·경제 등에 영향을 미치고 있음을 보여준다. 즉 포스트 코로나 시대의 국가의 힘은 다른 국가 혹은 공동체로부터 공감을 얻을 수 있는 매력에서 나온다. 문화의 힘이고, 문화를 결정하는 민주주의 역량이 중요해진다. 그리고 이러한 나라는 바로 죽산 조봉암이 지향한 '민주주의 강국'이고, 백범 김구가 소원한 '문화 강국'이다. 홍익인간과 이화세계의 21세기 버전인 것이다.

사실, 북한도 미국과 하드파워 경쟁을 통해 자신의 목표를 이룰 수 없다. 아마 북한도 알 것이다. 현재 북한은 미국 본토 핵공격이 가능한 대륙간탄도미사일(ICBM) 개발 같은 무력 경쟁을 통해 미국을 협상장으로 끌어내는 전략을 시도하고 있다. 그러나 미 국방부가 해군 구축함에서 ICBM을 요격하는 실험에 성공하였듯이, 무력(하드파워) 경쟁으로 한반도 평화를 확보하는 것은 어렵다. 오히려 한국이 북한이 수용할 수 있는 대안체제를 제시해 남북 통합을 추진하고, 북한의 핵 포기를 전제로 남북통합 로드맵에 대해 국제사회가 승인해주는 방식을 검토할 필요가 있다.

새로운 경제 생태계와 대안체제로 남북한 합의와 국제사회 협조를 도출하면 한반도는 세계 경제에서 가장 역동적인 지역으로 부상할 것이다. 즉 한반도가 평화지대로 재탄생할 때 한반도는 대륙과 해양을 아우르며 평화와 번영을 선도하는 '교량 국가'로 발전할 것이다. 2차 세계대전 후 침략과 식민지배의 아픔을 딛고 상호 긴밀히 교류하며 경제적인 분업과 협업을 통해 세계사에 유례없는 발전을 이룩한 아시아와 유럽의 통합을 가속화시킬 것이다. 그 결과 아시아와 유럽을 연결하는 교량 국가로서 한반도의 위상은 크게 높아질 것이다. 예를 들어, 51개 회원국(+EU집행위원회, 아세안사무국)을 가진 아셈(ASEM)의 가치(정치, 경제, 사회·문화 협력)를 강화하고, 다자주의 자유무역체제의 강화와 배타적인 지역주의 추세의 완화에 기여할 것이다. 국가 규모나 경제력 등을 볼 때 대한민국은 다자주의의 가장 큰 수혜자가 될 수밖에 없다. 또한, 대한민국이 새로운 경제 생태계로 전환하는 데는 시간이 소요되기에 그 이행 과정에서 전통적 산업의 역할은 여전히 필요하다. 그런데 현재 한국의 자본은 출구(투자처)를 찾지 못하는 어려움에 직면한 상황으로 한반도 평화경제의 부상은 한국의 자본과 기술, 북한의 노동력과 자원을 결합하여 위기에 처한 한국 제조업의 연착륙뿐 아니라 북한 개발을 통해 건설업의 연착륙에도 기여할 것이다. 이처럼 청년과 대한민국의 미래를 향한 담대한 도전은 K경제와 K평화를 완성하는, 즉 '대한민국 대전환'의 원동력이 될 것이다.

주

1장 _____

1. William R. Emmons and Bryan J. Noeth, "Household Financial Stability: Who Suffered the Most from the Crisis?" FRB of St. Louis, July 1, 2012.
   https://www.stlouisfed.org/publications/regional-economist/july-2012/household-financial-stability-who-suffered-the-most-from-the-crisis posted on Sep. 3, 2020.

2. Dani Rodrick, "The Truth About Sovereignty," Project Syndicate, Oct. 8, 2012.

3. Testimony of Dr. Alan Greenspan Committee of Government Oversight and Reform October 23, 2008.

4. FT, "Goldman pays the price of being big," August 14 2007.

5. A. Haldane, "Why banks failed the stress test," Speech at the Marcus-Evans Conference on Stress-Testing, London, 9-10 February 2009.

6. 한국에서는 후쿠시마 원전이 7.1의 지진을 견딜 수 있는 내진설계가 되어 있다고 하는데 지진 규모 오차는 한국과 일본의 측정 기준이 달라서 발생하는 것으로 보인다.

7. Jamie Tarabay, Why These Australia Fires Are Like Nothing We've Seen Before, New York Times, Jan. 21, 2020.
   https://www.nytimes.com/2020/01/21/world/australia/fires-size-climate.html posted on Sep. 4, 2020.

8. U.S. BLS, Labor Productivity and Costs.
   https://www.bls.gov/lpc/prodybar.htm posted on Sep. 6, 2020.

9. ECB Economic Bulletin, The slowdown in euro area productivity in a global context, Issue 3, 2017.

10. Ryan Banerjee and Boris Hofmann, "The rise of zombie firms: causes and consequences," BIS Quarterly Review, September 2018.

11. Dion Rabouin, "Zombie" companies may soon represent 20% of U.S. firms, Axios, Jun 15, 2020.
    https://www.axios.com/zombie-companies-us-e2c8be18-6786-484e-8fbe-4b56cf3800ac.html posted on Sep. 6, 2020.

12. CNBC, Highly indebted 'zombie' companies control more than 2 million U.S. Jobs, May 20, 2020.
    https://www.cnbc.com/2020/05/20/highly-indebted-zombie-companies-control-more-than-2-million-us-jobs.html posted on Sep. 6, 2020.

13. Pew Research Center, The American Middle Class Is Losing Ground, December 9, 2015. https://www.pewsocialtrends.org/2015/12/09/the-american-middle-class-is-losing-ground/st_2015-12-09_middle-class-28/ posted on Sep. 7, 2020.

14. U.S. Census Bureau, Income and Poverty in the United States: 2018, June 2020.

15. Emmanuel Saez and Gabriel Zucman, "Trends in US Income and Wealth Inequality: Revising after the Revisionists," NBER Working Paper 27921, October 2020.
Emmanuel Saez and Gabriel Zucman, "The Rise of Income and Wealth Inequality in America: Evidence from Distributional Macroeconomic Accounts," Journal of Economic Perspectives—Emmanuel Saez and Gabriel Zucman, "The Rise of Income and Wealth Inequality in America: Evidence from Distributional Macroeconomic Accounts," Journal of Economic Perspectives—Volume 34, Number 4—Fall 2020—Pages 3—26.

16. Corinne Purtill, "Apple, IBM, and Google don't care anymore if you went to college," Quartz at Work, August 24, 2018; Lydia Dishman, "'No college degree required': Google expands certificate program for in-demand job skills," Fast Company, 07-13-20.

17. Robert J. Shiller, "What to Learn in College to Stay One Step Ahead of Computers," The New York Times, May 22, 2015.

18. Patrick Bolton, Morgan Despres, Luiz Awazu Pereira Da Silva, Frédéric Samama, Romain Svartzma, "The green swan: Central banking and financial stability in the age of climate change," BIS, January 2020. Luiz Awazu Pereira da Silva, "Green Swan 2 - Climate change and Covid-19: reflections on efficiency versus resilience," Based on remarks at the OECD Chief Economist Talk Series, Paris, 23 April 2020 and a Research Webinar at the BIS, 13 May.

19. RJ Reinhart, "Global Warming Age Gap: Younger Americans Most Worried," Gallop, May 11, 2018.
https://news.gallup.com/poll/234314/global-warming-age-gap-younger-americans-worried.aspx

20. 黒田勝弘, "あらゆる災難は人災である," 産経新聞, 2020. 2. 17.
https://special.sankei.com/a/column/article/20200217/0001.html posted on June 8, 2020.

21. Thomas Philippon, "The evolution of the US financial industry from 1860 to 2007: Theory and evidence," NBER WP No. 13405, 2008. Jean-Louis Arcand, Enrico Berkes and Ugo Panizza, "Too Much Finance?" IMF Working Paper WP/12/161, June 2012. Stephen Cecchetti and Enisse Kharroubi, "Reassessing the impact of finance on growth," BIS Working Papers No 381, July 2012. Thomas Philippon, "Has the US Finance Industry Become Less Efficient? On the Theory and Measurement of Financial Intermediation," The American Economic Review, Vol. 105, No. 4, April 2015.

22. Jeffery Sparshott, "Sputtering Startups Weigh on U.S. Economic Growth," The Wall Street Journal, October 23, 2016,
https://www.wsj.com/articles/sputtering-startups-weigh-on-u-s-economic-growth-1477235874.

동시에 다음을 참고. Ryan A. Decker, John Haltiwanger, Ron S. Jarmin, Javier Miranda, "Declining Business Dynamism: Implications for Productivity?" Brookings Institution, August 2016.

23. Peter Baker, "Rise of Donald Trump Tracks Growing Debate Over Global Fascism," The New York Times, May 28, 2016. "David Renton, When Trump defends armed rightwing gangs, his rhetoric has echoes of fascism," The Guardian, 1 Oct. 2020.

24. 참고로 '자유(free)'에는 '공짜'라는 의미도 있다.

25. Gavin Wright, "The Origins of American Industrial Success, 1879-1940," The American Economic Review, Vol. 80, No. 4 (Sep., 1990)에서 재인용

26. Inequality Org., Racial Economic Inequality.
https://inequality.org/facts/racial-inequality/#racial-income-inequality posted on Nov. 21, 2020.

27. The Covid Tracking Project, The COVID Racial Data Tracker: COVID-19 is affecting Black, Indigenous, Latinx, and other people of color the most.
https://covidtracking.com/race posted on Nov. 21, 2020.

28. The Commonwealth Fund, Beyond the Case Count: The Wide-Ranging Disparities of COVID-19 in the United States, September 10, 2020.
https://www.commonwealthfund.org/publications/2020/sep/beyond-case-count-disparities-covid-19-united-states?gclid=CjwKCAiA7939BRBMEiwA-hX5J9S2akcO5OOk4a9OHPhT3FdkbKQLJyucLk_wQiIUiMRh3OEDpF9QnRoC7uwQAvD_BwE posted on Nov. 21, 2020.

29. 한 연구에 따르면 현재와 같은 제로금리 상태가 2년간 지속할 경우 국가채무 비율은 250%까지는 가능할 것으로 추정한다. Vaishali Garga, "Fiscal Expansions in the Era of Low Real Interest Rates," FRB of Boston WP. No. 20-11, April 2020.

30. National Centers for Environmental Information, Billion-Dollar Weather and Climate Disasters: Overview. https://www.ncdc.noaa.gov/billions/ posted on Jan. 1, 2021.

31. 예를 들어, Eben Harrell, "Are We On the Verge of Another Financial Crisis?" Harvard Business Review, December 18, 2020 참고.

2장

32. Mandy Zuo, Coronavirus: outbreak at Beijing food market fuels fears of second wave, SCMP, 14 June 2020.
https://www.scmp.com/news/china/society/article/3088989/coronavirus-beijing-reports-36-new-local-cases-all-links-xinfadi posted on June 23, 2020.

33. WWF, "COVID19: Urgent Call to Protect People and Nature," June 17, 2020.

34. Sirio Aramonte, "Mind the buybacks, beware of the leverage," BIS Quarterly Review, September 2020.

35. Treasury & Risk, Corporate Stock Buybacks Hit Record Levels, June 4, 2020. https://www.treasuryandrisk.com/2020/06/04/corporate-stock-buybacks-hit-record-levels/?slreturn=20201004210117

36. Fortuna Advisors, LLC, "2020 Fortuna Advisors Buyback ROI Report," May 2020.

37. Above Avalon, "Apple's $460 Billion Stock Buyback," April 23, 2020.
https://www.aboveavalon.com/notes/2020/4/23/apples-460-billion-stock-buyback

38. Ben Holland and Liz McCormick, "Companies Use Borrowed Billions to Buy Back Stock, Not to Invest," Businessweek, August 8, 2019.

39. 법인세율 인하 전인 2017년 4분기에 17.3%였던 투자율은 19년 1분기 17.9%까지 상승했다가 하락세로 전환하여 19년 4분기에는 법인세 인하 전 수준 밑으로 하락하였다.

40. Standard & Poor's, S&P 500 Real Sales Growth by Year.

41. https://www.macrotrends.net/stocks/charts/GOOGL/alphabet/profit-margins

42. https://www.macrotrends.net/stocks/charts/AAPL/apple/profit-margins

43. Guido Matias Cortes, Nir Jaimovich, Henry E. Siu, "Disappearing Routine Jobs: Who, How, and Why?" NBER Working Paper No. 22918, December 2016.

44. Economic Policy Institute, "Workers' share of corporate income hasn't recovered," Nominal Wage Tracker, posted upon Feb. 21, 2020.
https://www.epi.org/nominal-wage-tracker/

45. Bloomberg, "Richest 1% in U.S. surpassing wealth of middle class," Businessweek, Nov. 9, 2019.

3장

46. 중소기업과 대기업을 고용 규모 300인 기준으로 구분하는 고용노동부의 '사업체노동력조사'의 기준에 따르면 2018년 기준 중소기업 임금노동자 임금은 대기업의 57%인 반면, (중소기업기본법 시행령에 따라) 매출액(예: 의복, 액세서리, 1차 금속제조업, 전기장비 등은 1,500억 원, 농업, 광업, 식료품 등은 1,000억 원, 숙박, 음식점 등은 400억 원)과 자산총액(5,000억 원) 등을 기준으로 대기업과 중소기업을 구분하는 통계청의 '일자리행정통계'에 따르면 46%에 불과하다.

47. 본래 장기실업은 최대 실업급여 기간을 초과하는 실직 상태를 의미한다. 최대 실업급여 기간은 나라마다 다르다. 6개월은 미국 기준이다. 통계청 등이 6개월 이상 실직 상태를 장기실업으로 규정하는 것은 미국 기준을 그대로 수용한 결과다.

48. 예를 들어, 진형익·이미숙, "심층면접조사를 통한 창원시 제조업 청년노동자 실태분석," 한국혁신학회, 〈한국혁신학회지〉, 제14권 제3호, 2019.

49. 마경희 외, "청년 관점의 '젠더갈등' 진단과 포용국가를 위한 정책적 대응 방안 연구," 한국여성정책연구원, 2020.

50. 김창환, "경력단절 이전 여성은 차별받지 않는가?: 대졸 20대 청년층의 졸업 직후 성별 소득격

차 분석," 〈한국사회학〉, 2019, vol.53, no.1, pp. 167-204.

51. 최배근, 《호모 엠파티쿠스가 온다》, 21세기북스, 2020.

4장

52. L. Marengo, C. Pasquali, M. Valente, and G. Dosi, 2012, "Appropriability, Patents, and Rates of Innovation in Complex Products Industries," Economics Of Innovation And New Technology, No. 21, p. 755.

53. U.S. House of Representatives Committee on Oversight and Government Reform, "The Department of Energy's Disastrous Management of Loan Guarantee Programs," Staff Report, U.S. House of Representatives 112th Congress.

54. Businessweek, "Rebuilding America's Job Machine" Jan. 29, 2009.

55. 최배근, 《탈공업화와 시장시스템들의 붕괴 그리고 대변환》, 집문당, 2015.

56. Emiko Kakiuchi and Kiyoshi Takeuchi, "Creative industries: Reality and potential in Japan," 2014.

57. B. Jaruzelski and K. Dehoff, "THE GLOBAL INNOVATION 1000: How the Top Innovators Keep Winning," Issue 61, 2010 winter.

58. Pae Kun Choi, "A Need for Co-Evolution between Technological Innovations and Social Innovations," Journal of Open Innovation: Technology, Market and Complexity 6, June 2020.

59. 이상호·이상헌, "저출산·인구고령화의 원인: 결혼결정의 경제적 요인을 중심으로," 한국은행 경제연구원 〈經濟分析〉 제17권 제3호 (2011.9).

60. 뤼트허르 브레흐만, "기본소득과 하루 3시간 노동이 사회를 구한다," 크루그만, 최배근 외, 《거대한 분기점》, 한스미디어, 2019에서 재인용.

61. Asger Lau Andersen, et al., "Monetary Policy and Inequality," CEPR, December 20, 2020.

62. Euny Hong, The Power of Nunchi: The Korean Secret to Happiness and Success, Penguin Group USA, 2019.

63. Corée du Sud: Un exemple dans la gestion de l'épidémie de Covid-19, GROUPE LES REPUBLICAINS-SENAT-7 mai 2020.

64. YTN, 광화문 촛불 인원 34배 증가…쓰레기는 3분의 1로 줄어, 2016-12-06.

65. 경향신문, "촛불집회 후, 쓰레기가 없었어요" 구청에 돌아온 파란 봉투, 2016-12-19.

66. 연합뉴스, "한 편의 드라마"…외국인도 감동한 '촛불 기적, 2016-12-1.

67. 천관율, "코로나19가 드러낸 '한국인의 세계'- 의외의 응답 편," 시사인, 2020.06.02. https://www.sisain.co.kr/news/articleView.html?idxno=42132 posted on June 27, 2020.

68. 장규수, "한류의 어원과 사용에 관한 연구", 〈한국콘텐츠학회논문지〉, 2011, 11권 9호, pp. 166-173.

DoM 002

최배근 대한민국 대전환 100년의 조건:

디지털 생태계와 포스트 코로나 시대를 위한 새로운 사회계약과 기본권에 대하여

초판 1쇄 발행 2021년 2월 15일
초판 3쇄 발행 2021년 5월 28일

지은이 최배근
펴낸이 최만규

펴낸곳 월요일의꿈
출판등록 제25100-2020-000035호
연락처 010-3061-4655
이메일 dom@mondaydream.co.kr

ISBN 979-11-972053-2-3 03320

'월요일의꿈'은 일상에 지쳐 마음의 여유를 잃은 이들에게 일상의 의미와 희망을 되새기고 싶다는 마음으로 지은 이름입니다. 월요일의꿈의 로고인 '도도한 느림보'는 세상의 속도가 아닌 나만의 속도로 하루하루를 당당하게, 도도하게 살아가는 것도 괜찮다는 뜻을 담았습니다.

"조금 느리면 어떤가요? 나에게 맞는 속도라면, 세상에 작은 행복을 선물하는 방향이라면 그게 일상의 의미이자 행복이 아닐까요?" 이런 마음을 담은 알찬 내용의 원고를 기다리고 있습니다. 기획 의도와 간단한 개요를 연락처와 함께 dom@mondaydream.co.kr로 보내주시기 바랍니다.